Aufwachsen in unsicheren Zeiten

Eltern und Kinder in Veränderungen und Krisen professionell begleiten

Herausgegeben von Beate Priewasser

Klett-Cotta

In Kooperation mit:

Klett-Cotta
www.klett-cotta.de
© 2024 by J. G. Cotta'sche Buchhandlung Nachfolger GmbH, gegr. 1659, Stuttgart
Alle Rechte vorbehalten
Cover: Bettina Herrmann, Stuttgart
unter Verwendung einer Abbildung von S. Kobold / Adobe Stock
Gesetzt von Dörlemann Satz, Lemförde
Gedruckt und gebunden von Friedrich Pustet GmbH & Co. KG, Regensburg
ISBN 978-3-608-98777-5
E-Book ISBN 978-3-608-12263-3
PDF-E-Book ISBN 978-3-608-20678-4

Zweite Auflage, 2024

Bibliografische Information der Deutschen Nationalbibliothek
Die Deutsche Nationalbibliothek verzeichnet diese Publikation in der
Deutschen Nationalbibliografie; detaillierte bibliografische Daten
sind im Internet über http://dnb.d-nb.de abrufbar.

Inhalt

Geleitwort 9

Herausgebervorwort 13

TEIL I   Wenn das Leben mit einer Krise beginnt

CARMEN HOPPE UND TOBIAS HOPPE
Gesundheitsversorgung rund um die Geburt in der Klimakrise 19

KARIN J. LEBERSORGER
In den Körper eingeschrieben!
Das traumatische Potenzial überlebensnotwendiger Behandlungen 33

ESTHER INGERLE
Leben, um zu sterben?
Paare begleiten nach pränatal diagnostischem Befund einer
lebenslimitierenden Prognose ihres Kindes bei dem Wunsch,
die Schwangerschaft fortzuführen 47

MARIA BECKER
Die Geburt eines behinderten Kindes als existenzielle
Krise der Familie 61

TEIL II   Gesellschaftlichen Veränderungen begegnen

JOHANNES HUBER
»Vater, wo bist Du?«
Über die gesellschaftliche und familiäre Positionierung von Vätern und
ihre Entwicklungsbedeutsamkeit im frühen Kindesalter 77

ELISABETH DENZL UND CHARLOTTE LAULE
»... hinter mir ist Hulk gelaufen, ich hatte solche Angst«
Problemskizzierung und Handlungsmodelle für den professionellen Umgang mit (belastenden) Medienerlebnissen in der frühpädagogischen Praxis 99

JULIA BERKIC UND DANIELA MAYER
Mentalisieren als Voraussetzung für feinfühliges Verhalten von pädagogischen Fachkräften
Empirische Forschungsbefunde und Arbeitsmaterial zur Selbstreflexion der eigenen Feinfühligkeit 123

KATHARINA HAGER
Planvolle Unterstützung von Familien mit Kleinkind(ern): Eine Aufgabe von Städten und Gemeinden?!
Vorstellung des kommunalpolitischen Handlungskonzeptes, basierend auf den Prinzipien von Early Life Care 133

TEIL III   Übergänge begleiten und Möglichkeitsräume öffnen

MARIA TERESA DIEZ GRIESER
Mentalisierungsorientierte Elternarbeit: »to mind is to care« 149

NINA GAWEHN, NADINE HONG, TANJA BESIER UND ANNE KATRIN KÜNSTER
Erfassung und Förderung der Eltern-Kind-Interaktion mit der Entwicklungspsychologischen Beratung: EPB® und EBT[4-10]® – Anwendung, Evaluation, Forschung 169

GABRIELE KOCH UND DIANA DRUDE
Zu Gast im therapeutischen Raum
Erfahrungen mit aufsuchender fokusbasierter psychodynamischer Eltern-Säugling-Kleinkind-Psychotherapie (ESKP-f) 182

INA SCHMIDT
Aufwachsen in Vielfalt
Was ist ein gutes Leben? Von der ethischen Kraft der Fraglichkeit 197

Die Autor:innen 209

Geleitwort

So viel Neues – und nicht nur Gutes! – stürzt auf werdende Eltern ein, manche von ihnen erleben regelrechte Krisen. Eltern, die ein Baby erwarten und sich fragen, wie sie alles so weit wie möglich richtig machen können, damit ihr Kind einen gelungenen Start in diese Welt hat, wünschen sich meist vor allem, dass sich ihr Kind – trotz der vielen Herausforderungen der heutigen Zeit – gesund entwickeln und es eine gute Zukunft haben möge. Sie sind mit einer hochdifferenzierten vorgeburtlichen Diagnostik und teils mit Befunden konfrontiert, deren Bedeutung sie nicht einschätzen können. Eigentlich wollten sie ja nur erfahren, dass sich ihr Kind gesund entwickelt. Und plötzlich befinden sie sich in einer medizinischen Welt der pränatalen Diagnostik und der Therapiemöglichkeiten schon vor der Geburt, die ihnen große Angst und Sorgen bereiten: ohne ausreichende psychologische Begleitung; manchmal wäre für sie sogar eine Therapie erforderlich.

Wie sollen sie sich bei auffälligen Befunden nun angesichts der Möglichkeiten einer pränatalen High-Tech-Medizin entscheiden? Sollen sie eventuell sogar die Schwangerschaft unterbrechen, wenn bei ihrem Kind im Ultraschall »Fehlbildungen« sichtbar werden? Werdende Eltern fragen sich angesichts solcher Befunde, welche – langfristige? – Lebensperspektive ihr Kind haben und welche Lebensqualität für es möglich sein wird. Noch bevor ihr Kind überhaupt geboren ist, müssen sie eine Entscheidung über dessen Zukunft treffen. Entsprechend ist es heute für werdende Eltern schwierig, Orientierung zu finden.

Eine sehr gute Orientierung gibt das vorliegende Buch, das sich mit großer Differenziertheit solch herausfordernden Fragen stellt. Renommierte Kolleginnen und Kollegen haben sich 2022 bei einer Early-Life-Care-Konferenz in Salzburg Themen im Zusammenhang mit den vielfältigen Krisen und Herausforderungen gestellt, mit denen Eltern heute konfrontiert sind, wenn sie ein Baby erwarten.

Was wäre aus ethischer Sicht heute überhaupt ein für ein Kind gutes Leben? Die möglichen Antworten auf diese Frage sind heute aus philosophischer und medizinethischer Sicht gänzlich andere als die, welche für frühere Generationen relevant waren. Nicht nur die körperliche, sondern auch die psychische Gesundheit, die Umwelt, das Klima, die Ökonomie und Ökologie und ihre Bedeutung und ihr Einfluss auf die Entwicklung eines Kindes stehen heute unausweichlich im Mittelpunkt. Ein körperlich gesundes Aufwachsen ihres Kindes ist für viele Eltern eine wichtige Grundbedingung, aber was bedeutet es heutzutage, »körperlich gesund« zu sein, wenn wir von Säuglingen und Kleinkindern sprechen?

Welche Rolle spielen die digitalen Medien, sollen und wollen Eltern bei deren Nutzung schon bei ihrem noch sehr kleinen Kind fördernd oder hemmend »eingreifen«? Welches Vorbild sind Eltern, wenn sie selbst digitale Angebote in großem Umfang nutzen? Nicht wenige von ihnen denken, ihr Kind solle schon sehr früh eine eigene digitale »Medienkompetenz« erwerben, um in der heutigen Zeit »gesund« auf einen guten Entwicklungsweg zu kommen und keine Nachteile zu haben.

Aber haben Kleinkinder in unserer Zeit tatsächlich einen entscheidenden Entwicklungsvorteil, wenn sie im Kindergartenalter – oder schon früher – kompetent mit dem Smartphone und dem Tablet umgehen können? Oder wäre es ganz im Gegenteil sinnvoller und hätte einen Vorteil, wenn sie statt medienkompetent zuallererst einmal »empathiefähig« würden? Empathie und die Fähigkeit, sich in die Gedanken, Gefühle und Handlungsabsichten eines Gegenübers einzufühlen und diese von den eigenen zu unterscheiden, sind – so die Längsschnittstudien zur Entwicklung von Kindern – ein großer Entwicklungsvorteil, weil damit viele andere Fähigkeiten verknüpft sind, etwa die Beziehungsfähigkeit, aber auch gute kognitive und mentale Entwicklungen. Denn was nützt es einem Kind, wenn es zwar kompetent mediale Geräte bedienen kann, aber nicht fähig ist, gelingende Beziehungen zu gestalten, zunächst mit Freunden, später mit Partnerinnen und Partnern?

Aber wie können Säuglinge und Kleinkinder diese Entwicklungskompetenzen erreichen, wenn sie heute viele Stunden in Fremdbetreuung aufwachsen und ihre Bezugspersonen kaum Zeit haben, mit ihnen in Beziehung zu treten? So bleiben den Kindern in der Kita oftmals am Tag nur wenige Interaktionsmöglichkeiten mit Erwachsenen, bei denen sie z. B. durch eine gute Koregulation eine gelingende Stressbewältigung erlernen können.

Die entwicklungspsychologischen Angebote der Pädagoginnen und Pädagogen müssten jeweils auf die Altersgruppe und individuell auf das jeweilige Kind abgestimmt sein. Leider lesen wir in der Tagespresse z. B., dass Kita-Personal sich beim Jugendamt selbst anzeigte, weil es wegen Personalmangels nicht mehr in der Lage war, die Aufsichtspflicht gegenüber den ihm anvertrauten Kleinkindern sicherzustellen. Unter diesen Bedingungen ist zwischen Pädagogen und Kindern eine entwicklungsfördernde Beziehungsgestaltung nicht mehr möglich. Insofern ist die politische Bedeutung der Phase der frühkindlichen Entwicklung heute größer denn je. Jede Gesellschaft ist gefordert, entsprechende entwicklungsfördernde Bedingungen für Kinder zu schaffen und ihren Eltern entsprechende Angebote zu machen, um sie in ihren Kompetenzen zu schulen.

Andere Länder haben seit Jahren die Entwicklung medialer Kompetenz bei ihren Kindern ganz in den Mittelpunkt der Förderung gestellt. Jetzt sind einige dieser Länder – z. B. in Skandinavien – dabei, diese Entwicklung zu korrigieren, weil sie negative Auswirkungen sehen: nicht nur die Verschlechterung der Lesekompetenz der Kinder, sondern auch mangelnde oder gar fehlende Empathie und süchtiges Verhalten im Umgang mit Medien, etwa Computerspielen.

Schon jetzt leiden viele Kinder im Kindergarten- und Grundschulalter an Konzentrationsschwierigkeiten, Hyperaktivität und Impulsivität, es fehlt ihnen an sozialemotionaler Kompetenz, um in Gruppen unterrichtet zu werden. Erzieherinnen und Erzieher, ebenso Lehrerinnen und Lehrer sind mit diesen Kindern stark gefordert, wenn nicht überfordert, da die Kinder eigentlich eine 1:1-Betreuung benötigen würden, für die es oftmals aber nicht genug Personal gibt, sodass sie nicht möglich ist.

Besonders auffällig werden Kinder, die schon in der Säuglingszeit traumatische Erfahrungen gemacht haben. Spätestens im Kindergartenalter würden sie eine intensive spieltherapeutische Behandlung benötigen (und ihre Eltern, oftmals auch Pflege- und Adoptiveltern, eine intensive Beratung und Begleitung), um eine korrigierende Beziehungserfahrung machen und ihre traumatischen Erlebnisse verarbeiten zu können. Leider stehen für diese Kinder oftmals nicht ausreichend spezialisierte Behandlungsplätze zur Verfügung. Dies ist eine Situation, die von den gesellschaftlich verantwortlichen Stellen dringend und rasch verändert werden müsste. Wir benötigen viel mehr Psychotherapieplätze für Kinder – und ebenso für Jugendliche!

Organisationen, die sich – wie das Early-Life-Care-Institut an der Paracelsus Medizinischen Privatuniversität – auf diese Fragestellstellungen der frühkindlichen Entwicklung und der Prävention spezialisiert haben, haben auch eine entsprechende politische Bedeutung: Sie können Innovationen voranbringen, Defizite anprangern und bei der politischen Meinungsbildung durch ihre Beratung und ihre Kooperation mit entsprechenden politischen Institutionen vorangehen, um die Lebensbedingungen für sehr kleine Erdenbürger besser zu gestalten.

Es ist das große Verdienst der Herausgeberin und der Autorinnen und Autoren des vorliegenden Readers, dass sie all diese komplexen Fragestellungen und Themen auf sehr verständliche Art und Weise dargestellt und behandelt haben. Ich freue mich sehr, dass sie Vielfalt und die damit verbundenen Krisen als Chancen und Herausforderungen verstehen und dass alle Beiträge – auch durch anschauliche Fallbeispiele – spannende Lösungsmöglichkeiten aufzeigen und darlegen, welche Schritte heute schon im Sinne eines besseren Lebens von sehr kleinen Kindern gegangen werden können.

Ich wünsche diesem Buch sowohl bei Eltern als auch bei Fachleuten, die mit Eltern, Säuglingen und Kleinkindern arbeiten, eine möglichst weite Verbreitung und hoffe, dass sie die Chance ergreifen, durch die Beiträge dieses Bandes Hilfe, Orientierung, Leitlinien und Anregungen zu bekommen. Sie mögen sich der großen Bedeutung ihrer beruflichen Aufgaben bewusst werden: sowohl im alltäglichen Miteinander mit den Kindern als auch hinsichtlich der Entwicklung der Gesellschaft; zu einer lebenswerteren Gestaltung dieser Gesellschaft können sie durch ihren Beruf und ihr politisches Engagement einen wichtigen Beitrag leisten. So könnten Kinder unter Bedingungen aufwachsen, die gesünder sind, als es heute vielfach der Fall ist. Dies erfordert zweifellos immense Anstrengungen und eine große Solidarität mit den Verletzlichsten in unserer Gesellschaft, den uns anvertrauten Kindern!

Karl Heinz Brisch

Herausgebervorwort

Im April 2023 veranstalteten wir zusammen mit dem Bildungshaus St. Virgil in Salzburg die 3. Early Life Care Konferenz und die 28. Jahrestagung der German Speaking Association for Infant Mental Health (GAIMH). Die Idee, die beiden Veranstaltungen zusammenzulegen, entstand, als wir zufällig entdeckten, dass wir beide den gleichen Themenschwerpunkt gewählt hatten, ohne es voneinander zu wissen. Nicht zufällig hingegen wurde in den beiden Organisationsteams die Entscheidung für das Thema getroffen. Beide hatten wir ähnliche gegenwärtige Bedürfnisse der Familien und Fachkräfte wahrgenommen und dementsprechend Inhalte gewählt, mit denen wir durch unsere Veranstaltungen die Fachkräfte in der Ausübung ihrer Tätigkeiten unterstützen wollten. In einer Zeit, in der wir alle mit multiplen Krisen konfrontiert sind und zugleich auch begrüßenswerte gesellschaftliche Veränderungen hin zu mehr Vielfalt erleben, war es uns ein Anliegen, aktuelle Themen aus diesem Kontext aufzugreifen und so zu Orientierung und Sicherheit im Umgang mit diesen Herausforderungen beizutragen. Daraus wurde schließlich eine gemeinsame Veranstaltung mit dem Titel »Aufwachsen in Vielfalt«, die eine äußerst positive Resonanz der Besucherinnen und Besucher erfuhr. Mit dem Wunsch, durch aktuelles, wissenschaftlich fundiertes Wissen eine Orientierungshilfe in unsicheren Zeiten zu schaffen, haben wir in Vorträgen und Workshops hochrelevante aktuelle Themen besprochen und Raum für Diskussion und Austausch geschaffen. In diesem Buch finden sich ausgewählte Vorträge und Workshops dieser Veranstaltung wieder. Weil Vielfalt und Verunsicherung nahe beieinanderliegen, ist der Titel dieses Konferenzbandes »Aufwachsen in unsicheren Zeiten«. Vielfalt kann sowohl als Bereicherung als auch als Herausforderung empfunden werden und dementsprechend sowohl Freude als auch Verunsicherung mit sich bringen. Wenn Vielfalt uns überfordert und wir sie als vielleicht sogar als chaotisch und unkontrollierbar erleben, können wir uns schnell in einem Zustand der Verunsicherung oder einer Krise wiederfinden. Und umgekehrt leidet die Offenheit für vielfältige neue Entwicklungen, wenn aktuelles Geschehen uns verunsichert und wir uns Beständigkeit wünschen. Angesichts globaler Krisen und gesellschaftlicher Veränderungen, die hinter, aber auch vor uns liegen, befinden wir uns zusammen mit den Familien, die wir begleiten, seit einigen Jahren verstärkt in diesem Spannungsfeld. Nicht nur heute, sondern auch in Zukunft wird es entscheidend sein, die Fähigkeit zu entwickeln, mit den Unsicherheiten umzugehen, die mit neuen Entwicklungen und Veränderungen einhergehen.

In diesem Buch haben wir deshalb aktuelle Herausforderungen in der Begleitung junger Familien thematisiert, mit denen alle Berufsgruppen konfrontiert sind, die mit der Betreuung, Pflege und Unterstützung von Kindern in den frühen Lebensphasen von der Geburt bis zum Kindergartenalter betraut sind. Das Buch bietet dementsprechend nützliches Wissen für Kinderärzte und Kinderärztinnen, Kinderkrankenpfleger und Kinderkrankenpflegerinnen, Hebammen, Psychologen und Psychologinnen sowie Psychotherapeuten und Psychotherapeutinnen, Frühförderungsfachkräfte und Mitarbeiter und Mitarbeiterinnen der Frühen Hilfen, Elementarpädagoginnen und Elementarpädagogen, Erzieherinnen und Erzieher sowie Sozialarbeiterinnen und Sozialarbeiter.

Zu Beginn werden komplexe Situationen beleuchtet, in denen Eltern zum Beispiel aufgrund der Fortschritte in der medizinischen Technologie und Pränataldiagnostik vor schwierigen Entscheidungen stehen. Dazu schreibt Esther Ingerle über die Begleitung von Eltern, die sich trotz lebenslimitierender Pränataldiagnose dafür entscheiden, die Schwangerschaft fortzuführen. Die traumatisierenden Folgen, die überlebensnotwendige medizinische Interventionen in den ersten Lebenswochen haben können, hat Karin Lebersorger in ihrem Beitrag beschrieben. Maria Becker greift schließlich die existenzielle Krise auf, die die Geburt eines Kindes mit Beeinträchtigung in einer Familie auslösen kann. Begleitung und Beratung vor, während und nach solchen ethisch höchst komplexen Erfahrungen und Entscheidungen können Eltern bei der emotionalen Bewältigung und Verarbeitung dieser Situationen unterstützen und dazu beitragen, dass sie für ihre Säuglinge von Beginn an emotional besser verfügbar sein können und sich so eine stabile Bindung aufbauen kann.

Neben medizinischen Fortschritten sind wir mit einer Reihe weiterer gesellschaftlicher Veränderungen konfrontiert, die neue Reflexionen im Hinblick auf Familienleben und eine gute kindliche Entwicklung brauchen. Johannes Huber beleuchtet dazu die sich weiter verändernde Rolle von Vätern in der Familie sowohl theoretisch als auch in ihren Konsequenzen für die praktische Zusammenarbeit. Elisabeth Denzl und Charlotte Laule beschäftigen sich mit dem in der frühpädagogischen Praxis immer relevanter werdenden Umgang von Fachkräften mit (belastenden) Medienerlebnissen von Kindern im Kindergartenalter. Ihr Beitrag bietet eine Problemskizzierung sowie Handlungsmodelle für den professionellen Umgang mit diesem Thema. Hochaktuell ist ebenso das Thema der Fremdbetreuung von Kindern und der

Sicherstellung einer hohen Qualität dieser Betreuung. Julia Berkič und Daniela Mayer schreiben über die Bedeutung des Mentalisierens als Voraussetzung für feinfühliges Verhalten von pädagogischen Fachkräften. Ihr Beitrag präsentiert empirische Forschungsergebnisse sowie Arbeitsmaterialien zur Selbstreflexion der eigenen Feinfühligkeit im Kontext der Fremdbetreuung von Kindern. Carmen Hoppe beschäftigt sich mit den Auswirkungen des Klimawandels auf die Gesundheit von schwangeren Frauen, Säuglingen und Kleinkindern, die als besonders gefährdete Gruppe gelten. Der Beitrag zeigt auf, wie Hebammen und andere Gesundheitsfachkräfte im Bereich Schwangerschaft, Geburt und frühe Kindheit auf die Folgen des Klimawandels reagieren und klimafreundliches Verhalten fördern können.

Damit all diese vielfältigen Veränderungen und Herausforderungen bewältigt werden können, ist es entscheidend, Eltern mit geeigneten Methoden zu begleiten und zu unterstützen. Die folgenden Beiträge befassen sich deshalb damit, wie Eltern in der ersten Lebensphase ihrer Kinder sowohl auf individueller Ebene – in Form von Beratung und Therapie – als auch auf gesellschaftlicher Ebene – in Form von politischen Handlungskonzepten – unterstützt werden können. Katharina Hager stellt in ihrem Beitrag eine Initiative auf kommunaler Ebene vor und skizziert, wie eine planvolle Unterstützung von Familien mit Kleinkindern seitens der Städte und Gemeinden aussehen kann. Eine psychotherapeutische Form der Unterstützung auf individueller Ebene beschreiben Gabriele Koch und Diana Drude. Sie stellen die aufsuchende fokusbasierte psychodynamische Eltern-Säugling-Kleinkind-Psychotherapie (ESKP-f) vor und geben Einblick in ihre Erfahrungen in der praktischen Umsetzung dieser Therapiemethode. Zwei Methoden der Beratung zur Förderung der Eltern-Kind-Interaktion stellen Nina Gawehn, Nadine Hong, Tanja Besier und Anne Katrin Künster in ihrem Beitrag vor. Sie diskutieren die Anwendung, Evaluation und Forschung der Methoden »Entwicklungspsychologische Beratung für Familien mit Säuglingen« (EPB®) und »Entwicklungspsychologische Beratung und Therapie für Familien mit Kindern von 4 bis 10 Jahren« (EBT[4-10]®). Maria Teresa Diez Grieser thematisiert in ihrem Beitrag die Arbeit mit psychisch erkrankten Eltern und beschreibt den Ansatz der mentalisierungsorientierten Elternarbeit.

Schließlich bietet Ina Schmidt uns eine philosophische Betrachtungsweise von Wandlungsprozessen und Krisen an, aus der konkrete Anregungen und Denkanstöße für die praktische Begleitung von Familien in der frühen Lebensphase sowie neue Perspektiven für den eigenen Umgang mit diesen Herausforderungen entstehen. Sie stellt dar, warum sie die tiefere Reflexion über Werte und Bedeutung als eine zentrale Kompetenz für die Orientierung inmitten des Wandels betrachtet.

Zum Abschluss möchte ich meinen Dank an alle Autorinnen und Autoren für ihre hochwertigen Beiträge zum Buch aussprechen. Durch ihr Engagement und die Bereitstellung ihres Fachwissens konnte dieses Werk realisiert werden. Sie haben aktuelle Themen in höchster fachlicher Qualität und zugleich in praxisrelevanter Form vermittelt und sie so einem breiten Publikum zugänglich gemacht. Diese Kombination aus exzellenter Fachkenntnis und unmittelbarer Praxisrelevanz ist es, die dieses Werk zu einer wertvollen Ressource für alle Fachleute in unseren Berufsfeldern macht.

Ebenso möchte ich meinen Dank an das Team vom Verlag Klett-Cotta richten, das die Umsetzung des Buches so professionell begleitet hat. Viele Personen im Verlag haben dazu beigetragen, dieses Buch zu einem erfolgreichen Abschluss zu bringen und seine Veröffentlichung zu ermöglichen. Für die Unterstützung der Finanzierung dieses Buches gilt dem Fonds Gesundes Österreich ein herzlicher Dank.

Es ist mir auch ein großes Anliegen meine Wertschätzung für die gute Zusammenarbeit mit Martina Wolf und dem Tagungskomitee der GAIMH sowie mit Jakob Reichenberger und dem Team von St. Virgil zum Ausdruck zu bringen. Ich freue mich sehr über das Ergebnis, das wir gemeinsam erreicht haben.

Zu guter Letzt geht ein herzlicher Dank an mein Team am Forschungsinstitut für Early Life Care. Ihre hervorragende fachliche Arbeit, ihre Kreativität und Einsatzbereitschaft tragen maßgeblich zum Erfolg unserer Projekte, so auch der Konferenz, bei. Ich bin dankbar, Teil dieses Teams zu sein, und freue mich auf weitere gemeinsame Konferenzen und Veröffentlichungen.

Beate Priewasser

TEIL I
Wenn das Leben mit einer Krise beginnt

CARMEN HOPPE UND TOBIAS HOPPE
Gesundheitsversorgung rund um die Geburt in der Klimakrise

Der Klimawandel gilt als die größte Gesundheitsbedrohung für die Menschheit. Folgen des Klimawandels umfassen Extremwetterereignisse wie Dürre und Starkregen sowie Veränderungen in den lokalen Schadstoffkonzentrationen in der Luft. Schwangere, Säuglinge und Kleinkinder zählen zu den besonders gefährdeten Gruppen in der Bevölkerung. Gesundheitsschutz setzt voraus, dass die Angehörigen der Gesundheitsberufe die vielfältigen Folgen verstehen, die der Klimawandel für diese Menschen mit sich bringt, und Strategien nutzen, um negative Auswirkungen zu verringern. Um die gesamtgesellschaftlichen Folgen des Klimawandels einzudämmen, erfordert die Bewältigung der Klimakrise gleichzeitig eine sozial-ökologische Transformation der gesamten Lebens- und Arbeitswelt. Hebammen spielen als Gesundheitsexpert:innen eine zentrale Rolle bei der Gestaltung eines sozial nachhaltigen Wandels. Der Beitrag fokussiert darauf, wie insbesondere Hebammen, aber auch andere in der Gesundheitsversorgung und -förderung tätige Personen im Kontext von Schwangerschaft, Geburt und früher Kindheit auf die Folgen des Klimawandels reagieren und klimafreundliches Verhalten unterstützen können. Gleichzeitig wird deutlich, dass in diesem Feld noch erhebliche Forschungs- und Handlungsbedarfe bestehen, um angemessen auf die Herausforderungen reagieren zu können, welche der Klimawandel für die Gesundheitsversorgung rund um die Geburt mit sich bringt.

Der Klimawandel als Gesundheitskrise

Grundlagen des Klimawandels

Seit der Industrialisierung ist eine extreme Erderhitzung zu beobachten. Und sie geht mit einem durch menschliche Aktivitäten verursachten, massiven CO_2-Anstieg einher (Wessel 2022). Die Emissionen von CO_2 und anderen Treibhausgasen sind vor allem zurückzuführen auf Industrie, Verkehr, Landwirtschaft und Haushalte (Umweltbundesamt 2022b). Dabei setzt auch der Gesundheitssektor einen wesentlichen

Anteil aller Treibhausgase frei (Clement 2023). In den letzten Jahrzehnten ist der Klimawandel unter anderem durch ein Zunehmen von heißen Temperaturextremen, einen stetigen Anstieg des Meeresspiegels und an manchen Orten eine Veränderung in der Häufigkeit von extremen Niederschlägen sichtbar. Diese Klimaveränderungen sind auch in Mitteleuropa deutlich spürbar. In Deutschland ist das Jahresmittel der Lufttemperatur in den Jahren von 1881 bis 2021 statistisch gesichert um 1,6 °C angestiegen (Deutscher Wetterdienst, DWD 2023). Seit 1881 liegen hier die acht wärmsten Jahre alle im 21. Jahrhundert (Umweltbundesamt 2023). Damit sind die Temperaturen in Deutschland wesentlich stärker gestiegen als im weltweiten Durchschnitt von etwa 1 °C (DWD 2023). Die Anzahl von »heißen Tagen« hat sich seit den 1950er-Jahren verdreifacht, von ungefähr drei Tagen pro Jahr auf aktuell durchschnittlich neun Tage pro Jahr – gemittelt über ganz Deutschland. »Heiße Tage« sind gekennzeichnet durch ein Tagesmaximum der Lufttemperatur von mindestens 30° C. Seit den 1950er-Jahren kommen auch markante Hitzeperioden häufiger vor und haben an Intensität zugenommen. Änderungen des Niederschlags unterscheiden sich im Gegensatz zur Temperaturentwicklung deutlich in ihrer jahreszeitlichen und räumlichen Verteilung. Während insbesondere die Winter deutlich feuchter geworden sind, blieben die mittleren Regenmengen im Sommer in der Tendenz unverändert. Allerdings hat die Anzahl von aufeinanderfolgenden Trockentagen im Sommer zugenommen, wodurch sich die Häufigkeit von Trockenphasen erhöht hat (DWD 2023). Das Bundesministerium für Bildung und Forschung (BMBF) warnt entsprechend vor immer häufiger häufigeren und längeren Dürren (BMBF 2022a). Auch Extremwetterereignisse wie Starkregen, Überschwemmungen und Sturzfluten gibt es immer häufiger, und ihre Intensität nimmt zu (BMBF 2022b). Der Klimawandel hat auch Einfluss auf die lokale Schadstoffkonzentration (Umweltbundesamt 2022a). Beispielsweise weist das Umweltbundesamt darauf hin, dass sich mit der Zunahme heißer Tage und der damit verbundenen geringeren Luftzirkulation in den Innenstädten die Belastung mit Luftschadstoffen erhöhen könnte.

Der Klimawandel als Herausforderung für die globale Gesundheit

Angesichts der beschriebenen Veränderungen in den klimatischen Bedingungen ist es wenig überraschend, dass der Klimawandel von der Weltgesundheitsorganisation (WHO) als »die größte Gesundheitsbedrohung für die Menschheit« (WHO 2021) bezeichnet wird, zumal der Klimawandel in anderen Weltregionen bereits deutlich massiver zu spüren ist als in Mitteleuropa (Europäische Kommission 2023). Der Klimawandel beeinflusst auf vielen Wegen die menschliche Gesundheit (RKI 2023).

Dazu zählt auch, dass durch Extremwetterereignisse der Zugang zu Gesundheitseinrichtungen eingeschränkt sein kann.

Extremwetterereignisse wie Dürren und Hitzewellen führen dazu, dass die gesundheitlichen Herausforderungen durch Hitze in Deutschland besonders im Fokus stehen. Die gesundheitlichen Auswirkungen von Hitze betreffen vor allem das Herz-Kreislauf-System. Hier kann es sowohl zu einer erhöhten Anzahl von Erkrankungen als auch zu einer erhöhten Sterblichkeit kommen. Insbesondere ältere Menschen, Menschen mit Vorerkrankungen sowie Personen, die schwanger sind, gelten als besonders gefährdet durch extreme Hitze (Winklmayr und der Heiden 2022). Zudem leiden insbesondere marginalisierte Personen sowie Menschen mit geringem sozio-ökonomischen Status an den Hitzefolgen (Hess 2023). Erhöhte Temperaturen können auch zu einem höheren Vorkommen von vektorübertragenen Erkrankungen wie dem Dengue-Fieber führen. Als Vektoren werden Krankheitserreger übertragende Gliedertiere bezeichnet (z. B. Zecken und Stechmücken). Deren Verbreitung hängt maßgeblich von klimatischen Faktoren wie z. B. Temperaturen oder Niederschlägen ab. Beispielsweise hat sich die Asiatische Tigermücke (*Aedes albopictus*) in Deutschland, Österreich und der Schweiz an mehreren Orten bereits etablieren können (Öffentliches Gesundheitsportal Österreichs 2023; Rutishauser 2023; Umweltbundesamt 2022c). Asiatische Tigermücken können Krankheitserreger wie das Chikungunya-, Dengue- oder Zika-Virus auf den Menschen übertragen (Frank et al. 2023).

Der Klimawandel kann indirekt auch Einfluss auf die psychische Gesundheit nehmen. In einer Stellungnahme durch die Deutsche Gesellschaft für Psychiatrie und Psychotherapie, Psychosomatik und Nervenheilkunde (2019) wird darauf hingewiesen, dass die Effekte des Klimawandels auf die Psyche noch viel zu wenig Beachtung finden. Beispielsweise kann die direkte und indirekte Erfahrung von Katastrophen, welche in einem Zusammenhang mit Klimaveränderungen und Wetterextremen stehen, bei vielen Menschen Ängste und Stress verursachen und damit zu psychischen Störungen beitragen. Auch viele langfristige Auswirkungen des Klimawandels wie z. B. Luftverschmutzung, Nahrungsmittelknappheit und klimabedingte Bevölkerungsmigration bringen negative Folgen für die psychische Gesundheit mit sich. Hayes et al. (2018) weisen darauf hin, dass die Auswirkungen des Klimawandels auf die mentale Gesundheit von Menschen rapide ansteigen und auch in diesem Zusammenhang marginalisierte Personen überproportional betroffen sind. Zudem gelten Menschen mit bereits bestehenden psychischen Erkrankungen als besonders vulnerabel für die Folgen des Klimawandels (DGPPN 2019).

Besondere Gefährdungen in der Lebensphase rund um die Geburt
Schwangere sowie ungeborene und neugeborene Kinder werden als besonders gefährdet hinsichtlich der gesundheitlichen Auswirkungen des Klimawandels eingestuft (z. B. Niebuhr und Grewe 2021). Im Allgemeinen ist der Bereich Klimawandel und Kindesgesundheit ein relativ neues Forschungsfeld (Helldén et al. 2021). Bisher durchgeführte systematische Reviews weisen aber deutlich darauf hin, dass sich insbesondere Hitzeextreme negativ auswirken können auf die Gesundheit von ungeborenen und neugeborenen Kindern (Niebuhr und Grewe 2021). Die bisher veröffentlichten Belege für ein höheres Risiko von Schwangerschaftskomplikationen bei Hitzestress stammen aus geographischen Gebieten mit hohen Umgebungstemperaturen (Chersich et al. 2020). Studien aus Regionen mit eher gemäßigtem Klima sind selten (Yüzen et al. 2023b). Eine Forschendengruppe rund um die Professorinnen Petra Arck und Anke Diemert adressierte diese Wissenslücke indem sie Angaben zur Geburt im Universitätsklinikum Hamburg-Eppendorf (UKE) bei über 40000 Schwangerschaften zwischen 1999 und 2021 auswertete. Die Angaben wurden mit Klimadaten der wärmeren Jahreszeit (März bis September) abgeglichen, um das Risiko von hitzebedingten Frühgeburten zu berechnen. Hitzeereignisse wurden durch aufsteigende Temperaturen zusammen mit hoher Luftfeuchtigkeit über Zeiträume von bis zu fünf Tagen definiert. Um pathophysiologische Ursachen für hitzebedingte Frühgeburten zu ermitteln, wurden außerdem Ultraschalldaten verwendet, die seit 2012 gesammelt wurden. Die Ergebnisse deuten darauf hin, dass sowohl extreme Hitze als auch längere Zeiträume der Hitzeeinwirkung das Risiko von Frühgeburten erhöhen. Die Schwangerschaftswochen 34 bis 37 scheinen eine kritische Phase darzustellen, in der Hitzeeinwirkung zu einem erhöhten Risiko einer späten Frühgeburt führen kann. Es zeigte sich zudem, dass Schwangerschaften mit einem weiblichen Fötus anfälliger für hitzestressbedingte Frühgeburten waren. Die Autor:innen der Studie schließen aus den Ergebnissen, dass sich auch in geographischen Regionen mit generell gemäßigtem Klima Hitzestress durch hohe Umgebungstemperaturen das Risiko einer Frühgeburt erhöht. Neben dem Risiko von Frühgeburten hat sich in internationalen Studien gezeigt, dass Hitzeeinwirkung während der Schwangerschaft auch zu vorzeitigen Wehen, geringem Geburtsgewicht und Fehlgeburten führen kann (Chersich et al. 2020). Es gibt außerdem Hinweise darauf, dass hitzebedingter Stress während der Schwangerschaft auch langfristige Folgen für den Nachwuchs hat. Dazu zählen ein erhöhtes Infektionsrisiko, angeborene Herzfehler und ein veränderter Immunstatus (Yüzen et al. 2023a). Neben Hitze zeigte sich auch ein Zusammenhang zwischen Luftverschmutzung und geringem Geburtsgewicht bzw. Frühgeburten (Roos et al. 2021). Für die Gesundheit der Mütter stellt extreme Hitze u. a. insofern eine Gefahr dar, als

dass ein erhöhtes Risiko von Dehydrierung und Hitzschlägen in der Schwangerschaft besteht (Churchill und Avery 2023). Von sämtlichen Risiken sind ohnehin vulnerable Gemeinschaften überproportional hoch betroffen (Churchill und Avery 2023).

Notwendigkeit einer gesamtgesellschaftlichen Transformation

Wie oben dargestellt, haben Umweltveränderungen wie der Klimawandel vielfältige Auswirkungen auf die Gesundheit der Menschen. Die Rockefeller Foundation – Lancet Commission on Planetary Health stellte deswegen 2015 das Konzept »Planetary Health« vor. Im Rahmen des Konzepts werden intakte und gesunde Ökosysteme als Grundvoraussetzung für das Wohlbefinden und die Gesundheit der Weltbevölkerung definiert (Zschachlitz et al. 2022). Es wird davon ausgegangen, dass das System Erde bestimmte Belastungsgrenzen hat, die nicht überschritten werden sollten, um einen sicheren Handlungsspielraum für menschliche Aktivitäten zu gewähren (Rahmstorf et al. 2019; Rockström et al. 2009). Um die globale Erwärmung zu begrenzen und die negativen Folgen des Klimawandels auf die Ökosysteme und damit auch für die menschliche Gesundheit einzudämmen, sind eine sofortige globale Trendwende und tiefgreifende Minderungen des Ausstoßes von Treibhausgasen in allen Sektoren und in allen Weltregionen notwendig (Shukla et al. 2022). Um den Ausstoß an Treibhausgasen zu senken, aber auch um eine Anpassung an veränderte klimatische Gegebenheiten zu erzielen, ist eine Umsetzung von Maßnahmen auf allen Ebenen notwendig. Kulturelle, sozioökologische und technische Veränderungen, welche damit einhergehen, werden zusammengefasst unter dem Schlagwort der sozial-ökologischen Transformation. Diese Transformation ist ergebnisoffen und führt bestenfalls in eine wünschenswerte Zukunft (Kemfert und Hoffart 2023). Die Wirtschaftswissenschaftlerinnen Claudia Kemfert und Franziska Hoffart betonen, dass die Ziel- und Grenzwerte für eine solche Zukunft längst in Vereinbarungen und Abkommen festgehalten sind. Dazu zählen beispielsweise die Sustainable Development Goals und das Pariser Klimaabkommen von 2015. Klar sei auch, dass sich unsere Lebens- und Arbeitsweisen grundsätzlich ändern müssen. Diese Änderungen betreffen das gesamte Energie-, Wirtschafts- und Gesellschaftssystem. Nach Kemfert und Hoffart fehlt es nicht an Erkenntnissen, sondern es hapert an der Umsetzung der Transformation. Für den Bereich der Gesundheitsversorgung rund um die Geburt kommt Hebammen und anderen Beschäftigten im Gesundheitswesen eine Schlüsselrolle bei der Mitwirkung an einer sozial-ökologischen Transformation zu (z. B. Churchill und Avery 2023).

Handlungserfordernisse und Optionen in der Gesundheitsversorgung rund um die Geburt

Hebammen als *change agents*

Die Bedrohungen der menschlichen Gesundheit durch den Klimawandel sind vielfältig und intensivieren sich in nie dagewesener Geschwindigkeit. In einem Positionspapier des Hebammenverbands *International Confederation of Midwives* (2014) wird darauf hingewiesen, dass die Gesundheitsdienste – insbesondere in Ländern mit niedrigem Einkommen – mit den Folgen des Klimawandels zu kämpfen haben werden, was unter anderem zu unangemessener Versorgung in der Pflege (auch in der geburtshilflichen Versorgung und der Pflege von Neugeborenen) und der reproduktiven Gesundheit führt. Die Autor:innen des Positionspapiers betonen, dass die Beschäftigten im Gesundheitswesen als wichtige Einflusspersonen dringend aufgefordert sind, auf den Klimawandel zu reagieren, um die Gefahren für die menschliche Gesundheit einzudämmen. Dabei nehmen Hebammen eine herausragende Rolle ein, wenn es darum geht, den sozialen Wandel hinsichtlich des Umgangs mit dem Klimawandel zu beeinflussen und zu mehr Nachhaltigkeit beizutragen. Churchill und Avery (2023) formulieren diese Feststellung im Herausgeberteil des *Journal of Midwifery & Women's Health* wie folgt:

> Hebammen haben die Macht und die Stimme, um für Veränderungen einzutreten und die Auswirkungen [des Klimawandels] auf Schwangere und Neugeborene zu verhindern, zu erkennen und anzugehen, und zwar im gesamten Bereich der reproduktiven und primären Gesundheitsversorgung. (S. 314)

Die besondere Rolle von Hebammen in der Klimakrise wird beispielsweise auch von der Arbeitsgruppe »Rund um die Geburt« im Rahmen der Deutschen Allianz Klimawandel und Gesundheit (KLUG e. V.) anerkannt. Die Arbeitsgruppe hat sich zum Ziel gesetzt, Hebammen und andere relevante Berufsgruppen als *change agents* zur Mitwirkung an der gesamtgesellschaftlichen Transformation zu befähigen (KLUG 2023).

Der Umgang mit dem Klimawandel umfasst im Allgemeinen Maßnahmen zum Klimaschutz (Mitigation) sowie Maßnahmen der Anpassung an den Klimawandel (Adaption). Im folgenden Teil wird exemplarisch der Frage nachgegangen, wie Hebammen im Rahmen ihrer Berufsausübung sowohl zum Klimaschutz als auch zur Anpassung an den Klimawandel beitragen können. Zunehmend wird gefordert, Maßnahmen im Umgang mit der Klimakrise in Curricula für die Ausbildung von

Hebammen aufzunehmen (z. B. Graf und Abele 2023). Weil Hebammen, wie auch Krankenpfleger:innen, an der vordersten Front in der Gesundheitsversorgung tätig sind, werden sie in ihrer beruflichen Tätigkeit zunehmend vom Klimawandel betroffen sein. Aus diesem Grund wird auch berücksichtigt, inwiefern Hebammen und andere Beschäftigte im Gesundheitswesen im Umgang mit diesen Herausforderungen bei dem Aufbau von Resilienz unterstützt werden können.

Klimaschutz (Mitigation)

Um wirksam Klimaschutz zu betreiben, sind insbesondere große politische Weichenstellungen notwendig. Jedoch ist auch individuelles Handeln bedeutsam. Das bekannte Modell des CO_2-Fußabdrucks veranschaulicht die Treibhausgasemissionen, welche ein Mensch durch seine Lebensweise verursacht. Ergänzt wird das Modell des CO_2-Fußabdrucks in jüngerer Zeit durch den sogenannten CO_2-Handabdruck. Der CO_2-Handabdruck zeigt, was ein Mensch bereits an ökologischen Fortschritten erreicht hat (Schilly 2019). In gewisser Weise ist der CO_2-Handabdruck in der Tätigkeit von Hebammen grundsätzlich hoch: Hebammen fördern natürliche Geburten (Martis 2011). Insofern erfolgen hebammengeleitete Geburten in der Regel ressourcenarm. Interventionen werden nur dann ausgeführt, wenn diese als notwendig erachtet werden (Martis 2011). Die Berufspraxis von Hebammen ist unter anderem gekennzeichnet durch eine ortsnahe medizinische Grundversorgung sowie eine Förderung natürlicher Geburten (International Confederation of Midwives 2005). Wie in jeder Profession gibt es darüber hinaus Optionen, die Berufspraxis noch nachhaltiger zu gestalten. Ruth Martis (2011) schlägt beispielsweise vor, dass, wann immer möglich, waschbare, wiederverwendbare Materialien anstelle von Einweggegenständen verwendet werden.

Darüber hinaus haben Hebammen im Rahmen der Vor- und Nachsorge von Geburten der von ihnen geleisteten Bildungs- und Beratungsarbeit einzigartige Möglichkeiten, die gesellschaftliche Transformation hin zu einer klimafreundlichen Lebensweise zu beeinflussen. Schwangerschaft und frühe Elternschaft bringen große Veränderungen im Leben von Menschen mit sich. Es ist eine Zeit, in der einige Menschen anfangen, ihre bestehenden Werte und Überzeugungen zu hinterfragen (Davies 2011). Hebammen bietet sich gegebenenfalls in diesen sensiblen Lebensphasen die Möglichkeit, Eltern im Rahmen von Beratungssituationen darauf aufmerksam zu machen, dass sie Änderungen ihres Lebensstils in Erwägung ziehen, um ihren CO_2-Fußabdruck reduzieren (New Zealand College of Midwives 2021). Konkret haben Hebammen in der Beratung auch die Möglichkeit, ökologische Ansätze der Elternschaft zu fördern. Dazu können beispielsweise das Stillen (Bartle 2011) und die Nutzung wiederverwertbarer Produkte (Tünkers 2023) zählen.

Anpassung an den Klimawandel (Adaptation)
Um den Gefährdungen für die menschliche Gesundheit z. B. durch Hitzeereignisse zu begegnen, müssen Klimaanpassungsmaßnahmen entwickelt und umgesetzt werden (Janson et al. 2023). Yüzen und Kollegen (2023b) betonen, dass insbesondere hitzestressbedingte Gesundheitsrisiken von besonders vulnerablen Bevölkerungsgruppen wie Schwangeren und deren ungeborenen Kindern adressiert werden müssen. Sie weisen darauf hin, dass Beschäftigte im Gesundheitswesen sich nicht nur dieser Risiken bewusst sein müssen, sondern auch Richtlinien entwickelt werden müssen, welche Verhaltensmaßnahmen und aktive Überwachungsmaßnahmen während Hitzeereignissen empfehlen (Yüzen et al. 2023b). Dies betrifft unter anderem die vorgeburtliche Versorgung von Schwangeren und deren Kindern. Die Entwicklung von umfassenden Verhaltensrichtlinien für klimaangepasstes Verhalten, beispielsweise in der Gesundheitsversorgung rund um die Geburt, steht noch aus und wird von Organisationen wie der Deutschen Allianz Klimawandel und Gesundheit vorangetrieben (KLUG 2023). Aktuell existieren vereinzelte Empfehlungen. Beispielsweise empfiehlt Petra Arck, Professorin am Uniklinikum Hamburg-Eppendorf, Schwangeren bestimmte Verhaltensweisen, um Hitzestress vorzubeugen. Schwangere Frauen, welche sich zwischen der 34. und 38. Schwangerschaftswoche befinden, sollten bei anhaltend hohen Temperaturen viel Flüssigkeit zu sich nehmen sowie möglichst die Sonne meiden und sich in klimatisierten Räumen aufhalten (Wiedermann 2023). Für Hebammen gilt es, solche Empfehlungen in Beratungssituationen während der Begleitung von Schwangeren zu vermitteln. Auf struktureller Ebene ist es notwendig, dass Kommunen und andere Träger Notfallversorgungspläne (z. B. Hitzeaktionspläne) entwickeln, welche die Gesundheit von besonders vulnerablen Personen wie Schwangeren und ungeborenen bzw. neugeborenen Kindern besonders berücksichtigen (Janson et al. 2023).

Es wird vielfach darauf hingewiesen, dass es in vielen Bereichen und auch hinsichtlich der Entwicklung von Schutzmaßnahmen von Schwangeren sowie ungeborenen und neugeborenen Kindern an gesicherten wissenschaftlichen Erkenntnissen mangelt und entsprechend noch erheblicher Forschungsbedarf besteht (z. B. Roos et al. 2021). Beispielsweise ist es unklar, welche maximalen Innenraumtemperaturen für Säuglinge gesundheitsverträglich sind (Janson et al. 2023). Mit Zunahme gesicherter Erkenntnisse aus der Forschung hinsichtlich der Folgen des Klimawandels auf die frühkindliche Gesundheit sowie die Gesundheit von Schwangeren und mit der gleichzeitigen Intensivierung der Folgen des Klimawandels werden sich weitere Beratungsbedarfe klären, beispielsweise bezogen auf den Schutz vor vektorübertragenen Erkrankungen und die Versorgung der psychischen Gesundheit von Schwangeren. Ferner ist darüber nachzudenken, wie eine Gesundheitsversorgung von Schwangeren sowie deren Kindern bei Extremwetterereignissen wie beispielsweise Starkregen sichergestellt werden kann (Roos et al. 2021). Dadurch, dass Hebammen in der Lage sind, mit einer Low-Tech-Ausstattung zu arbeiten, und dadurch mobil sind, hat sich in verschiedenen Fällen gezeigt, dass sie besondere Möglichkeiten auch unter extremen (Wetter-)Bedingungen haben, die Gesundheitsversorgung von Schwangeren und ihren Kindern zu gewährleisten (Kutz 2022). Allgemein sind neben Richtlinien für klimaangepasste Verhaltensweisen Investitionen in die Gesundheitsinfrastruktur nötig (Churchill und Avery 2023).

Resilienz

Hebammen und andere Angehörige der Gesundheitsberufe, welche sich mit der Gesundheitsversorgung rund um die Geburt beschäftigen, sind in ihrer Berufsausübung mit den Auswirkungen der Klimakrise direkt konfrontiert (Churchill und Avery 2023). Um den Berufsalltag zu bewältigen, ist ein hohes Maß an Resilienzfähigkeit bedeutsam. Schließlich kann der Umgang mit den sich verändernden klimatischen Bedingungen und den damit einhergehenden Gefährdungen für Schwangere und kleine Kinder immense Herausforderungen für diese in den Gesundheitsberufen tätigen Personengruppen darstellen. Neben der Aneignung von Kenntnissen und Strategien, welche eine Eindämmung der negativen Folgen des Klimawandels auf die Gesundheit von Schwangeren und deren Kindern ermöglichen, ist es grundlegend, dass Beschäftigte in der primären Gesundheitsversorgung Strategien erlernen, die ihr eigenes Wohlbefinden sicherstellen. In den Nachhaltigkeitswissenschaften werden entsprechende Fähigkeiten als intrapersonelle Kompetenz bezeichnet (Brundiers et al. 2021).

Dazu zählt beispielsweise die Fähigkeit, emotionale Resilienz aufzubauen und Selbstfürsorge zu betreiben (Ayers et al. 2023). Dabei geht es darum, die zur Ausübung der Profession notwendigen mentalen, physischen und emotionalen Ressourcen sicherzustellen. Verschiedene Autor:innen legen nahe, dass neben dem Aufbau von Resilienz grundlegend ist, die eigenen Grenzen zu wahren, den eigenen physischen Zustand zu berücksichtigen, Selbstwertgefühl und Selbstvertrauen zu zeigen und zu wissen, wie man sich ausruhen und seine Energie erneuern kann (Ayers et al. 2023).

Kontemplative Praktiken, welche die Selbstwahrnehmung und Selbstregulierung unterstützen, werden zunehmend in Ausbildungskursen für im Kontext von Nachhaltigkeit arbeitenden Personen integriert (Brundiers et al. 2021). Auch für die Aus- und Fortbildung von Hebammen und anderen Beschäftigten im Gesundheitswesen, welche direkt mit den Folgen der Klimakrise umgehen müssen und gegebenenfalls an einer gesamtgesellschaftlichen Transformation mitwirken, sind entsprechende Kursangebote oder Workshops sinnvoll.

Chancen für die Gesundheit

Der anthropogen verursachte Klimawandel stellt die heute und in Zukunft lebenden Gesellschaften vor immense Herausforderungen. Exemplarisch wurden in diesem Beitrag Handlungsbereiche aufgezeigt, welche zur Gesundheitsversorgung rund um die Geburt zählen. Das Aktionsbündnis *Health For Future* macht darauf aufmerksam, dass Klimaschutzmaßnahmen im Allgemeinen eine große Chance für die menschliche Gesundheit darstellen (Health For Future, 2023). Die notwendige Umgestaltung der Gesellschaft ermöglicht, Lebensbedingungen zu schaffen, welche die physische und psychische Gesundheit von Menschen zur Entfaltung bringen (Philipsborn et al. 2020). Anhand von etlichen Beispielen kann aufgezeigt werden, dass durch umfassende Klimaschutzmaßnahmen der Erhalt der natürlichen Umwelt als Lebensgrundlage und die menschliche Gesundheit synergistisch geschützt und gefördert werden können. Zu diesen Maßnahmen zählen beispielsweise bewegungsfreundliche, verkehrsberuhigte und grüne Städte sowie gesunde, nachhaltige Ernährungsmuster (Philipsborn et al. 2020).

Fazit

Der Klimawandel stellt eine erhebliche Bedrohung für die menschliche Gesundheit dar. Für die Gesundheitsversorgung rund um die Geburt ergeben sich verschiedene Implikationen, weil Schwangere und ungeborene bzw. neugeborene Kinder als besonders vulnerabel gegenüber den Folgen des Klimawandels gelten. Exemplarisch wurde in diesem Beitrag das Handeln von Hebammen in den Blick genommen, als eine Profession, die wesentlich mit der Versorgung von Schwangeren und deren Kindern befasst ist und im Rahmen der primären Gesundheitsversorgung von den Folgen des Klimawandels besonders betroffen ist. Im Allgemeinen ist festzuhalten, dass hinsichtlich der Auswirkungen des Klimawandels auf die Lebensphase rund um die Geburt in Bezug auf die werdenden Mütter und die Kinder sowie den Umgang mit diesen Auswirkungen noch erhebliche Forschungs- und Handlungsbedarfe bestehen (Churchill und Avery, 2023). Durch ihre Rolle als Ansprech- und Begleitpersonen in Familien und ihren geringen Ressourcenverbrauch in der Arbeitsweise können Hebammen bzw. Geburtshelfer eine bedeutsame Rolle im Umgang mit der Klimakrise spielen. Wenngleich die Herausforderungen im Umgang mit der Klimakrise groß sind, bietet sich im Rahmen einer sozial-ökologischen Transformation auch die Chance, bessere Voraussetzungen für die menschliche Gesundheit – und damit auch die Gesundheit von Schwangeren und deren ungeborenen bzw. neugeborenen Kindern – zu schaffen, als dies heute der Fall ist.

Literatur

Ayers, J., Missimer, M. & Bryant, J. (2023). Intrapersonal capacities for sustainability: A change agent perspective on the ›inner dimension‹ of sustainability work. *Sustainability Science*, *18*(3), 1181–1197. https://doi.org/10.1007/s11625-022-01288-8

Bartle, C. (2011). Breastfeeding and sustainability: loss, cost, ›choice‹, damage, disaster, adaptation and evolutionary logic. In: L. Davies, R. Daellenbach & M. Kensington (eds.), *Sustainability, Midwifery and Birth* (pp. 168–181). Routledge.

BMBF (2022a). *Dürre in Deutschland: Forschung, Lösungen, Anpassung*. https://www.bmbf.de/bmbf/shareddocs/kurzmeldungen/de/2022/08/duerre-und-trockenheit-in-deutschland.html

BMBF (2022b). Starkregen und Sturzfluten: Klimaforschung hilft bei Anpassung an Extremwetter.

Brundiers, K., Barth, M., Cebrián, G., Cohen, M., Diaz, L., Doucette-Remington, S., Dripps, W., Habron, G., Harré, N., Jarchow, M., Losch, K., Michel, J., Mochizuki, Y., Rieckmann, M., Parnell, R., Walker, P. & Zint, M. (2021). Key competencies in sustainability in higher education – Toward an agreed-upon reference framework. *Sustainability Science*, *16*(1), 13–29. https://doi.org/10.1007/s11625-020-00838-2

Chersich, M. F., Pham, M. D., Areal, A., Haghighi, M. M., Manyuchi, A., Swift, C. P., Wernecke, B., Robinson, M., Hetem, R., Boeckmann, M. & Hajat, S. (2020). Associations between high temperatures in pregnancy and risk of preterm birth, low birth weight, and stillbirths: Systematic review and meta-analysis. *BMJ (Clinical Research Ed.)*, *371*, m3811. https://doi.org/10.1136/bmj.m3811

Churchill, R. T. & Avery, M. D. (2023). The Heat is On: Imperative for Midwifery Engagement in Climate Change. *Journal of Midwifery & Women's Health*, *68*(3), 313–314. https://doi.org/10.1111/jmwh.13517

Clement, V. (2023). Schritt für Schritt zur Klimaneutralität in der Klinik. *Hebammen Wissen*, *4*(4), 10–13. https://doi.org/10.1007/s43877-023-0785-2

Davies, L. (2011). Parents as consumers. In: L. Davies, R. Daellenbach & M. Kensington (eds.), *Sustainability, Midwifery and Birth* (pp. 157–167). Routledge.

Deutsche Gesellschaft für Psychiatrie und Psychotherapie, Psychosomatik und Nervenheilkunde (2019). Stellungnahme der Deutschen Gesellschaft für Psychiatrie und Psychotherapie, Psychosomatik und Nervenheilkunde e. V. (DGPPN) zu den Auswirkungen der Klimaveränderungen auf die psychische Gesundheit.

DWD (2023). *Klimawandel – ein Überblick*. https://www.dwd.de/DE/klimaumwelt/klimawandel/klimawandel_node.html

Europäische Kommission (2023). *Folgen des Klimawandels*. Europäische Union. https://climate.ec.europa.eu/climate-change/consequences-climate-change_de

Frank, C., Offergeld, R., Lachmann, R., Stark, K. & Schmidt-Chanasit, J. (2023). Epidemiologisches Bulletin. *Epidemiologisches Bulletin*(22), 3–7. https://www.rki.de/DE/Content/Infekt/EpidBull/Archiv/2023/Ausgaben/22_23.pdf?__blob=publicationFile

Graf, J. & Abele, H. (2023). Klima, Krise, Konzeption: Der ganzheitliche Blick. *Hebammen Wissen*, *4*(2), 46–49. https://doi.org/10.1007/s43877-023-0755-8

Hayes, K., Blashki, G., Wiseman, J., Burke, S. & Reifels, L. (2018). Climate change and mental health: Risks, impacts and priority actions. *International Journal of Mental Health Systems*, *12*(1), 28. https://doi.org/10.1186/s13033-018-0210-6

Health For Future. (2023). *Klima und Gesundheit*. https://healthforfuture.de/klima-und-gesundheit/

Helldén, D., Andersson, C., Nilsson, M., Ebi, K. L., Friberg, P. & Alfvén, T. (2021). Climate change and child health: A scoping review and an expanded conceptual framework. *The Lancet. Planetary Health*, *5*(3), e164–e175. https://doi.org/10.1016/S2542-5196(20)30274-6

Hess, J. (2023). Heat and health inequity: Acting on determinants of health to promote heat justice. *Nature Reviews Nephrology*, *19*(3), 143–144. https://doi.org/10.1038/s41581-023-00679-z

International Confederation of Midwives. (2005). *International Definition of the Midwife*. https://www.internationalmidwives.org/assets/files/definitions-files/2018/06/eng-definition_of_the_midwife-2017.pdf

International Confederation of Midwives (2014). Position Statement: Impact of climate change. https://www.internationalmidwives.org/assets/files/statement-files/2021/09/ps2014_en_impact-of-climate-change.pdf

Janson, D., Kaiser, Theresa, Kind, C., Hannemann, L., Nickl, J. & Grewe, H. A. (2023). Analyse von Hitzeaktionsplänen und gesundheitlichen Anpassungsmaßnahmen an Hitzeextreme in Deutschland. *Umwelt Und Gesundheit*(3). https://www.umweltbundesamt.de/sites/default/files/medien/11850/publikationen/hap-de_endbericht_bf_230321_lb.pdf

Kemfert, C. & Hoffart, F. (2023). Wie können die sozial-ökologische Transformation und der Zusammenhalt in Krisenzeiten gelingen? *Böll.Thema*(1), 3–5.

KLUG (2023). *Arbeitsgruppe Rund um die Geburt*. Deutsche Allianz Klimawandel und Gesundheit. https://www.klimawandel-gesundheit.de/handlungsfelder-und-projekte/rund-um-die-geburt/

Kutz, J. (2022, October 24). From wildfires to hurricanes, midwives could play a key role in disaster response. *19th News*. https://19thnews.org/2022/10/midwives-biden-natural-disaster-response-crisis/

Martis, R. (2011). Good housekeeping in midwifery practice: reduce, reuse and recycle. In: L. Davies, R. Daellenbach & M. Kensington (eds.), *Sustainability, Midwifery and Birth* (pp. 141–154). Routledge.

New Zealand College of Midwives (2021). Consensus Statement: Climate change, midwifery and environmental sustainability. https://www.midwife.org.nz/wp-content/uploads/2018/07/Climate-change-Consensus-Statement.pdf

Niebuhr, D. & Grewe, H. A. (2021). Hitzeextreme als Risiko für Frühgeburten und Totgeburten. *Public Health Forum, 29*(2), 128–130. https://doi.org/10.1515/pubhef-2021-0014

Öffentliches Gesundheitsportal Österreichs (2023). *Asiatische Tigermücke in Österreich etabliert*. https://www.gesundheit.gv.at/news/aktuelles/aktuell-2023/tigermuecken.html

Philipsborn, P. von, Wabnitz, K., Sell, K., Maintz, E., Rehfuess, E. & Gabrysch, S. (2020). Klimapolitik als Chance für bessere Gesundheit. *Public Health Forum, 28*(1), 75–77. https://doi.org/10.1515/pubhef-2019-0128

Rahmstorf, S., Levermann, A., Winkelmann, R., Donges, J., Caesar, L., Sakschewski, B. & Thonicke, K. (2019). *Kipppunkte im Klimasystem*. Potsdam-Institut für Klimafolgenforschung. https://www.pik-potsdam.de/~stefan/Publications/Kipppunkte%20im%20Klimasystem%20-%20Update%202019.pdf

RKI (2023). *Klimawandel und Gesundheit*. Robert Koch-Institut. https://www.rki.de/DE/Content/GesundAZ/K/Klimawandel_Gesundheit/Klimawandel_Gesundheit_node.html

Rockström, J., Steffen, W., Noone, K., Persson, A., Chapin, F. S., Lambin, E. F., Lenton, T. M., Scheffer, M., Folke, C., Schellnhuber, H. J., Nykvist, B., Wit, C. A. de, Hughes, T., van der Leeuw, S. et al. (2009). A safe operating space for humanity. *Nature, 461*(7263), 472–475. https://doi.org/10.1038/461472a

Roos, N., Kovats, S., Hajat, S., Filippi, V., Chersich, M., Luchters, S., Scorgie, F., Nakstad, B. & Stephansson, O. (2021). Maternal and newborn health risks of climate change: A call for awareness and global action. *Acta Obstetricia Et Gynecologica Scandinavica, 100*(4), 566–570. https://doi.org/10.1111/aogs.14124

Rutishauser, T. (2023). *Unfruchtbare Männchen: Eine neue Methode im Kampf gegen die Tigermücke*. Bundesamt für Umwelt BAFU. https://www.bafu.admin.ch/bafu/de/home/themen/biodiversitaet/dossiers/eine-methode-im-kampf-gegen-tigermuecken.html

Schilly, J. (2019). *»Handabdruck« statt »Fußabdruck« – ein Konzept für mehr Optimismus im Klimaschutz?* https://www.klimafakten.de/meldung/handabdruck-statt-fussabdruck-ein-konzept-fuer-mehr-optimismus-im-klimaschutz

Shukla, P. R., Skea, J. & Reisinger, A. (eds.). (2022). *Climate change 2022: Mitigation of climate change*. IPCC. https://www.ipcc.ch/report/ar6/wg3/downloads/report/IPCC_AR6_WGIII_FullReport.pdf

Tünkers, M. (2023). Green Parenting: Elternsein in Zeiten des Klimawandels. *Hebammen Wissen, 4*(4), 18–20. https://doi.org/10.1007/s43877-023-0784-3

Umweltbundesamt (2022a). *Klimafolgen: Handlungsfeld Menschliche Gesundheit*. https://www.umweltbundesamt.de/themen/klima-energie/klimafolgen-anpassung/folgen-des-klimawandels/klimafolgen-deutschland/klimafolgen-handlungsfeld-menschliche-gesundheit#hitzebelastung

Umweltbundesamt (2022b). *Die Treibhausgase*. https://www.umweltbundesamt.de/themen/klima-energie/klimaschutz-energiepolitik-in-deutschland/treibhausgas-emissionen/die-treibhausgase

Umweltbundesamt (2022c). *Vektoren und Reservoirtiere als Infektionskrankheitsüberträger*. https://www.umweltbundesamt.de/themen/gesundheit/umwelteinfluesse-auf-den-menschen/klimawandel-gesundheit/vektoren-reservoirtiere-als#vektoren-und-reservoirtiere

Umweltbundesamt (2023). *Trends der Lufttemperatur*. https://www.umweltbundesamt.de/daten/klima/trends-der-lufttemperatur

Wessel, G. (2022). *Klimakrise. 100 Seiten: Reclam 100 Seiten* (1. Originalausgabe). *Reclam 100 Seiten*. Stuttgart: Reclam Verlag. http://nbn-resolving.org/urn:nbn:de:bsz:24-epflicht-2051962

WHO (2021). *Climate change and health*. World Health Organization. https://www.who.int/news-room/fact-sheets/detail/climate-change-and-health

Wiedermann, K. (2023, June 23). Schwangerschaft: Hitze erhöht das Risiko für eine Frühgeburt. *Berliner Morgenpost*.

Winklmayr, C. & der Heiden, M. an (2022). Hitzebedingte Mortalität in Deutschland. *Epidemiologisches Bulletin*(42), 3–9. https://edoc.rki.de/bitstream/handle/176904/10346.2/EB-42-2022-Hitze-AUSTAUSCH.pdf?sequence=4&isAllowed=y

Yüzen, D., Graf, I., Diemert, A. & Arck, P. C. (2023a). Climate change and pregnancy complications: From hormones to the immune response. *Frontiers in Endocrinology*, *14*, 1149284. https://doi.org/10.3389/fendo.2023.1149284

Yüzen, D., Graf, I., Tallarek, A.-C., Hollwitz, B., Wiessner, C., Schleussner, E., Stammer, D., Padula, A., Hecher, K., Arck, P. C. & Diemert, A. (2023b). Increased late preterm birth risk and altered uterine blood flow upon exposure to heat stress. *EBioMedicine*, *93*, 104651. https://doi.org/10.1016/j.ebiom.2023.104651

Zschachlitz, T., Straff, W. & Mücke, H.-G. (2022). Planetary Health – ein Konzept für Umwelt- und Gesundheitsschutz im Anthropozän. UMID – UMWELT + MENSCH INFORMATIONSDIENST(1). https://www.umweltbundesamt.de/sites/default/files/medien/4031/publikationen/umid_01-2022_planetary_health.pdf

KARIN J. LEBERSORGER
In den Körper eingeschrieben!

Das traumatische Potenzial überlebensnotwendiger Behandlungen

> *Das Ganze fühlt sich seltsam irreal an: Wir haben keine schreienden Neugeborenen im Arm, ich schneide keine Nabelschnur durch. Wie ein schlechter Traum, der wieder vergehen wird. Und zugleich spüren wir in unserem Gefühlschaos auch wieder die tiefe Traurigkeit, in diesem besonderen Moment unsere Kinder weggeben zu müssen. Unsere kleine, ganz neue Familie wird gleich wieder zerrissen.*
>
> (Pelz 2022, S. 24)

Medizinische Traumatisierung

Für viele Kinder, mit denen unterschiedliche Professionen in ihren ersten Lebensjahren befasst sind, ist das Ankommen in der Welt mit körperlichen und emotionalen Herausforderungen verbunden. So sind schmerzhafte Untersuchungen, invasive Behandlungen und die damit verbundenen Trennungserfahrungen bei Frühgeburtlichkeit, instabilen Vitalfunktionen, Fehlbildungen und Erkrankungen gesundheitserhaltend, oft überlebensnotwendig. Ein Baby kann auf die medizinisch notwendigen Interventionen nicht vorbereitet werden. Sie überfluten die ihm zur Verfügung stehenden Verarbeitungssysteme, lassen es Lebensgefahr spüren (Bürgin 2022, S. 96), erzeugen Stress und Spannungen und haben das Potenzial einer »medizinischen Traumatisierung« (Besser 2004, S. 178). Ein Erleben ist traumatisch, wenn der Reizschutz durchbrochen und das Ich durch die damit verbundene Erregung überfordert ist.

Die Eltern finden sich in einem Gefühlsspektrum zwischen Todesängsten und Trauer. Während sie ihren emotionalen Ausnahmezustand in Gedanken und Worte fassen können und idealerweise Unterstützungsangebote erhalten, um ihre Angst, Ohnmacht, Hilflosigkeit, aber auch Schuldgefühle oder Neid zu äußern, verfügen Babys und Kleinkinder im vorsprachlichen Alter nicht über solche Verarbeitungsmöglichkeiten. Die aversiven körperlichen Erfahrungen mit traumatischem Potenzial gehen, so wie alles frühe körperliche Erleben und Wahrnehmen, nicht verloren, sondern werden als psychisch unrepräsentierte Zustände im prozeduralen Gedächtnis gespeichert, das ich Eltern gegenüber meist als »Körpergedächtnis« bezeichne.

> Viele Primärerfahrungen werden prozedural gespeichert, sind bewusst somit nicht evozierbar, beeinflussen aber alle anderen Gedächtnisformen. Sie finden oft über Handlungen den Weg zum Ausdruck. (Bürgin 2022, S. 58)

Die Auswirkungen der medizinischen Traumatisierung sind den meisten Eltern, aber auch vielen Behandler:innen und Expert:innen nicht bewusst. Lutz-Ulrich Besser spricht von einem »häufig vergessenen oder besser gesagt nicht wahrgenommenen Traumabereich (...), der zu zahllosen ebenfalls unerkannten Wiederholungen der alten traumatischen Erfahrungen und Situationen führt« (2004, S. 177). Invasive medizinische Interventionen in einem Alter, in dem sie das Kind noch nicht symbolisieren und somit repräsentieren kann, bilden ein Paradoxon, da sie einerseits sein Überleben sichern und zu seiner Gesundung beitragen, andererseits aber traumatisierend sein können und Trigger für Retraumatisierung darstellen, wenn sie nicht in ihrer Wirkung gemildert und später symbolisiert und integriert werden können (Ahlheim und Israel 2013, S. 336; Gaensbauer 2014, S. 1025; Lebersorger 2021, S. 34f; 2023, S. 22ff). Die frühen Verletzungen werden im späteren Leben nachträglich mittels Handlungssprache dargestellt (vgl. Bürgin 2022, S. 21; Gurschler 2021, S. 42f; Lebersorger 2023c, S. 164ff; 2023d, S. 497ff; Wilken 2021, S. 54ff). Bereits Sigmund Freud weist auf die Bedeutung dieser Nachträglichkeit traumatischer Erfahrungen hin, die zu unbewussten Bewältigungsversuchen führt (1896, 1918). Doch Verbindungen zwischen unerklärlichem Verhalten oder besorgniserregenden Symptomen mit dem Nicht-Repräsentierten der ersten Wochen und Monate werden meist weder von den Bezugspersonen des Kindes noch von seinen Behandelnden hergestellt (vgl. Lebersorger 2022, S. 42ff).

Schmerzhafte Behandlungserfahrungen in einem Alter, in dem das Kind bereits über Sprache verfügt, haben meist weniger traumatisches Potenzial, sofern die Kinder darauf vorbereitet werden und die Möglichkeit haben, das Erlebte spielerisch zu verarbeiten. Doch viele Eltern sind überzeugt, dass Kleinkinder, die bereits symbolisieren können, sowie Kinder mit kognitiven Entwicklungsverzögerungen eine Vorbereitung auf medizinische Behandlungen nicht verstehen würden und unnötig geängstigt werden könnten. Selbst wenn das Kind inhaltlich nicht alles begreift, erfährt es von seinen Eltern, dass eine besondere Situation bevorsteht, der es von ihnen nicht unvorbereitet ausgesetzt wird.

Auch für die Eltern haben Frühgeburtlichkeit, Chromosomenanomalien, peri- und postnatale Komplikationen traumatisches Potenzial, wenn das Baby nicht ihrem Vorstellungskind entspricht (vgl. Ahlheim und Israel 2013, S. 355; Gurschler 2021, S. 37; Wilken 2021, S. 61). Dies führt zu hohem psychischen Stress, da in jedem Menschen die innere Repräsentanz eines imaginären Kindes schon früh im Leben angelegt wird (vgl. Soulé 1990). Dieses Vorstellungskind zeigt sich im Spiel der Kinder, wenn sie in eine Elternrolle schlüpfen, es verändert sich im Lauf des Lebens in Abhängigkeit von individuellen Erfahrungen und ist als Phantasie zum Teil bewusst, zum Teil unbewusst. Besondere Bedeutung erlangt das imaginäre Kind für werdende Eltern, wenn sie sich mit ihren Erwartungen und Wünschen bezüglich des sich entwickelnden Babys auseinandersetzen. Während der Schwangerschaft phantasieren sie das sich entwickelnde Baby und projizieren Wünsche in es. Sie entwickeln auch Vorstellungen über das Gebären und die erste Begegnung. Entsprechen das reale Kind und seine Geburt nicht den elterlichen Vorstellungen und Erwartungen, so bedarf es psychischer Arbeit, sich mit der Diskrepanz und den dadurch ausgelösten Gefühlen auseinanderzusetzen. Das Wunschkind muss verabschiedet und sein Verlust betrauert werden, wofür es in manchen Kontexten wenig inneren und äußeren Raum gibt (vgl. Lebersorger 2023b, S. 17ff). Dies ist häufig der Fall, wenn Eltern auf der Neonatologie mit der Betreuung ihres Kindes voll ausgelastet, oft überfordert sind oder wenn sie unausgesprochene bedrohliche Phantasien über eine bevorstehende Operation quälen. Die meisten Eltern sind verständlicherweise erleichtert, wenn sie und ihr Kind die erste hochbelastende Zeit hinter sich gebracht haben, und vermeiden es, sich ihr gedanklich-emotional zu nähern. Immer wieder berichten Eltern, sich Fotos aus dieser Zeit weder alleine noch mit ihrem Kind ansehen zu können, weil ihnen dies unaushaltbar sei, sie zu weinen beginnen würden. Auch Daniel Pelz, Vater frühgeborener Zwillinge beschreibt diese Abwehr:

> Auch ausgeprägtes Vermeidungsverhalten kann ein deutliches Zeichen sein: Betroffene versuchen, jede Situation zu vermeiden, die Erinnerungen an die belastende Situation wecken könnte. Zum Beispiel schauen sie die Fotos aus den ersten Lebenstagen ihrer Kinder nicht mehr an, können keine Frühchen-Dokus im Fernsehen sehen oder vermeiden gewisse Orte. (Pelz 2022, S. 121f)

Eltern möchten auch ihr Kind vor jenen unerträglichen Gefühlszuständen schützen, denen sie in dessen ersten Lebenswochen und -monaten ausgesetzt waren. Diese

Vermeidung verhindert aber integrative Prozesse aufseiten des Kindes. Eltern haben oft selbst nicht die Erfahrung verinnerlicht, dass mit ihnen hilfreich über Belastendes gesprochen wurde. Erst wenn sie sich mit ihren Emotionen und Phantasien aus dieser Zeit auseinandergesetzt haben, wird es ihnen möglich, für ihr Kind später Worte zu finden (vgl. Lebersorger 2023a, 2023b). Es bedarf eines sicheren Rahmens, um diesen Auseinandersetzungsprozess zu beginnen. In einem solchen haltenden Setting sollte den Eltern auch präventiv vermittelt werden, wie wichtig es für ihr Kind später sein wird, ihm seine frühe Geschichte zu eröffnen, um sie in sein Selbstbild zu integrieren (vgl. Diez Grieser und Müller 2018, S. 36). Dabei geht es nicht darum, kognitiv Fakten zu vermitteln, sondern eine Einsicht auf emotionaler Ebene zu ermöglichen, indem die damit verbundenen Gefühle aller angesprochen werden. Ich thematisiere auch stets die Bedeutung der Vorbereitung auf weitere Untersuchungen und Behandlungen. In diesem Zusammenhang lassen sich Verbindungen zu früheren, nicht erinnerbaren Erfahrungen herstellen. Das Sprechen über die frühen Erlebnisse ist auch nicht im Sinn eines Aufklärungsgesprächs gedacht, sondern kann nur in Situationen das Kind erreichen, die thematisch dem traumatischen Erleben nahe sind. Eine spielerische Aufarbeitung der Behandlungserfahrungen hilft allen Kindern, mit und ohne Behinderungen, bei deren Bewältigung. Dazu erachte ich einen Doktorkoffer und ein paar Utensilien aus der ärztlichen Praxis, wie Spritzen, Pflaster oder Spatel, als unerlässliches Spielmaterial in jedem Kinderzimmer. Dem Kind eröffnet sich die Möglichkeit, passiv Erlittenes in aktives Tun umzukehren und mit diesem wichtigen Abwehrmechanismus Ängste zu bearbeiten.

Wenn bei ihrem Kind nach dem schweren Start eine Entwicklungsverzögerung besteht, gehen viele Eltern davon aus, es würde ein Sprechen darüber ohnehin nicht verstehen (vgl. Dolto 1977/1997). Darüber hinaus möchten sie Ihrem Kind nichts Belastendes zumuten. Es hilft Eltern, sie zu bestärken, keine Angst zu haben, mit ihrem Kind mit und ohne Behinderung über Ängste, Aufregung, Schmerzen und andere unerwünschte Gefühle zu sprechen und somit die Mentalisierung der frühen unrepräsentierten Zustände zu ermöglichen (vgl. Datler 2006).

Ein Aha-Moment

Fallbeispiel 1

Der Vater der zehnjährigen altersgemäß entwickelten Jenny berichtet, dass seine Tochter mit sechs Monaten an einem schweren Infekt erkrankte, der eine stationäre Aufnahme notwendig machte. Das Baby bekam Infusionen, was für beide Eltern schwer erträglich war. Noch jetzt kollabiert Jenny, wenn sie eine Impfung benötigt. Sie schämt sich dafür und ist gekränkt, wenn sich ihre Geschwister darüber lustig machen. Jenny nimmt sich vor jeder Impfung fest vor, tapfer zu sein, was ihr bis jetzt aber noch nie gelungen ist. Ich stelle einen Zusammenhang mit der frühen Hospitalisierung her und erkläre, dass jede Nadel im medizinischen Kontext für Jenny einen Triggerreiz darstellt, da ihre Infusionsbehandlung implizit gespeichert ist. Erst durch die Verbindung mit präverbalem Erleben sind dem Vater Jennys Reaktionen verstehbar, was ihn sehr erleichtert. Wir erarbeiten, wie die Eltern Jenny ihre frühen Spitalserfahrungen vermitteln können, wenn sich eine passende Situation ergibt. So können sie Jennys Kollabieren mit ihrem Krankenhaus-Aufenthalt, an den sie sich bewusst nicht mehr erinnern kann, wohl aber ihr Körper, in Verbindung bringen und dazu beitragen, dass Jenny sich besser verstehen kann und sich nicht zu schämen braucht.

Bizarres mit Bedeutung

Fallbeispiel 2

Die Eltern des achtjährigen Tim berichten, dass ihr Sohn nur schwer davon abzubringen ist, auf YouTube ganz fasziniert und versunken Videos von Baustellen anzusehen. Tim ist ein Experte für alle Baufahrzeuge, fordert die Videos massiv ein und protestiert, wenn sie die Bildschirmzeit auf dem Tablet begrenzen. Tim ist mit diesen Baustellen-Videos ganz leicht zu beruhigen und abzulenken. Die Eltern können sich seine Vorliebe nicht erklären, berichten aber, dass er bereits als Kleinkind im öffentlichen Raum von Baustellen, ihrem Lärm und ihrer Vibration kaum wegzubringen war. Im Rahmen der Anamnese erfahre ich von Tims schwerem Start ins Leben. Er wird mit unter 500 Gramm geboren und verbringt sein ganzes erstes Lebensjahr in der Kinderklink. Nach der ersten Zeit auf der Neonatologie-Intensivstation, in der er mit Sonde ernährt und mittels Atemmaske beatmet wurde, treten Infekte auf, die eine Intubation notwendig machen. Tim benötigt die Magensonde bis ins zweite Lebensjahr, Heimsauerstoff bis zum dritten Geburtstag und muss sich in den ersten drei Lebensjahren mehreren Operationen unterziehen. Außer während seiner Aufenthalte in der Intensivstation verbringt Tims Mutter die Zeit mit ihm in der Klinik. Tim entwickelt sich kognitiv und sprachlich verzögert und wird integrativ beschult.

Als die Eltern über die zahlreichen überlebensnotwendigen medizinischen Interventionen berichten, assoziiere ich den Körper ihres Sohnes als Baustelle und teile ihnen meinen Einfall mit. Ich sage, dass Tim sich in der Zeit auf der neonatologischen Intensivstation, aber auch nach all den Eingriffen und Operationen wohl wie auf einer Baustelle gefühlt haben müsse, und frage, ob sie über all diese frühen Erlebnisse schon mal mit ihm gesprochen haben. Die Eltern sind darüber ein wenig verwundert, da sie überzeugt sind, dass er sich daran doch nicht erinnern könne. Zwar wisse er, dass er als Baby in der Klinik war, aber er kenne keine Details. Ich vermittle ihnen, dass solche intrusiven Erfahrungen im Körpergedächtnis gespeichert sind, so wie auch alle beruhigenden und haltenden seitens der Eltern. Wir überlegen gemeinsam, wie sie in passenden Momenten, wenn Tim innig nach den Baustellen-Videos verlangt und sie genügend Zeit haben, die Baustellen mit seiner Baby-Zeit in Verbindung bringen und ihm davon zu erzählen können. Ich rege an, Tims Vorliebe für Baustellen als kreativen Akt seiner Psyche willkommen zu heißen und ihm zu vermitteln, dass sie gut verstünden, warum er so gerne Baustellen betrachte, weil früher sein kleiner Baby-Körper wie eine Baustelle war. So bekommt sein Baustellen-Schauen Bedeutung und steht nicht als bizarres Verlangen zwischen Eltern und Kind. Selbst wenn kein Zusammenhang bestünde, würde Tim die Erfahrung machen, dass seine Eltern sein Begehren nicht missbilligen, sondern es als für ihn wichtig anerkennen. Die Eltern finden meine Überlegungen interessant und erzählen von ihren Gefühlen, als sie Tim im Inkubator liegen sahen, umgeben von Schläuchen und Gerätschaften, die das Überleben ihres Sohnes ermöglicht haben. In der Folge sind sie psychisch bereit, Verbindungen zu Tims frühem Erleben herzustellen, indem sie ihm von seiner sehr belastenden und aufregenden Säuglingszeit erzählen und ihm Fotos zeigen. Daraufhin möchte er die Bilder eine Zeit lang immer wieder ansehen und die Geschichten hören. Er hat großes Interesse am Brutkasten, den Verkabelungen, den damit verbundenen Behandlungen und hört zu, wenn die Eltern seine und ihre Ängste und Aufregungen thematisieren. Nach einiger Zeit berichten die Eltern, dass Tims Interesse an den Baustellen-Videos deutlich abgenommen hat und er andere Interessen zeigt.

Die zwei folgenden Fallvignetten vermitteln Erfahrungen, die ich im Lauf meiner Tätigkeit in der Down-Syndrom Ambulanz Wien in vielen ähnlichen Varianten gesammelt habe. Die Beispiele sind prototypisch für die sehr häufige Verdichtung an invasiven Erfahrungen, die Neugeborene mit Trisomie 21 erleben. Viele von ihnen werden nach der Geburt wegen Frühgeburtlichkeit oder somatischer Instabilität auf eine neonatologische Station transferiert, einige benötigen wegen Fehlbildungen des Darms oder des Herzens lebensrettende Operationen in ihren ersten Lebenswochen und -monaten mit anschließender intensivmedizinischer Behandlung (vgl. Bull 2020, S. 2344ff). Die Eltern müssen sich nicht nur mit der körperlichen Verfassung ihrer Kinder auseinandersetzen, sondern auch mit der unumstößlichen chromosomalen Besonderheit, die ihrem Wünschen diametral entgegengesetzt ist. Alle Kinder mit Down-Syndrom stehen von Geburt an in engmaschiger ärztlicher Kontrolle, die zu Beginn ihres Lebens mindestens zweimal jährlich eine intravenöse Blutabnahme erforderlich macht. Trotz großer Behutsamkeit ist es nicht leicht, bei einem Baby einen intravenösen Zugang zu setzen. Manchen Eltern fällt es schwer, während der Untersuchung bei ihrem oft panisch schreienden Kind zu bleiben, es zu halten und zu trösten. Viele Eltern können weder in der Untersuchungssituation noch beim Sprechen darüber auf eigene Erfahrungen zurückgreifen, die es ihnen ermöglichen, ihrem Kind beizustehen (Bion 1962; Lebersorger 2021, 2023b, S. 66f).

Passiv in aktiv

> **Fallbeispiel 3**
>
> Die Eltern der 14-jährigen Natalie suchen wegen des Zerreißens von Kleidung Beratung in der Down-Syndrom Ambulanz. Sie berichten, dass sie vor sich hinträumend meist in ihrem Zimmer an ihrer Kleidung zupfe, Fäden ziehe und Löcher hineinzureißen beginne. Darauf angesprochen tut es Natalie leid, vor allem, wenn es Lieblingsstücke betrifft, und sie verspricht, dies in Zukunft zu unterlassen. Als ich gemeinsam mit den Eltern über mögliche aktuelle Belastungsfaktoren nachdenke, können wir keine Auslöser für Spannungen, die sie mit diesem Verhalten abführen könnte, finden. Natalie ist schulisch gut in eine Integrationsklasse eingebunden und wurde auf die pubertären Veränderungen vorbereitet und dabei von ihrer Mutter achtsam begleitet. Als ich die Anamnese erhebe, erfahre ich, dass Natalie ihre ersten Lebenswochen wegen Frühgeburtlichkeit auf einer Neonatologie verbracht hatte. Die Eltern selbst waren aufgrund der postpartal gestellten Verdachtsdiagnose, die sich kurz darauf bestätigte, schockiert und

verwirrt, da die Schwangerschaft völlig unproblematisch verlaufen war und sich kein Hinweis auf eine Trisiomie 21 fand. Nach Natalies Entlassung nach Hause benötigte sie regelmäßige Untersuchungen, die sie stets heldinnenhaft ertrug und danach besonders stolz war. Der kontraphobische Umgang mit invasiven Untersuchungen und Behandlungen findet sich meiner Erfahrung nach genauso häufig wie deren panische Abwehr. Dies ist durch eine Umkehr von passiv Erlebtem in aktives Handeln verstehbar. Dieser aus vielen Kontexten bekannte Abwehrmechanismus erlaubt der Psyche, überwältigende Erfahrungen auszuhalten, indem das ausgelieferte Ich selbst zum Akteur wird. Als die Eltern dies erzählen, stelle ich auch eine Verbindung zwischen Natalies Angriffen auf die Kleidung und deren frühestes Erleben her, als Nadeln den Körper verletzten und Sonden in die Körperöffnungen eindrangen. Das aktive Erzeugen von Löchern in der Schicht, die den Körper bedeckt, könnte ein unbewusster Bearbeitungsversuch des frühen passiven Ausgeliefert-Seins darstellen. Ich erfahre von den Eltern, dass familiär noch keine Auseinandersetzung mit dieser belastenden Zeit stattgefunden hat, und biete ihnen einen diesbezüglichen Beratungsprozess an. Der Angriff auf Bekleidung ist ein Symptom, das sich bei Menschen mit Down-Syndrom öfters findet und in seinen unterschiedlichen Bedeutungsmöglichkeiten zu verstehen ist. Mehrfach sah ich Verbindungen zu frühem Erleben, aber auch auf die Kleidung verschobene Autoaggression in Verbindung mit geringem Selbstwert und einer missglückten Auseinandersetzung mit dem Down-Syndrom.

Während Natalie passives Ausgeliefertsein in aktives Handeln verkehrt und somit unbewusst ihr Trauma reinszeniert, findet sich bei Waltraud eine panische Abwehr von als schmerzhaft antizipierten Situationen, um den Schmerz nicht nochmals zu erfahren. Die von im frühesten Lebensalter traumatisierten Kindern aufgebauten massiven Abwehrstrukturen neigen zur Wiederholung (Bürgin 2022, S. 53). Auch Theodore Gaensbauer führt »Reinszenierungen der traumatischen Situation in Körperhaltung und Verhalten sowie globale Nachwirkungen etwa in einer allgemeinen Abwehrhaltung« als Traumafolgen an (2014, S. 998).

Herzklopfen

Fallbeispiel 4
Die Mutter der 25-jährigen Waltraud wendet sich nach Jahren wieder an die Down-Syndrom Ambulanz. Sie sucht Beratung und Unterstützung, da die mit Medikamenten behandelte Schilddrüsenunterfunktion ihrer Tochter schon seit langem nicht mittels eines Blutbildes kontrolliert wurde. Waltrauds stete Gewichtszunahme bei einer seit der Pubertät bestehenden Adipositas macht der Mutter zunehmend Sorgen. Waltraud war jeglichen Untersuchungen gegenüber immer verweigernd, aber seit ihrer Adoleszenz wehrt sich Waltraud so heftig, dass die Mutter Blutabnahmen und Zahnbehandlungen schon zweimal in Vollnarkose durchführen ließ. Sie will Waltraud eine weitere Narkotisierung nicht mehr zumuten, die nachträglich immer zu heftigen Irritationen führte, sodass es einiger Zeit bedurfte, bis wieder Alltag einkehrte. Auf mein Nachfragen meint die Mutter, dass sie Waltraud nie auf die Sedierung vorbereitet habe, da diese sonst sicher nicht dazu zu bewegen gewesen wäre, zum vereinbarten Termin die Wohnung zu verlassen.

Anamnestisch weiß ich von früheren Terminen, dass Waltraud nach der Geburt aufgrund instabiler Vitalfunktionen, die auf einen Herzfehler zurückzuführen waren, von ihrer Mutter getrennt und eine Woche lang neonatologisch überwacht wurde. Mit fünf Monaten musste sie am offenen Herzen operiert werden. Ich frage die Mutter erneut nach dieser frühen Zeit, in der sich Waltraud vielen invasiven Untersuchungen und Behandlungen unterziehen musste. Sie schildert, dass der Vater und sie sich bis nach der gut verlaufenen Herzoperation in einem Ausnahmezustand befanden. Sie setzten sich schon während der Schwangerschaft mit der Verdachtsdiagnose auseinander und hatten sich auf ein Baby mit Down-Syndrom eingestellt, waren aber nicht darauf vorbereitet, dass Waltrauds Herzfehler einer derart invasiven Operation bedurfte. Die klinische Erfahrung zeigt, dass vor allem Herzoperationen den Eltern größte Sorgen bereiten:

> Bei »Herz« handelt es sich um ein Wort, das symbolisch für den Ort der Liebe steht. Aber die Mutter soll wissen, dass man das Herz ihres Kindes in *dieser* Bedeutung des Wortes nicht verändert. (Dolto 1977/1997, S. 156, Hervorhebung durch die Autorin)

Waltraud stand postoperativ unter engmaschiger Kontrolle und war dabei immer ängstlich und niemals kooperativ. So wurde sie oft vom medizinischen Personal für Blutabnahmen festgehalten, was sie immer erneuten Überwältigungserfahrungen aussetzte. Präverbal Traumatisches wurde in diesen Situationen getriggert und Waltraud retraumatisiert. Da Waltraud kognitiv entwicklungsverzögert ist und sich sprachlich nur in Ein- bis Dreiwortsätzen ausdrücken kann, haben ihr die Eltern noch nie über ihre belastende Baby-Zeit erzählt. Waltraud fährt mit dem Finger häufig an ihrer langen Operationsnarbe entlang, wenn sie vor dem Spiegel steht, aber die Mutter brachte es bis jetzt nicht übers Herz, mit ihr über die Operation zu sprechen. Aus tiefer Überzeugung, dass Waltraud verstehen kann und ihr Körper von den Erlebnissen weiß, erarbeite ich in einem ersten Schritt mit der Mutter, wie sie in einem passenden Moment eine Verbindung zur Herzoperation herstellen kann. Dazu ist es notwendig, dass sie sich mit ihren eigenen schmerzhaften Gefühlen nochmals auseinandersetzt. Das Beratungssetting gibt ihr genügend Halt, sich darauf einzulassen. Ich ermutige sie anzusprechen, dass sie sich öfters ihre Narbe ansehe und diese davon erzählt, dass sie als kleines Baby operiert werden musste. Die Mutter könnte Waltraud vermitteln, dass die Eltern ganz aufgeregt waren und sie große Angst hatte, weil sie gar nicht verstanden hat, was da passieren würde. Mama und Papa konnten nicht immer bei ihr sein, erst als die Operation vorbei war. Ihr ist es danach viel besser gegangen und alle haben sich gefreut, dass sie ganz gesund geworden ist. Jetzt ist sie eine junge Frau mit Down-Syndrom, und um gesund zu bleiben, braucht sie jedes Jahr eine Blutabnahme. Diese tut kurz weh, aber es ist ganz anders als damals, als sie ein Baby war. Jetzt kann sie verstehen, warum das wichtig ist. Sie ist nicht allein, so wie als Baby, denn ihre Mama kann sie begleiten. Nachher wird es eine Belohnung für ihren Mut geben.

Solche Mitteilungen wirken bei kognitiver Retardierung nur in kleinen Portionen und in mehrfacher Wiederholung, idealerweise indem Fotos und Bilderbücher angeschaut und Rollenspiele mit Arztutensilien einbezogen werden. Mit einem solchen Narrativ werden der regressiven Abwehr die progressiven Möglichkeiten gegenübergestellt: damals klein und ausgeliefert, jetzt erwachsen, verstehend und für den Mut und die Zumutung belohnt. Der Aspekt der Auseinandersetzung mit der eigenen Besonderheit als junge Erwachsene mit Down-Syndrom kommt als weitere Herausforderung hinzu.

In der Regel bedarf es mehrerer Gespräche, die es den Eltern ermöglichen, ihr Kind auf die bevorstehende Untersuchung vorzubereiten und die Verbindungen zu schaffen. Wenn Eltern bedauern, eine Gelegenheit nicht genutzt zu haben, beruhige ich sie, denn solche Fenster, in denen sie ihr Kind erreichen, werden sich immer wieder auftun. Wir überlegen, was sie gerne gesagt hätten und was sie davon abgehalten hat. Danach bearbeite ich mit allen Patient:innen die beängstigende Situation vor der Blutabnahme mittels Zeichnungen, Rollenspiel mit Doktorkoffer und Stofftieren sowie begleitendem Benennen und Besprechen, um die Mentalisierung zu fördern.

Als Waltraud zu mir kommt, schaffe ich Verbindungen zu früheren Terminen in der Ambulanz, die schon lange zurückliegen. Ich spreche an, dass sie sich vielleicht gar nicht mehr an mich und unsere Ärztin erinnern könne. Sie erfährt von mir, dass ich von ihrer Mutter weiß, dass sie als Baby am Herzen operiert wurde, um gesund zu werden. Das war für alle sehr aufregend und sie hatte bestimmt große Angst. Ich betone ihre im Gegensatz zu damals bestehende Progression. Anders als damals, als sie ein Baby war, kann sie nun verstehen, dass die Untersuchung wichtig ist, und kann nun selbst entscheiden, wann sie bereit ist, sich von der Ärztin Blut abnehmen zu lassen. Ich zeichne zu meinen Worten und biete den Doktorkoffer und Spritzen zum symbolischen Spiel an, die Waltraud annimmt. Unsere Ärztin zeigt Waltraud danach alle für die Blutabnahme benötigten Utensilien, lässt sie die Manschette ausprobieren, die sie anlegen muss, um das Blut zu stauen. Waltraud braucht drei Anläufe in zwei Terminen, bis es ihr möglich ist, den Stich, der ihre körperliche Integrität verletzt und ihr so große Angst bereitet, zuzulassen. Sie ist danach sehr stolz auf ihr erwachsenes neues Verhalten, das wir benennen und das das ganze Ambulanzteam inklusive der assistierenden Krankenpflegerin begeistert. Die Eltern sind sehr erleichtert und haben erlebt, dass die Zumutung, unangenehme Erfahrungen anzusprechen und darauf vorzubereiten, hilfreich und nicht kontraproduktiv ist (vgl. Lebersorger 2021, S. 66f). Diese Biographiearbeit fördert nicht nur die Integration von Lebensereignissen, schafft elterliches und eigenes Verstehen für nicht altersadäquates Verhalten, sondern spart darüber hinaus auch Gesundheitskosten. So werden eine tagesklinische Aufnahme, Anästhesie und Nachbetreuung eingespart.

Es ist nie zu spät!

Ganz wesentlich erscheint es mir, die professionellen Helfer:innen im Frühbereich für die Wichtigkeit der Integration frühen Erlebens zu sensibilisieren. Das Wissen um die Auswirkung frühester traumatischer Erfahrungen ist im Kontext von schädigenden Einflüssen, wie Verlust von primären Bezugspersonen, Vernachlässigung oder

Gewalt, weitgehend vorhanden, wovon auch Kinderschutzgruppen in den Kliniken zeugen. Viel zu wenigen der Fachpersonen und Eltern betroffener Kinder ist bewusst, dass hilfreiche Interventionen, die medizinisch indiziert sind und somit das Überleben sichern, traumatisches Potenzial haben. Es ist nicht damit getan, den Eltern zu empfehlen, mit ihrem Kind später seine frühe Geschichte aufzuarbeiten. Einem solchen Auftrag können viele Eltern nicht nachkommen, weil sie das Erlebte selbst nicht verarbeitet haben oder ganz rasch hinter sich lassen möchten.

Alle im Frühbereich Tätigen können Eltern einen emotionalen Raum für ihre heftigen Gefühle, die sie bewegen, wenn ihr Baby nicht gemäß ihren Vorstellungen geboren wird oder sich in den ersten Monaten entwickelt, zur Verfügung stellen. Der Abschied vom imaginären Kind ist psychische Schwerstarbeit, die Anerkennung und Unterstützung benötigt. Das gemeinsame Aushalten unerträglicher Gefühle im Sinn von Donald Winnicotts Haltefunktion schafft die nötige Basis dazu (vgl. Winnicott 1984). Häufig berichten Hebammen und Stillberaterinnen, dass der Schmerz oder die Hilflosigkeit der Eltern in ihnen einen großen Handlungsdruck erzeuge, diese Gefühle rasch zum Verschwinden zu bringen. Es ist für sie erleichternd zu erfahren, dass es das gemeinsame Aushalten ist, das von den Eltern als so hilfreich erlebt wird. Manche Eltern bemühen sich, ausnahmslos positiv zu denken, und spalten dabei unerträgliche Gedanken und Phantasien ab. Für Eltern kann es sehr entlastend sein anzusprechen, dass es beispielsweise bei einer langen Hospitalisierung von Mutter und Kind zutiefst menschlich ist, mit dem Schicksal zu hadern, Wut zu empfinden oder sich zu wünschen, alles ungeschehen zu machen. Wenn Eltern erfahren, dass viele Eltern genau solche Gefühle und Gedanken bewegen, gestatten sie sich danach meist, von ihren eigenen, für die sie sich oft schämen, zu sprechen.

So bekennt Fabian Sixtus Körner nach der Geburt seiner Tochter mit Down-Syndrom:

> Vielleicht übersteht sie es ja auch nicht. Wer weiß, ob sie morgen noch lebt ... Ich bin nicht stolz auf meine Gedanken in dieser ersten Nacht in Yantis Leben. Sie waren eben da. Und auf eine schwer zu fassende Art halfen sie mir, die Situation anzunehmen. (Körner 2019, S. 26)

Auf dieser Basis wird es möglich anzusprechen, wie wichtig es für eine psychisch gesunde Entwicklung des Kindes ist, ihm später diese Zeit gedanklich und emotional zugänglich zu machen. Viele Eltern hören erstmals, dass das Erlebte im prozeduralen Gedächtnis gespeichert ist und unbewusst wirkt. Kinder mit kognitiven und sprachlichen Verzögerungen, aber auch solche mit multiplen Behinderungen benötigen

Bezugspersonen, die die Ich-Funktionen des Denkens und der Sprache und das Mentalisieren für sie übernehmen (vgl. Datler 2006; Diez-Grieser 2022). Für das Schaffen von Verbindungen zu frühem Erleben ist es nie zu spät, wie die letzte Fallvignette zeigt. Trotzdem benötigen Eltern und ihre Kinder von uns allen Unterstützung, um möglichst früh mit der Aufarbeitung zu beginnen:

> Selbst wenn ein Kind zwei Monate oder meinetwegen sechs Tage alt ist, ist es nicht zu früh, ihm von seiner Sensibilität und von seinen schmerzhaften Erfahrungen zu erzählen; ihm sagen, dass man sein Bestes tun wird, um ihm zu helfen, aber auch, dass man manche schmerzhafte Erfahrungen, die es macht, nicht vermeiden kann. (Dolto 1977/1997, S. 162)

Literatur

Ahlheim, R. & Israel, A. (2013). Leben nach dem Trauma. Wie kann eine Prävention für Frühgeborene aussehen? Analytische Kinder- und Jugendlichenpsychotherapie, 159, 3, S. 331–358.

Besser, L.-U. (2004). Vom Vergessen und Wiederholen medizinischer Traumata zum heilsamen Erinnern. In: Sachsse, U., Özkhan, I., Streeck-Fischer, A. (Hrsg.), Traumatherapie – was ist erfolgreich? (S. 177–196). Göttingen: Vandenhoeck & Ruprecht.

Bion, W. R. (1962/1992). Lernen durch Erfahrung. Frankfurt a. M.: Suhrkamp.

Bull, M. J. (2020). Down Syndrome. The New English Journal of Medicine, 382, S. 2344–2352.

Bürgin, D. (2022). Die Vitalität der präverbalen Psyche. Psychoanalytische Konzepte über das erste Lebensjahr: der Aufenthalt und die Arbeit im Unentfalteten. Frankfurt a. M.: Brandes & Apsel.

Datler, W. (2006). Geistig behinderte Menschen an-sprechen. Über Mentalisierungsprozesse und die Bedeutung der Thematisierung von Innerpsychischem. In: Gruntz-Stoll, J. (Hrsg.), Verwahrlost, beziehungsgestört, verhaltensoriginell: Zum Sprachwandel in der Heil- und Sonderpädagogik (S. 69–91). Basel: Haupt Verlag.

Diez Grieser, M. T. (2022). Körperlichkeit und Mentalisieren in der psychotherapeutischen Arbeit mit komplex traumatisierten Menschen. Zeitschrift für freie psychoanalytische Forschung und Individualpsychologie, 2, S. 90–108.

Diez Grieser, M. T. & Müller, R. (2018). Mentalisieren mit Kindern und Jugendlichen. Stuttgart: Klett-Cotta.

Dolto, F. (1977 [1997]). Die ersten fünf Jahre: Alltagsprobleme mit Kindern. München: Heyne Verlag.

Freud, S. (1896). Weitere Bemerkungen über die Abwehr-Neuropsychosen. GW 1, S. 375–404.

Freud, S. (1918). Aus der Geschichte einer infantilen Neurose. GW XII, S. 27–157.

Gaensbauer, T. J. (2014). Frühes Trauma und seine Repräsentationen über die Lebensspanne vom frühkindlichen Stadium bis zum Beginn des Erwachsenenalters. Psyche – Z Psychoanal 68, S. 997–1029.

Gurschler F. (2021). Wenn Leben mit einer vorzeitigen Trennung beginnt – das frühgeborene Kind. Kinder- und Jugendlichen-Psychotherapie, 189, S. 23–52.

Körner, F. S. (2019). Mit anderen Augen. Wie ich durch meine Tochter lernte, die Welt neu zu sehen. Berlin: Ullstein.

Lebersorger, K. J. (2022). Was uns Verhaltensweisen und Symptome erzählen. Leben mit Down-Syndrom, 101, S. 42–44.

Lebersorger, K. J. (2023a). Verbindungen schaffen! – Über die Bedeutung vorsprachlicher medizinischer Traumatisierung und die Möglichkeiten, einer Retraumatisierung vorzubeugen. In: Leben Lachen Lernen – Menschen mit Down-Syndrom von heute, 01, S. 22–24.

Lebersorger, K. J. (2023b). Herausforderung Down-Syndrom. Entwicklungsprozesse von der Kindheit bis zum Erwachsen-Werden verstehen und unterstützen. 3., akt. Aufl. Frankfurt a. M.: Brandes & Apsel.

Lebersorger, K. J. (2023c). Seelische Nöte verstehen! – Psychoanalytisch orientierte Beratung von Menschen mit Down-Syndrom und ihren Familien. In: Traxl, B., Kirsch, S., Fraß-See, L., Glock, S. (Hrsg.), Psychoanalyse »outside the box« – Psychodynamisches Arbeiten mit Kindern und Jugendlichen außerhalb des klassischen Therapiesettings. Frankfurt a. M.: Brandes & Apsel, S. 161–179.

Lebersorger, K. J. (2023d). Ich spreche mit meinem Körper – Psychodynamik der Essstörungen bei Menschen mit Down-Syndrom. Kinder- und Jugendlichen-Psychotherapie (KJP), Psychosomatik, 200, 4, S. 491–508.

Pelz, D. (2022). Frühchenpapa. Ein Wegbegleiten. Frankfurt a. M.: Brandes & Apsel.

Soulé, M. (1990). Das Kind im Kopf – Das imaginäre Kind. Sein strukturierender Wert im Austausch zwischen Mutter und Kind. In: Stork J (Hrsg.), Neue Wege im Verständnis der allerfrühesten Entwicklung des Kindes. Erkenntnisse der Psychopathologie des Säuglingsalters (S. 20–80). Stuttgart-Bad Cannstatt: frommann-holzboog.

Wilken, M. (2021). Traumatisierung von Früh- und Risikogeborenen. Dissoziation, Affektregulation und affektive Reanimation. Kinder- und Jugendlichen-Psychotherapie, 189, S. 53–76.

Winnicott, D. (1984 [1965]). Reifungsprozesse und fördernde Umwelt. Frankfurt a. M.: Fischer Taschenbuch.

ESTHER INGERLE

Leben, um zu sterben?

Paare begleiten nach pränatal diagnostischem Befund einer lebenslimitierenden Prognose ihres Kindes bei dem Wunsch, die Schwangerschaft fortzuführen

Einführung

Das heutige Schwangerschaftserleben hat sich in unserer westlichen Welt gegenüber dem, wie es sich für werdende Eltern noch bis Ende des vorigen Jahrhunderts dargestellt hat, mit all den medizintechnischen Möglichkeiten drastisch verändert. Waren Frauen früher bei einsetzender Schwangerschaft noch auf ihre Körperwahrnehmung rund um die ersten Veränderungen wie zunehmende Müdigkeit, Übelkeit oder Erbrechen, spannende Brüste usw., die sich mit dem Ausbleiben der Regelblutung einstellten, zum Erahnen des in ihrem Körper heranreifenden Kindes angewiesen, so bietet die westliche Medizin heute ab der Konzeption diverse Untersuchungen, die Auskunft über das entstehende Leben geben können.

Damit einhergehend wandeln sich die damalige Vagheit und das Erahnen des Schwangerschaftsprozesses, hin in Richtung Gewissheit und Klarheit zur Elternschaft. Dies bildet sich auch sprachlich ab. Waren Frauen früher etwa »guter Hoffnung« oder »freudiger Erwartung«, so spricht man heute davon, dass das Paar ein Kind bekommt oder werdende Eltern sind. Diese Gewissheit der Elternschaft, mit der Möglichkeit, das heranwachsende Leben mittels Ultraschallgeräten sichtbar zu machen und genetische Informationen über den Fötus im mütterlichen Blut oder mittels Fruchtwasser- oder Plazentapunktion zu generieren, birgt aber auch überall da, wo Befunde nicht zeigen, das »alles gut« ist, große neue Herausforderungen für unser Medizinsystem.

Wie ergeht es Familien, wenn im Rahmen der Vorsorgeuntersuchungen des Fötus entscheidende Auffälligkeiten des Kindes sichtbar werden?

Sie erleben im Augenblick der Diagnoseeröffnung meist eine tiefe seelische Verwundung. Alle guten Hoffnungen zerfallen. Davor schon hat sich eine Eltern-Kind-

Bindung, einhergehend mit ersten körperlichen Veränderungen der Frau sowie Vorstellungen vom Kind und inneren Bildern über das intrauterin heranwachsende Kind und zuweilen konkretem Erleben der Bewegungen des Kindes im Körper der Mutter entwickelt (vgl. Kowalski und Osborn, 1977, zit. nach Wermuth 2010; Stern und Bruschweller-Stern 2004).

Lalor et al. (2009) haben den Prozess, den werdende Eltern nach einer solchen Diagnoseeröffnung durchlaufen, in einem Phasenmodell beschrieben. Diesem zufolge finden sich Eltern nach der Phase der vermuteten Normalität vorerst in einer Phase des Schocks wieder, kommen schließlich zu einer Phase der Bedeutungsgewinnung und landen nach einer Entscheidungsfindung über Abbruch oder Fortsetzung der Schwangerschaft in einer Phase des Wiederaufbaus.

Während all dieser Phasen wächst das Kind im Mutterleib weiter. Das, was medizinisch diagnostiziert wird, entzieht sich der Wahrnehmung der Betroffenen. Im Hier und Jetzt, unter den Bedingungen im Mutterleib, lebt das Kind. Dieser Aspekt gerät für Betroffene im Schock häufig aus dem Fokus, die Beziehung zum Kind scheint zumal wie abgebrochen (vgl. Simmer 2017).

Perinatale Palliative Care

Welches Angebot ist für Paare nötig, die über ihr im Mutterleib heranwachsendes Kind erfahren, dass dieses voraussichtlich noch vor, während oder knapp nach der Geburt sterben wird?

Die Auseinandersetzung mit dem zu stellenden Angebot an Eltern, die eine lebenslimitierende Diagnose ihres intrauterin heranwachsenden Kindes erhalten haben, führt dazu, dass sich zunehmend mehr Fachpersonen unterschiedlicher Disziplinen in ihrer Verantwortung für diese Familien bemühen, Wege der Begleitung anzubieten. Eine entsprechende evidenzbasierte Forschung ist derzeit im europäischen Raum noch spärlich vorhanden. Einigkeit herrscht darüber, dass alles Tätigsein hierzu der Palliative Care zuzuordnen ist, welche die Prävention und Linderung des Leidens von erwachsenen und pädiatrischen PatientInnen und ihrer Familien, die mit den Problemen einer lebensbedrohlichen Krankheit konfrontiert sind, umfasst (Garten et al. 2020). Zu diesen Problemen gehören das physische, psychische, soziale und spirituelle Leiden der Patientinnen sowie das psychische, soziale und spirituelle Leiden von Familienmitgliedern (WHO 2018).

Seitens des Bundesverbands »Das frühgeborene Kind« e.V. wurden von der AG PaluTiN (Arbeitsgruppe »Palliativversorgung und Trauerbegleitung in der Peri- und

Neonatologie«) erarbeitete »Leitsätze für Palliativversorgung und Trauerbegleitung in der Peri- und Neonatologie: Informationen für medizinische und psychosoziale Fachkräfte im Bereich von Pränataldiagnostik, Schwangerschaftskonfliktberatung, Geburtshilfe, Neonatologie, Pädiatrie und Nachsorge« (2018) herausgegeben, die eine gute Orientierungshilfe für in diesem Feld tätige Praktiker:innen bieten.

Diese nehmen auf die Sondersituation Bezug, dass im Falle eines lebenslimitierenden pränataldiagnostischen Befundes der/die Patient:in noch nicht geboren ist, das Heranwachsen des Kindes weiter voranschreitet, eine Zunahme an Kompetenzen und Differenzierung des Kindes auch bei letaler Prognose intrauterin erfolgt. Mitten in der sich eben entwickelnden Eltern-Kind-Bindung finden sich Betroffene in Schock, Krise und schließlich in Prozessen der antizipatorischen Trauer wieder. Sich dieser Paradoxie gewahr zu werden und daraus hilfreiche Unterstützungsangebote zu entwickeln benötigt daher neue Konzepte mit multiprofessionellen Teams, die eine tiefe Auseinandersetzung mit Sterben, Tod und Trauer am Lebensanfang bereit sind einzubringen.

Perinatale Palliativbetreuung im St. Josef Krankenhaus Wien aus dem Blickwinkel der Klinischen Psychologie/Psychotherapie

Im St. Josef Krankenhaus Wien arbeitet ein multiprofessionelles Palliativteam entlang der genannten Leitsätze eng zusammen, wenn es um die Betreuung von Schwangeren/Paaren/Familien nach pränataler Diagnose einer lebensverkürzenden, fetalen Erkrankung ihres Kindes geht.

Das Team besteht zum einen aus einem Kernteam, in dem Neonatologin, Hebamme, Gynäkologin, Diplomgesundheits- und Krankenpflegerin sowie Klinische Psychologin/Psychotherapeutin entlang der Bedürfnisse der Betroffenen zusammenarbeiten. Zum anderen werden weitere vielfältige Fachdisziplinen für spezifische Themen zugeschaltet, da die Betreuung betroffener Kinder und ihrer Familien individuell spezifische Herausforderungen bergen kann. Genannt seien hier Radiologie, Genetik, Seelsorge, Ethik, Case&Care-Management, Sozialarbeit, Rechtswissenschaft, Physiotherapie, Logopädie, (Neuro-)Chirurgie, Stillberatung etc.

Im direkten Kontakt mit den Mitgliedern des Kernteams wird Betroffenen ein umfangreiches Betreuungsangebot gestellt, das die Patient:innen dabei unterstützt, tragfähige und nachhaltige Entscheidungen treffen zu können. Die vielfältigen Fragen rund um geburtshilfliche sowie pädiatrische Themen werden in einem ruhigen Beratungssetting mit den werdenden Eltern besprochen. Erstgespräche finden stets interdisziplinär mit Neonatologin und Psychotherapeutin statt. Je nach individuellem Bedarf werden Folgegespräche in unterschiedlicher multiprofessioneller Zusammensetzung geführt. Die verschränkte Arbeit zwischen Ärzt:innen, Hebamme und Psychotherapeut:in ermöglicht bei Diagnose- bzw. Behandlungsfragen, welche die werdenden Eltern fast immer bis zur Grenze des seelisch Aushaltbaren fordern, im Falle einer Destabilisierung psychotherapeutisch-affektregulierend zu intervenieren. Zugleich leistet die Psychotherapie mitunter Übersetzungsarbeit innerpsychischer Erlebenszustände der Eltern an die medizinischen Professionen. In folgenden psychotherapeutischen (Paar-)Gesprächen können die Inhalte hinsichtlich ihres Wirkens auf Ebene des Individuums und des Systems vertieft reflektiert werden. Unterschiedliche psychotherapeutische Angebote sollen Betroffene dabei unterstützen, die Zumutung dieses Schicksals auszuhalten. In der Reaktivierung von Ressourcen hat die Wiederaufnahme der inneren Beziehung zu dem heranwachsenden Kind einen wichtigen Stellenwert, denn das Paar wird unverrückbar mit dieser Schwangerschaft zu Eltern. Den Betroffenen wird im Fortführen der Schwangerschaft zur Seite gestanden.

Die Geburt wird von einer persönlichen Hebamme mit palliativer Kompetenz geleitet, die in der Schwangerschaft mit kontinuierlichem Gesprächsangebot eine gute Beziehung zu der Schwangeren/dem Paar aufbaut und zudem die Betreuung im Wochenbett übernimmt.

Die Möglichkeit des Zusammenseins der jungen Familie hat postpartal höchste Priorität, und durch die neonatologische Versorgung im Kreissaal kann für das Kind gewährleistet werden, dass es in der mitunter kurzen Lebens- und Sterbephase keine Schmerzen oder anderes Leiden empfinden muss. Für die Eltern ist die Anwesenheit der Neonatologin eine stete Absicherung, dass ihr Kind die bestmögliche Versorgung erhält und alles im Sinne der Palliative Care für ihr Kind getan wird. Die Möglichkeit zu engem Körperkontakt zwischen Neugeborenem und seinen Eltern in dieser Phase ist ein wichtiges Angebot, denn die Eltern wünschen sich zumeist ein nahes Beisammensein mit dem eben geborenen Kind und auch das Neugeborene ruht wohlig ein den Armen eines Elternteils. Auch ein Sterben des Kindes in dieser Phase trägt dem Halten- und Versorgen-Wollen des Kindes keinen Abbruch.

Ein wesentlicher Aspekt der psychotherapeutischen Arbeit rund um das Heranwachsen und Sterben der Kinder ist es, im Einklang mit den Hoffnungen, dem Glauben und den Wertvorstellungen der betroffenen Familie diese darin zu unterstützen, ihr Kind willkommen zu heißen, kennenzulernen und zu verabschieden. Für ein anschließendes Angebot zur Trauerbegleitung werden Eltern je nach Bedarf an Expert:innen im niedergelassenen Bereich weitervermittelt.

Ganz im Sinne von Grossmann und Russinger werden die Paare darin unterstützt »nicht als Meister ihres Schicksals, sondern im guten Fall als Koautorinnen, die an der eigenen Lebenserzählung mitweben, selbstwirksam zu bleiben. Mit der Erkenntnis, dass die Lebenserzählungen von wichtigen sozialen anderen, von einbettenden soziokulturellen, geschichtlichen, ökonomischen und ökologischen Bedingungen, von Biologie und Genetik, von Zufall und anderem wesentlich mitgeschrieben werden.« (Grossmann und Russinger 2011, S. 179)

Rahmenbedingungen für multiprofessionelles Wirken im perinatalen Palliativsetting

Für das gute Zusammenwirken zum ganzheitlichen Wohl der Familien bedarf es einer gut etablierten Sorgekultur für die Mitarbeiter:innen. Es bedarf zeitnaher Reflexions- und Besprechungsmöglichkeiten, sodass komplexe Problemsituationen von unterschiedlichen Perspektiven betrachtet werden können und folglich aus dieser polyperspektivischen Sicht Handlungsoptionen klarer herausgearbeitet werden und in gangbare Lösungswege münden können. Es empfiehlt sich, hierfür eine kontinuierliche Teamsupervision zu etablieren. Zudem ist eine Haltung der Wertschätzung, Zumutung und Fürsorge der Teammitglieder untereinander nötig. Auf dieser Basis können Unterschiedlichkeiten für das Wohl der Patient:innen und ihrer Familien genutzt werden und zu einem mehr an Qualität der Betreuung beitragen. Kurze Kommunikationswege innerhalb des Teams zur Sicherstellung eines zeitnahen, flexiblen Begleitens der Betroffenen haben sich als wichtiges Qualitätskriterium in der praktischen Arbeit herauskristallisiert.

Advance Care Planning (ACP) – vorausschauende Versorgungsplanung

Mit stetig steigenden Möglichkeiten medizinischer Behandlung hat sich der Bedarf an Reflexionsprozessen rund um Fragen zu palliativer Behandlung und Therapiebegrenzung entwickelt. Im Rahmen einer individuellen Gesprächsbegleitung für Patient:innen münden diese Reflexionen in einem aussagekräftigen, klinisch relevanten sowie verlässlich validierten Dokument zu möglicher Behandlung sowie Therapiebegrenzung. Im Vordergrund steht immer Lebensqualität gegenüber »Lebensverlängerung um jeden Preis«.

In der Qualität des Prozesses rund um die Entscheidungsfindung bezüglich des Weitertragens des Kindes scheint eine wesentliche Schlüsselfunktion hinsichtlich individueller Verarbeitung des Schicksals zu liegen. Laut Garten und von der Hude (2019) erleben Mütter retrospektiv die Zeit, die sie mit ihrem Kind hatten, als persönlich wertvoll und etwas, das sie nicht würden missen wollen. Gelinge es Eltern den für sie passenden Weg nach pränatal lebensverkürzender Diagnose des Fötus zu finden, so sei davon auszugehen, dass sie rückblickend eine höhere Zufriedenheit mit ihrer Entscheidung erleben.

Die unterschiedlichen (Be-)Handlungsoptionen der verschiedenen Fachdisziplinen, die den Familien für die Prozesse des ACP dargelegt werden, beinhalten vielschichtige Wirkebenen.

Das Angebot der gynäkologischen Kontrolltermine, bei welchen das Weiterwachsen des Kindes, das Sichtbarmachen im Ultraschall und das Schaffen von Erinnerungen neben dem Erheben medizinisch relevanter Informationen ein wichtiger Aspekt in der ganzheitlichen Betreuung der Familien darstellt, dient u. a. der Festigung der Eltern-Kind-Beziehung. Für Eltern ein Gegenüber zu sein, das an den unterschiedlichsten Aspekten ihrer Elternschaft und ihres Kindes Anteil nimmt, ist eine wesentliche Leistung der gynäkologischen Betreuung. In dieser Atmosphäre werden Freude über Wachstum, Aussehen, Bewegungen des Kindes ermöglicht, zudem aber auch eine wiederholende Aufklärung über Organfehlbildungen und die zu erwartenden Folgen (Versterben des Kindes) geleistet. Die Eltern werden somit gleichsam darin unterstützt, zwischen Willkommenheißen und Verabschieden hin- und herzupendeln.

Hebamme, Gynäkolog:in und Neonatolog:in bereiten zudem mit dem detaillierten Geburtsplan sowie dem palliativmedizinischen Notfallprotokoll die Handlungsabläufe innerhalb des Krankenhausteams bestmöglich vor. Überdies leisten diese Planungsgespräche einen Beitrag dazu, dass werdende Eltern in ihrer Vorstellung konkretere Bilder von der Geburt und zu dem möglichen postnatalen Leben und Sterben des Kindes entwickeln. Daraus ergeben sich auch Erkenntnisse über konkrete Ängste, Bedürfnisse und weitere benötigte Ressourcen.

Im gemeinsamen Niederschreiben (Fachpersonen mit Kindeseltern) der einzelnen möglichen Schritte (der Behandlung, aber auch der Therapiebegrenzung) aktualisiert sich in den Eltern das Abschiednehmen von ihrem noch lebendigen Kind. Dies löst in den Eltern, passend zu der damit angestoßenen Trauer, eine Fülle an Gefühlen aus: Ärger über dieses Vorbereiten, Ohnmachtsgefühle, Gefühle von Hilflosigkeit, Traurigkeit usw. In all diesen Gefühlen den Schmerz der Betroffenen zu verorten und es nicht als persönlichen Angriff gegen sich zu begreifen – dazu leistet die psychotherapeutische Expertise Übersetzungsarbeit zwischen Eltern und medizinischem Fachpersonal. Aber auch ein Wirken durch Verlangsamen, Wiederholen oder Hinterfragen ist hier zu nennen.

> **Advance Care Planning – entlang neuer Befunde Familie Z. kontinuierlich beraten und ihre Entscheidungsfindungen begleiten**
> Die Schwangerschaft ist die erste des Paares. Es hat sich bis zur 20. Schwangerschaftswoche positiv gestimmt dem Elternwerden gewidmet, denn das Kind ist ein Wunschkind, lange ersehnt und die ersten Ergebnisse aus der Pränataldiagnostik zeigen ausschließlich positive Befunde.
> Mit dem Organscreening ändert sich dies schlagartig. Bei dem Kind wird sichtbar, dass keine Nieren angelegt sind. Die folgende Prognose aus der Pränataldiagnose lautet: »Fötus extrauterin nicht lebensfähig«. Für die werdenden Eltern bricht eine Welt zusammen, alles Geplante, Erträumte, Erhoffte scheint unerreichbar.
> Nach der ersten Phase des Schocks kommt das Paar zurück zu seiner Kraft und Kompetenz, entscheidet sich, die Schwangerschaft weiterzutragen, und sucht sich Begleitung in der Perinatalen Palliativbetreuung des Krankenhauses. Hier wird dem Paar ein Erstgespräch mit Neonatologin und Psychotherapeutin angeboten. Es umfasst einen zeitlichen Rahmen von knapp zwei Stunden in einem ruhigen Beratungsraum innerhalb des Krankenhauses.
> Die werdenden Eltern bringen Vorbefunde zu ihrem Kind mit. Das Gespräch dient primär dem gegenseitigen Kennenlernen und dem Aufbau einer Beziehung. Zudem wird durch die vorliegenden Befunde ein kinderärztlicher Überblick über die Situation des Kindes intrauterin sowie die Prognose über das mögliche extrauterine Leben geschaffen. Nicht angelegte Nieren bedeuten, dass das Kind auch keine ableitenden Harnwege angelegt hat. Die Fruchtwasserproduktion erfolgt ab der Hälfte der Schwangerschaft überwiegend über die Nieren des Fötus, auch das ist hier nicht möglich. Mit mangelhafter Fruchtwassersituation wiederum ist die Entwicklung der Lungen stark in Mitleidenschaft gezogen. Während die Neonatologin den Eltern, die grundsätzlich bereits durch den Pränataldiagnostiker aufgeklärt wurden, die zu erwartende nachgeburtliche Situation ihres Kindes schildert, wird zugleich auch eine Haltung der Wertschätzung und Achtung des Kindes vermittelt. Das Team ist interessiert, ob ein Junge oder ein Mädchen im Körper der Mutter heranwächst, welchen Namen die Eltern für ihr Kind gewählt haben. Das Paar weiß, dass es einen Jungen gebären wird und spricht es mit »Zwetschki« an, da es sich noch für keinen konkreten Namen entscheiden konnte. »Zwetschki« ist nun der im Zusammenhang mit dem Kind gebrauchte

Name, wodurch die Eltern sich in ihrem Elternsein sehr wahrgenommen fühlen. Die Heilung des Bruchs des Eltern-Kind-Kontinuums, der den meisten Paaren mit einer Irritation in der Schwangerschaft widerfährt, wird u. a. dadurch unterstützt. Auch für die Fachpersonen wird durch die personalisierte Ansprache des Fötus eine innere Beziehung zu dem Kind vorangebracht.

Der Auftrag der Psychotherapeutin im Erstgespräch ist es, mit ihrer Wahrnehmung bei den Eltern zu ruhen. Körperliche Signale der Eltern, die Irritation, Nicht-Verstehen, Anspannung ausdrücken, werden für die Begleitung nutzbar, indem sie von ihr angesprochen werden und danach gefragt wird, welche Gedanken und Überlegungen hinter dem Wahrgenommen stehen. Diese Kommunikation im Dreieck Betroffene-Ärztin-Psychotherapeutin ermöglicht es, verlangsamend und wiederholend Fachinformationen mit den werdenden Eltern zu teilen. Die Psychotherapeutin steht mit ihrem medizinischen Laienwissen den Eltern hinsichtlich Krankheitsverständnis zuweilen näher, kann aber aufgrund ihrer Nichtbetroffenheit klarer Fragen an die Ärztin stellen, deren Beantwortung den Eltern schließlich dienlich sein kann.

Das Paar wird noch über die individuellen weiteren Möglichkeiten der Betreuung aufgeklärt: Eine persönliche Hebamme wird mit ihm Kontakt aufnehmen, da für eine palliative Geburt eine Kontinuität der Betreuung (prä-, peri- und postpartal) sowie palliative Expertise wichtige Angebote sind.

Ein nächster gemeinsamer Termin mit Neonatologin und Psychotherapeutin wird geplant, aber auch die Möglichkeit zur Kontaktaufnahme für rein psychotherapeutische Gespräche wird angeboten.

Bei dem Termin mit der Hebamme klärt sich, dass sich das Paar eine natürliche, vaginale Geburt wünscht. Die werdenden Eltern bringen ihr Wissen, das sie zu Beginn der Schwangerschaft gesammelt hatten, Ideen von damals sowie Sorgen ein und können all das mit ihrer Hebamme reflektieren. Damit erleben sie wieder ein wenig Normalität: Ihr Kind wird geboren werden, gewisse Vorstellungen, die es vor dem pränataldiagnostischen Befund gegeben hat, können weiter Bestand haben, ihr Kind ist auch mit der Diagnose ein menschliches Wesen, reift heran – und die werdende Mutter wird es zu Welt bringen.

In den folgenden Wochen meldet sich Herr Z. mit dem Anliegen eines psychotherapeutischen Einzeltermins für sich. Ein zentraler Punkt in dem Gespräch sind die Fragen »Wie kann es sein, dass es uns dennoch auch gutgeht, wir dennoch auch Freude und phasenweise Unbeschwertheit empfinden können?« und – damit verbunden – »Wie gehen wir damit um, dass wir dadurch unsere Freunde/Verwandten zuweilen vor den Kopf stoßen, unsere Situation für sie noch unfassbarer wird?«. Die Fragen werden mit dem Bild eines Schiffes, das auf hoher See bei gutem Wind und Wetter segelt, dialogisch bearbeitet. Die Mannschaft dieses Schiffes hat unter diesen Bedingungen ebenso eine gute Zeit, seinen Genuss und wird dennoch Vorbereitungen getroffen haben für das nächste Unwetter, wird dann möglicherweise einen raschen Wechsel in einen Krisenmodus mit eingebüßter Sicherheit auszuhalten haben und gänzlich anders empfinden und agieren als zu der Zeit, als Wind und Wetter so gute Bedingungen boten. Mit diesem Bild bringt die Psychotherapeutin ein Selbstverstehen für das aktuelle Erleben des Klienten ein. Dieses kann er nun im direkten Kontakt mit Verwandten/Freunden nutzen. Zudem bringt sie, fein dosiert, damit auch ins Gespräch, dass unweigerlich – wie bei jeder Schifffahrt – weitere Herausforderungen/Krisen auf ihrer Reise der »Elternschaft« auf sie zukommen werden.

Beim zweiten Termin mit Neonatologin und Psychotherapeutin wird dem Paar u. a. das palliativmedizinische Behandlungsprotokoll vorgestellt und die Ärztin klärt über Sinn und Nutzen dessen auf. Das Paar wünscht sich, dieses vorerst mit nach Hause zu nehmen, um es in Ruhe durchzusehen.

Bei einem weiteren gemeinsamen Termin mit Neonatologin und Psychotherapeutin berichtet das Paar, dass das Protokoll lange zu Hause in einer Ecke gelegen habe, beide hätten vermieden, es anzusehen, zu schwer sei es gewesen, sich so konkreten Fragen der Behandlung und vor allem der Therapiebegrenzung zu stellen. Erst am Abend vor dem aktuellen Termin hätten sie schließlich doch alles einmal durchgesehen, es gehe ihnen nun sehr schlecht. Die Schilderungen des Paares werden durch Ärztin und Psychotherapeutin validiert. Ein gemeinsames Beginnen der Auseinandersetzung mit den Themen des Protokolls ohne Anspruch auf flottes Voranbringen oder gar Abschließen wird vereinbart. Sogleich spricht die Mutter den Punkt der medikamentösen Schmerzlinderung für ihr Kind an. Sie weist strikt die Gabe von Fentanyl für ihr Kind zurück. Die Neonatologin ist irritiert. In ihrer Rolle als Ärztin macht sie sich bereit, ihre medizinische Expertise, die ein klares Pro für das Medikament bedeutet, einzubringen. Die Psychotherapeutin dankt aus ihrer Perspektive der Mutter unmittelbar für das Mitteilen ihrer Haltung zu Fentanyl. Die Ärztin hält ihr Fachwissen für einen Augenblick zurück, und nun löst sich die Spannung der Patientin, sie blickt zu Boden und erzählt von dem Drogentod ihrer Schwester. Diese war im Rahmen einer Schmerzbehandlung mit Fentanyl in Kontakt gekommen, in weiterer Folge in die Abhängigkeit gerutscht und schließlich leidvoll im jungen Erwachsenenalter am Drogenkonsum verstorben.

In diesem Rahmen wird die Haltung der Mutter für jede/n im Raum verstehbar. Es geht momentan nicht darum zu übermitteln, dass Fentanyl das beste Medikament für ihr Kind wäre. Es geht darum, dem Schmerz und der Trauer um die verlorene Schwester Raum zu geben und die Ablehnung des Medikamentes für ihr Kind anzuerkennen. Das Paar ist erleichtert, es erlebt ein Angenommensein in seinen Schicksalen sowie in dem Zusammenwirken aus Vergangenem, Gegenwärtigem und Zukünftigem. In späteren psychotherapeutischen Gesprächen wird die Information der Mutter über den Verlust der Schwester noch für die antizipierte Trauer um ihr Kind nutzbar gemacht: Was wurde damals als hilfreich erlebt, um die Situation auszuhalten? Gibt es Erkenntnisse rund um diesen Verlust, die nun stiftend in den Fokus geholt werden können?

Die Wochen vergehen flott. Das Paar gestaltet seine begrenzte Zeit als Familie mit besonderen Erlebnissen: eine professionelle Fotosession, Ausflüge, abendliche Rituale durch Vorlesen von Bilderbüchern, Bauchmassagen u.v.m. Zudem nutzt es gerne die Möglichkeit, begleitende vorgeburtliche Ultraschalltermine bei der Pränataldiagnostikerin wahrzunehmen.

Wenige Wochen vor dem errechneten Geburtstermin zeigt sich dort, dass das Kind weiterhin in Beckenendlage liegt und der Kopfumfang des Kindes besonders groß ist.

In einer Fallbesprechung wird zwischen Gynäkologen, Hebamme und Psychotherapeutin der Befund geteilt, und es werden Konsequenzen daraus erörtert: Eine äußere Wendung des Kindes kann versucht werden, die Spezialisten der Beckenendlagenambulanz würden hierfür hinzugezogen werden. Eine vorzeitige Geburtseinleitung sei zu erwägen, damit der Kopf noch gut aus dem Becken der Frau treten kann.

Das Paar aber lebt derzeit mit der Hoffnung, ihr »Zwetschki« würde sich noch ganz lange Zeit lassen mit der Geburt, denn jeder einzelne Tag mit ihm ist so wertvoll. Würde man dem Kind Zeit geben, selbst den »Startschuss« für die Geburt zu machen, würde aller Wahrscheinlichkeit nach nur eine Sectio ein Geborenwerden ermöglichen. Eine Sectio habe die Frau in ihrem bisherigen Geburtsplan nicht erwogen.

Nach dieser Zusammenschau beschließt das Team, die Kindeseltern zu einem Gespräch mit Hebamme und Psychotherapeutin einzuladen. Hierfür stehen gut zwei Stunden zur Verfügung, den Emotionen der Eltern soll hinreichend Platz gegeben werden, erste Ideen möglicher Wege, den Geburtsplan zu adaptieren, können in Erwähnung gezogen werden. Das Erarbeiten und Festhalten eines neuen Geburtsplanes soll aber erst in einem späteren Folgegespräch stattfinden.

Die Eltern sind sichtlich erschüttert über diesen Befund und vor allem über die dadurch notwendige Adaptation des Geburtsplanes. »Endlich haben wir uns in unser Schicksal gefügt, konnten das Unannehmbare so weit annehmen, dass wir planungsfähig geworden sind, und nun ist wieder alles dahin, wieder stirbt ein inneres Bild unseres Weges zur Elternschaft mit unserem ›Zwetschki‹!«

In diesem Moment werden die Eltern in ihrem Empfinden validiert. Kein Vertrösten oder Kleinmachen dieser Erschütterung findet statt, nur die Konstante, dass wir einander für einen weiteren Besprechungstermin wiedersehen werden und dass sie zusätzlich nun die Experten der Beckenendlage-Ambulanz kennenlernen können, um die diesbezüglich notwendige Expertise und Beratung zu erhalten, begleitet von der so gut in Beziehung stehenden persönlichen Hebamme. Zeit und Raum braucht dieses Gespräch, ein Miteinander-Aushalten und wenige klare und zumutende Worte.

Zum nächstmöglichen Termin wenige Tage später kommt das Paar in Begleitung der Hebamme zur Beckenendlage-Ambulanz. Es beschließt, eine äußere Wendung zu versuchen, das Baby aber schwimmt immer wieder zurück in seine sitzende Position. Bei allem Bemühen – das Kind lässt sich nicht zu einer Schädellage bewegen. Das Paar muss nun überlegen, ob es unter diesen Bedingungen eine vorzeitige Geburtseinleitung mit ärztlich geführter Beckenendlagengeburt oder eine Sectio zu einem späteren Zeitpunkt plant. Die Hebamme wäre bei beiden Wegen begleitend an der Seite der Eltern dabei.

Nach einer Bedenkzeit und einem »Darüber-Schlafen« entscheidet das Paar sich gegen die vorzeitige Geburtseinleitung, zu kostbar ist die wenige gemeinsame Zeit, als dass diese noch verkürzt werden könnte.

Das Paar kommt nun regelmäßig zu psychotherapeutischen Sitzungen ins Krankenhaus, die Anspannung vor der Geburt, dem drohenden Verlust des Kindes und das damit verbundene Leiden nehmen stetig mehr Raum in der Aufmerksamkeit des Paares ein. Die Unausweichlichkeit des Sterbens des Kindes lässt kaum noch Pausen zum Kraftschöpfen für das Paar zu. Die Psychotherapeutin begleitet die Eltern, hält mit ihnen ihre Not aus und leistet einen Beitrag zur Stabilisierung.

In einer Fallbesprechung wird der Geburtsplan der Familie nochmals reflektiert: Das Paar möchte gerne spontan zur Geburt ins Krankenhaus kommen, wenn die Frau zu wehen beginnt, im Idealfall zwei Wochen nach dem errechneten Geburtstermin. Wer wird dann im Krankenhaus Dienst haben? Die Abteilung für Klinische Psychologie und Psychotherapie ist nur tagsüber an Werktagen besetzt. Die Hebamme und Neonatologin sind seit Wochen in Bereitschaft und noch gibt es keinerlei Anzeichen, dass die Geburt sich überhaupt mit Wehen ankündigen wird. Seitens des Teams der Perinatalen Palliativbetreuung wäre das Festlegen eines Sectiotermins unter diesen Voraussetzungen sinnvoll. Das Paar wird daher mit der Bitte um Auseinandersetzung mit der Planung eines Sectiotermins zu einer psychotherapeutischen Sitzung eingeladen.

Dort legt es seine Perspektive dar: »Wir können nicht den Sectiotermin unseres Kindes vereinbaren. Damit würden wir den Todestag unseres Sohnes ebenso festlegen.« Die Psychotherapeutin validiert diese Überlegung, fühlt sich in die Eltern ein und teilt deren Perspektive. Besonders behutsam begleitet die Psychotherapeutin die Eltern. Schließlich formuliert sie, welche Personen das Paar im Rahmen der palliativen Begleitung hier bereits kennengelernt hat, wie diese Personen zu ihnen und »Zwetschki« in Beziehung stehen und über ihre gemeinsame Zeit in der Schwangerschaft sowie die Wünsche, Werte und Hoffnungen des Elternpaares Bescheid wissen.

Da blickt der Vater auf und teilt eine neue Erkenntnis: »Vielleicht ist es das Letzte, was wir für unseren Sohn tun können. Den Tag seiner Geburt festlegen. Festlegen, im Kreis welcher Menschen er auf die Welt kommen und sterben wird.«

Mit dieser neuen Perspektive ist es dem Paar möglich, einen Geburtstermin für sein Kind zu wählen, der Spezialist für die Beckenendlagengeburten führt die Sectio durch, die Hebamme unterstützt emotional die Eltern, die Neonatologin ist unter der Geburt anwesend und versichert diesen, dass es ihrem Kind gutgeht. Vater und Mutter können ihr Kind empfangen, halten, es anblicken. Der Sohn lernt seine Eltern extrauterin kennen und stirbt noch im Kreißsaal in den Armen der Eltern, ohne Anzeichen von Schmerzen oder Leiden. Die kurze Lebenszeit des Kindes mit seinen Eltern wird auf Wunsch dieser von einem Sternenkindfotografen begleitet, der all das auf Videos und Fotografien festhält.

Die Psychotherapeutin kommt noch am Tag der Geburt zu der Familie auf die Station und begleitet sie täglich während des stationären Aufenthaltes. Für diesen ist die Familie allein in einem Zimmer abseits des geschäftigen Betriebs der Geburtsabteilung untergebracht. Das Kind kann bei den Eltern bleiben, bis diese bereit sind, es nach der zweiten Nacht an die Hebamme zu übergeben. Sie versorgt es schließlich in der Prosektur des Hauses und übernimmt eine Vielzahl bürokratischer Aufgaben für die Eltern.

Für die Zeit nach der Entlassung hat das Paar bereits in der Schwangerschaft Kontakt zu einer niedergelassenen Psychotherapeutin aufgenommen, um in ihrer Trauer begleitet zu werden.

So schwer die Trauer wiegt, so sehr hat das Paar alle Entscheidungen rund um Schwangerschaft, Geburt, Leben und Sterben des Kindes – gut begleitet – bewusst für sich und sein Kind getroffen. Ein Bedauern um die getroffenen Entscheidungen gibt es nicht, denn nie war es nötig, überhastet, womöglich in einem Fluchtmodus zu agieren. Die gemeinsame Zeit als Familie in der Schwangerschaft und rund um die Geburt enthielt auch schöne Erlebnisse beim Austragen ihres intrauterin lebendig heranwachsenden Kindes, eine Begegnung ebendieses Menschen in seinen Bewegungen im Bauch der Mutter und nach der Geburt in seinem kurzen Leben sowie in seinem Sterben.

Resümee und Ausblick

Wie Ensel, Möst und Strack schreiben, sind »Schwangerschaft, Geburt und Elternwerden existentielle, Grenzen überschreitende und transformative Erfahrungen, die sich tief in Körper, Geist und Seele einer Frau einschreiben und lebenslange Wirkungen auf ihre Gesundheit und die ihrer Familie haben können. (…) Aus dem Verstehen der Größe und der Verletzlichkeit dieser Prozesse erwächst das Wissen um die Bedeutung von Mitgefühl, Zuwendung und Schutz durch die Begleitenden.« (Ensel et al. 2019, S. 9) In der Erfahrung einer pränatal diagnostizierten, lebenslimitierenden Diagnose des Fötus, wo das Willkommenheißen und der Abschied zeitlich so nahe beisammen liegen, bedarf es adäquater Unterstützung und Begleitung durch die Gesellschaft, Freunde, Verwandte und nicht zuletzt durch multiprofessionelle Teams im Krankenhaussetting.

Der Prozess des Trauerns kann nicht vorweggenommen, gemildert oder erspart werden, doch die multiprofessionelle Arbeit im Rahmen der Perinatalen Palliativbetreuung kann Betroffene darin unterstützen, autonom Entscheidungen für sich und ihr Kind zu treffen und immer wieder ein Aushalten des schweren Schicksals zu erleben. Dies kann einen Beitrag leisten zur Integration des Schicksals in die eigene Lebensgeschichte. »Trauern ist die Lösung, nicht das Problem.« (Paul 2021, S. 14)

Seit August 2022 ist bei der AWMF (Arbeitsgemeinschaft der Wissenschaftlichen Medizinischen Fachgesellschaften e. V.) eine S2k-Leitlinie mit dem Titel *Palliativversorgung und Trauerbegleitung in der Peri- und Neonatologie* angemeldet. Diese soll bis zum Februar 2025 unter Mitwirkung diverser Fachgesellschaften unter dem Leitliniensekretariat von PD Dr. Lars Garten und der Koordination von Kerstin von der Hude fertiggestellt werden. Es darf mit Recht darauf gehofft werden, dass durch das Zusammenwirken der unterschiedlichen Professionen, die in dem jungen Feld der perinatalen Palliativbetreuung tätig sind, immer besser an den Bedarf betroffener Familien entwickelte Angebote zur Verfügung gestellt werden können und die personell aufwendige perinatale Palliativbetreuung auch finanziell abgesichert in die Regelversorgung aufgenommen wird.

Literatur

AG PaluTiN (2018). Leitsätze für Palliativversorgung und Trauerbegleitung in der Peri- und Neonatologie: Informationen für medizinische und psychosoziale Fachkräfte im Bereich von Pränataldiagnostik, Schwangerschaftskonfliktberatung, Geburtshilfe, Neonatologie, Pädiatrie und Nachsorge. Broschüre. Frankfurt a. M.: Bundesverband »Das frühgeborene Kind« e. V.
Ensel, A., Möst, M. A. & Strack, H. (2019) (Hrsg.). Momente der Ergriffenheit. Begleitung werdender Eltern zwischen Medizintechnik und Selbstbestimmtheit. Göttingen: Vandenhoeck & Ruprecht.
Garten, L. et al. (2020). Extending the Concept of Advance Care Planning to the Perinatal Period. Klin Padiatr, 232(5), S. 249–256. doi: 10.1055/a-1179-0530.
Garten, L. & von der Hude, K. (2019). Perinatale Palliativversorgung. In: Garten, L. & von der Hude, K. (Hrsg.). Palliativversorgung und Trauerbegleitung in der Neonatologie (S. 33–51). 2. Aufl. Heidelberg: Springer.
Grossmann, K. P. & Russinger. U. (2011). Verwandlung der Selbstbeziehung: Therapeutische Wege zur Freundschaft mit sich selbst. Heidelberg: Carl-Auer.
Lalor, J., Begley, C. M. & Galabon E. (2009). Recasting Hope: A process of adaptation following fetal anomaly diagnosis. Social Science & Medicine, 68, 3, S. 462–472.
Paul, C. (2021). Ich lebe mit meiner Trauer: Das Kaleidoskop des Trauerns für Trauernde. München: Penguin Random House Verlagsgruppe.
Simmer, G. (2017). Unerhörte Geschichten über den Verlust eines Kindes rund um die Geburt nach einer pränatalen Diagnose lebenslimitierender Beeinträchtigungen. Dissertation (unveröff.). Klagenfurt.
Stern, D. N. & Bruschweller-Stern, N. (2004). Tagebuch eines Babys/Geburt einer Mutter. München: Piper.
Wermuth, I. (2010). Palliative Behandlung und Sterben auf einer Neugeborenen-Intensivstation. Kassel: Kassel University Press.

MARIA BECKER

Die Geburt eines behinderten Kindes als existenzielle Krise der Familie[1]

Geburtskomplikationen können ebenso wie Frühgeburten schwere organische Beeinträchtigungen des Kindes zur Folge haben. Die oftmals hierdurch ausgelöste familiäre Krise wird durch die Befürchtung der Eltern, ihr Kind könnte sich als geistig behindert entwickeln, enorm verschärft. Auf dem Hintergrund kollektiv geschürter Ängste werden die elterlichen Kompetenzen unterminiert und die Subjektentwicklung des Kindes in fataler Weise blockiert. Anhand theoretischer Überlegungen und Fallvignetten wird diese bedrohliche Entwicklung aus der Perspektive der Mutter wie auch aus der des Kindes beleuchtet und es werden konstruktive Umgangsweisen aufgezeigt.

Jede Geburt birgt für Mutter und Kind Verletzungsrisiken. Sie bedeutet für beide physischen und psychischen Stress. In der Regel wird diese manchmal außerordentlich schmerzliche Grenzsituation aufgewogen, wenn die Mutter ihr Kind im Arm hält und sich beide nun unter veränderten Umständen – vertraut und fremd zugleich – kennenlernen können: eine große Erleichterung und neben allem Schwierigen ein hoffentlich großes Glück.

Anders war es bei Frau Z. gewesen. Sie hatte sich mit der Bitte um Psychotherapie an mich gewandt, da sie immer noch schwer unter den Folgen der Geburt ihrer Tochter Zoe litt. Vor 3 Jahren sei sie zu deren Geburt ins Krankenhaus gegangen, in der Hoffnung, sie bald in den Armen halten zu können. Die Geburt sei aber wie ein albtraumartiges Geschehen gewesen, voller Schmerzen, Hektik, zunehmend nervöser werdenden Menschen um sie herum. Sie sei in Panik geraten. Schließlich habe Zoe sofort nach der Geburt auf der Intensivstation behandelt werden müssen, ohne dass sie gewusst habe, was eigentlich geschehen war.

Zoe habe aufgrund eines Sauerstoffmangels bei der Geburt – verursacht durch ein Fehlverhalten seitens des medizinischen Personals – schwere hirnorganische Schäden erlitten und sei jetzt schwerstbehindert. Sie selbst stecke noch heute in diesem

---

1 Die Falldarstellungen finden sich auch in einer anderen Veröffentlichung der Autorin (Becker 2023).

Trauma fest. Flashbackartig komme alles wieder hoch, z. B. beim Geburtstag der Tochter oder wenn sie andere Kinder im gleichen Alter ihrer Tochter sehe.

Das Kind, das Frau Z. irgendwann mit nach Hause nehmen konnte, war nicht das Kind, das sie sich erträumt, das sie erwartet hatte, ebenso wie sie selbst sich nicht wiederfinden konnte. Denn sie musste funktionieren. Die Beunruhigungen hielten an. Weitere Operationen waren nötig. Eine Epilepsie musste behandelt werden. Erst seit einem halben Jahr schlief Zoe dank medikamentöser Behandlung durch. Das Vorher – die Schwangerschaft und die sie begleitenden Phantasien – und das Nachher – ihre reale jetzige Situation mit Zoe – waren nicht zusammenzubringen.

In unseren Gesprächen war der Schock dieses Anfangs nahezu ausgeklammert, zu groß war Frau Z.s Angst, wieder in den Albtraum zu geraten. Sie war erleichtert, dass sie überhaupt darüber sprechen konnte. In der Therapie waren wir meist mit ihren aktuellen Schwierigkeiten beschäftigt. Ich war innerlich darauf eingestellt, die jetzige Situation von Frau Z. zu verstehen und sie dabei zu unterstützen, einen Zugang zu ihren Gefühlen zu finden. Dies sollte es ihr ermöglichen, das Geschehen nicht nur aus der Perspektive der Katastrophe, die es nun mal war, zu betrachten, sondern auch von der Realität des Kindes her, eines zwar eingeschränkten, aber dennoch liebenswerten Kindes, dem vielleicht manches doch möglich sein würde.

Bemerkenswerterweise gelang es mir bei der Vorbereitung dieses Textes anfangs kaum, einen emotionalen Zugang zu diesem Geschehen zu finden, als wolle etwas in mir mit dem Schrecken nichts zu tun haben, sondern quasi gleich »zur Tagesordnung übergehen«. Erst als ich anfing, es aus der Sicht einer Mutter zu betrachten, die sich mit allen dazugehörigen Ängsten auf die Geburt ihres Kindes freut, wurde mir der albtraumartige Schock in seiner Tiefe bewusst, der am Anfang dieser Entwicklung stand und den Frau Z. verdauen musste.

Frau M. wiederum wünschte sich für ihre 5-jährige Tochter Sybill eine musiktherapeutische Behandlung. Nach einer Frühgeburt habe Sybill sechs Monate lang beatmet werden müssen. Sie habe ihr erstes Lebensjahr im Krankenhaus verbracht, einen Microcephalus und eine Zerebralparese zurückbehalten. Epileptische Anfälle hätten medikamentös eingestellt werden müssen. Sybill würde sondenernährt, sei mehrfach behindert und entwicklungsverzögert. Angesichts all dieser Befunde, Schwierigkeiten und Diagnosen fühlte ich mich wie erschlagen. Was für ein Lebensanfang! Welche Chancen würde Sybill in ihrem Leben noch haben, lohnte sich solch ein Leben überhaupt? Wie sollte sie jemals diesen Schrecken verdauen? Diese bedrückenden, mit Schuldgefühlen verbundenen Gedanken, die sich unschwer als Abkömmlinge von Tötungsphantasien erkennen lassen, waren ein Reflex auf diesen traumatischen

Lebensanfang. In meiner Trauer konnte ich sicherlich auch die Trauer der Mutter spüren, gegen die sie ankämpfen musste.

Um die Not der von solch schweren Beeinträchtigungen betroffenen Kindern zu verstehen, ist es notwendig, den Schrecken und die Not der Mütter bzw. Eltern zu verstehen.

Beide Mütter hatten viel unternommen, um ihre Kinder zu unterstützen und sie in sich wiederzufinden. Frau Z. hatte sich dafür eingesetzt, dass Zoe keine Magensonde bekäme. Zoes Ernährung war zeit- und kräfteraubend und bestimmte den ganzen Alltag. Frau M. berichtete, Sybill sei mobiler und aufmerksamer geworden. Sie habe aber nichts allein gelernt. Man habe mit ihr »alles erarbeiten« müssen. Doch unterschwellig waren die Nöte der Mütter von der zunehmenden Befürchtung bestimmt, ihr Kind könnte sich entgegen ihrer Hoffnungen und Bemühungen so entwickeln, wie sie es sich nicht gewünscht hatten – denn »niemand, keine Mutter, kein Vater wollte ein (geistig) behindertes Kind«, so Görres, selbst Mutter eines behinderten Kindes (1994, S. 115). Die Befürchtung der Eltern, ihr Kind könnte sich niemals zu einem eigenständigen Menschen entwickeln, kann mit der Befürchtung lebenslanger Elternschaft wie ein Urteil wirken: als »lebenslängliche Verantwortung, die erst mit dem eigenen Tod oder mit dem – oft nur in Phantasien, in der mit Gewalt unterdrückten Wunschvorstellung des erhofften – Todes des geschädigten Kindes endet« (ebd.).

Menschen mit einer geistigen Behinderung werden von nicht behinderten Beziehungspersonen oft nicht als eigenständige und selbstbewusste Menschen, als ernstzunehmende Gegenüber erlebt. Ihre seltsamen, Erschrecken und Irritation auslösenden Verhaltensweisen scheinen einzig ihren schweren hirnorganischen Beeinträchtigungen geschuldet zu sein. »Bekommen die denn etwas mit?«, fragen sich nicht behinderte Menschen. Sie scheinen keine von gegenseitiger Wahrnehmung und Anerkennung geprägte Beziehung gestalten zu können. Dieses Vermögen beruht auf der Fähigkeit zur Symbolbildung. Das ist nicht als eine rein kognitive Leistung zu verstehen, sondern ist Ergebnis eines langen störanfälligen Prozesses. Ogden (1997) beschreibt diese Fähigkeit als »intentionale Selbstreflexion«. Sie reiche »bis zum höchst subtilen, fast unmerklichen Gefühl des ›Ich-Seins‹, das der Erfahrung in subtiler Weise die Qualität verleiht, die eigenen Gedanken zu denken und die eigenen Gefühle zu fühlen« (S. 6).

Der Keim dieses Vermögens liegt in der Fähigkeit von Mutter und Kind, einen Übergangsraum zu erschaffen (Winnicott 1985, S. 10ff). Das kreative Potenzial dieses Raumes zeigt sich in Übergangsphänomenen. Im lustvollen Hantieren mit dem Bettzipfel überbrückt das Kind die Zeit, in der die Zärtlichkeit der anwesenden Mutter fehlt. In der magischen Illusion, die den Bettzipfel umgibt, bleibt der Bettzipfel ein Bettzipfel und ist zugleich die zärtliche Berührung durch die Hände der Mutter.

Der Übergangsraum wird durch die dialektische Spannung zwischen zwei Polen geschaffen: dem Einssein von Mutter und Kind sowie dem Getrenntsein von Mutter und Kind. In diesem Raum entsteht mit dem Illusionären etwas Drittes, das Realität und Phantasie miteinander verbindet. Im späteren Spiel verlagert sich dieses kreative Vermögen in das Kind. Es nimmt zunehmend eine aktive Rolle ein. Im Kuckuck-Spiel mit der Mutter z. B. kann es das »weg« und »da« der Mutter – die Erfahrung des Getrennt-Seins und des Eins-Seins – selbst gestalten. Mit dem Spielen-Können wird die Kreativität des Übergangsraum zur Basis seines leiblich-symbolischen, seines intentionalen Weltbezuges.

Diese Entwicklungsstufe – das eigenständige bedeutungsvolle Spielen – wird in der Sozialisation des als geistig behindert geltenden Kindes oft nur sehr eingeschränkt erreicht. Ein fatales Zusammenspiel individueller und kollektiver Faktoren führt dazu, dass die Mutter-Kind-Dyade in eine Schieflage zu geraten droht und so in ihrer kreativen Potenz beeinträchtigt wird.

In der frühen, noch nicht symbolvermittelten Beziehung ist das Kind darauf angewiesen, dass sich sein Gegenüber von seinen Regungen berühren lässt, ebenso wie die Mutter darauf angewiesen ist, sich berühren zu lassen und zu spüren, was das Kind in ihr auslöst. Im Zustand träumerischer Einfühlung kann es ihr gelingen, die durch das Schreien des Kindes in ihr ausgelösten heftigen Empfindungen in Phantasien umzuwandeln, was das Kind braucht. Indem sie es ihm gibt, entstehen für das Kind Erfahrungen des Einsseins: Die Welt und ich passen zusammen. Diesen Momenten stehen jene gegenüber, in denen es der Mutter nicht möglich war, dem Kind das zu geben, was es braucht. Solche Momente, in denen die Getrenntheit – das Nicht-Passen – bestimmend wird, sind grundsätzlich für das Kind hochgradig beängstigend. Gelingt es der Mutter, sich selbst und das Kind zu trösten, so können sie für das Kind verträglich werden.

Wenn jedoch irritierende Verhaltensweisen des Kindes in der Mutter die Phantasie hervorrufen, dass mit ihrem Kind etwas grundlegend nicht stimmt, dass es sich möglicherweise so ganz anders entwickeln könnte, als sie es sich erträumt hat, können in ihr erschreckende aversive Affekte im Verein mit Schuldgefühlen auftauchen und die Angst provozieren, möglicherweise ihr Kind nicht lieben zu können. In diesem Fall wird es der Mutter sehr erschwert, sich diesen Gefühlen zu überlassen. Sie brauchte jemanden, der ihr hilft, diese heftigen Affekte auszuhalten. Der Vater ist aber in diesen Vorgang meist involviert und kann ihr daher kaum beistehen.

Hier hinein mischen sich kollektive Mechanismen. Die Begegnung mit einem auf ihn angewiesenen, als geistig behindert geltenden Menschen ist in unserer Kultur grundsätzlich dazu angetan, im nicht behinderten Menschen heftige Affekte, ja ein Weg-Wünschen des geistig behinderten Gegenübers zu provozieren, verbunden mit Schuldgefühlen. Das Subjekt-Gefühl des Menschen in der Moderne stützt sich wesentlich auf die Autonomie des Denken-Könnens. Die Selbstverständlichkeit von Selbstbestimmung und Selbstermächtigung ist Garant dafür, in einer immer weniger durchschaubaren Welt allein für sein Schicksal verantwortlich sein zu können. Alte Selbstgewissheiten bröckeln. Ein von Abhängigkeit und Angewiesensein bestimmtes Leben erscheint hochbedrohlich, da die Sicherheit der Autonomie des Denken-Könnens es erforderte, frühe mit Hilflosigkeit und Angewiesensein zusammenhängende Erfahrungen zu verdrängen. Diese drohen durch die Begegnung mit Menschen, deren Seltsamkeiten die Phantasie einer hirnorganischen Schädigung hervorrufen, virulent zu werden. Kollektiv organisierte Vorstellungskomplexe von Geistigbehindertsein haben hier eine stabilisierende Funktion. Sie stehen mit der Idee des »lebensunwerten Lebens« in Verbindung. Führte diese Idee im Nationalsozialismus zur Tötung behinderter Menschen, zeigt sie sich heutzutage als Phantasie in neuem Gewand. Das »lebensunwerte Leben« als »Ballastexistenz« lebt fort in der größten Angst des modernen Menschen, anderen zur Last zu fallen, Ballast zu sein. Die stabilisierende Funktion dieser Idee folgt dem Credo, dass organische Schäden nur erklärbar und nicht verstehbar seien. Mit der Fokussierung auf die organischen Schädigungen als Ursache der geistigen Behinderung wird das geistig behinderte Gegenüber zur Projektionsfigur der Ängste der nicht behinderten Beziehungsperson vor Abhängigkeit, Angewiesensein und Ohnmacht etc. Die irritierenden Verhaltensweisen imponieren als unmittelbare Folge der organischen Schädigung. Nicht »Ich fühle mich unsicher, wenn so jemand einfach so komisch lächelnd auf mich zukommt, der soll weggehen«, sondern »Aha, der hat eine Störung, der kann nicht anders, der weiß nicht, wie man sich verhält, das ist ›typisch geistig behindert‹, man muss für ihn sorgen, ihm beibringen, wie man sich verhält, wenn man auf jemanden zugeht«. Tötungsphantasien im Sinne von Weg-Wünschen können nun im Unbewussten gehalten werden.

Diese kollektiven Mechanismen werden bei Eltern mit der Befürchtung, ihr Kind könnte geistig behindert sein, aus der Latenz geholt. Die in ihnen, vor allem jedoch in der Mutter zusammen mit Schuldgefühlen ausgelösten Affekte des Weg-Wünschens des Kindes gewinnen angesichts der Verletzlichkeit des Kindes eine enorme Brisanz. So können Ängste auftauchen, mit ihren Gefühlen dem Kind zu schaden. Sie lassen die Mutter vielleicht befürchten, schuld an dem Schwierigen des Kindes zu sein. Dies alles muss ihr Vertrauen in ihre mütterlichen Kompetenzen sehr belasten. In dieser Not, die sie handlungsunfähig zu machen droht, wiewohl ihr Kind sie dringend braucht, bietet sich die von Niedecken (1989) beschriebene »Institution Geistigbehindertsein« als rettender wie zugleich trügerischer Halt an. Das umfasst die Diagnosefeststellung »geistige Behinderung aufgrund hirnorganischer Schädigungen«, zusammen mit den damit verbundenen medizinisch-pädagogisch-therapeutischen Maßnahmen. Unterminiert durch die unbewusst zugrundeliegende gesellschaftliche Überzeugung von der rein organischen Natur der störenden Verhaltensweisen des Kindes drohen diese Maßnahmen bei allem Hilfreichen und Förderlichen zugleich ein Geistigbehindert-Werden des Kindes zur Folge zu haben. Für die Eltern/Mutter zementiert die Diagnose zwar die Befürchtung, dass das Kind geistig behindert ist. Sie entlastet aber auch von Schuldgefühlen und gibt Orientierung, wie mit einem »so geschädigten Kind« umzugehen ist. Die damit verbundenen Förderanweisungen weisen den Weg, um das so geschädigte Kind zur Entwicklung von Eigenständigkeit anzuregen. Dies hat allerdings einen hohen Preis. Indem die Mutter nicht mehr in sich Orientierung sucht, um zu erspüren, was ihr Kind braucht, sondern das Kind fördert, muss sie nun wissen, was für das Kind richtig ist. Für das Kind ist das bedrohlich, denn es ist auf den fühlenden Kontakt zur Mutter angewiesen. Bleibt dieser aus, ist die Mutter für seine Erregung als Projektionsfigur nicht verfügbar. Für das Kind ist sie »weg«. Es wird mit frühen somatopsychischen Abwehrformen – Stupor, Unruhe und Erregung etc. – reagieren. Darin macht es »sich selbst weg«.

Im Fall des sich als nicht behindert entwickelnden Kindes können solche Situationen, wenn Mutter und Kind füreinander »weg« sind, durch ein nachträgliches Verstehen aufgefangen werden. Die Mutter kann die Erregung des Kindes als dessen Frustration oder Enttäuschung benennen. In diesem Fall kann die dialektische Spannung von Einssein und Getrenntsein einen Übergangsraums kreieren und im Kind den Impuls zur Wendung ins Aktive hervorrufen, mit dem es Illusionen erzeugen kann. Werden irritierende Verhaltensweisen zum Ausgangspunkt von Förderung, um belastende Affekte der Mutter/der Therapeutin im Unbewussten zu halten, entfalten diese keinen Sinn mehr, können nicht als Ausdruck von Enttäuschung, Frustration etc. verstehbar werden, sondern erscheinen ausschließlich als Folge der Beeinträchtigung.

Statt einer dialektischen Spannung entsteht hier eine Spaltung. Um das Einssein von Mutter und Kind, die frühe, vor dem Trauma liegende Verbindung mit dem idealisierten Kind zu retten, sind die irritierenden Verhaltensweisen nun aufgeladen mit den beunruhigenden Affekten der nicht behinderten Beziehungsperson und auf die organische Beeinträchtigung festgelegt. Die Erfahrung von Getrenntheit, die für das Kind zur Basis seines Eigenständig-Seins hätten werden können, ist dadurch unverfügbar. Mutter und Kind bleiben aneinandergebunden. Der als geistig behindert geltende Mensch wird auf seine Kindlichkeit reduziert, dem der behinderte und zu behandelnde Körper entgegensteht.

Dieser Spaltung – durch den Druck eines Konglomerats kollektiver und individueller Abwehrmaßnahmen erzwungen – liegen Entwertungs- und Ausschlussängste zugrunde, die auch Professionelle und Eltern zu spalten drohen.

Eine solche Spaltung war – von mir unbemerkt – in der Therapie mit dem 4-jährigen Tom bestimmend geworden. Er hatte seine erste Lebenszeit im Krankenhaus verbracht und hatte lange beatmet werden müssen. Es war nicht klar, ob er je in der Lage sein würde, selbstständig zu atmen. Mit Einverständnis der Eltern wurde die Beatmung eingestellt und zur großen Erleichterung aller atmete Tom selbstständig. Die Eltern nahmen ihn nun zu sich nach Hause. Er konnte laufen, sprach aber nicht, verhielt sich stereotyp und autistisch. In der musiktherapeutischen Behandlung stand er vor dem Fenster, schaukelte hin und her und sah den vorbeifahrenden Autos zu. Ich spielte dazu auf der Gitarre. Mir kam es so vor, als hätte er das Sein auf der Intensivstation inkorporiert, bestimmt von dem Hin und Her der Apparaturen. Ich unterstützte sein Hin und Her musikalisch, kommentierte die Autos, die hin und her brausten. Zunehmend wurde er lebendiger und suchte intensiv Körperkontakt. Froh über diese Entwicklung war ich umso schockierter, als mir die Eltern eröffneten, Tom ins Heim geben zu wollen. Er sei so unruhig, wolle ständigen Kontakt, sie könnten ihn nirgendwo mit hinnehmen. Sie seien vollkommen überfordert. Ich war sehr traurig, warf mir vor, den Elternkontakt vernachlässigt zu haben.

Erst viel später erkannte ich darin eine Folge der Spaltungsdynamik. Während ich mich in der Therapie als gute Therapeutin hatte fühlen können, war die Mutter mit ihrer Überforderung und Frustration von mir unbemerkt – »es läuft ja alles so gut« – allein geblieben. Toms Unruhe und ständige Suche nach Körperkontakt war als Kehrseite seines Lebendig-Werdens ein Hinweis auf sein Ungehaltensein, wenn der starre Halt durch die Apparate wegfällt und damit der Tod riskiert wird. Das kann in der Gegenübertragung Angst auslösen, wenn es frühe Ängste vor eigenem Ungehaltensein hochholt. Vor diesen konnte ich mich schützen, Tom war ja nur eine Stunde in der Woche bei mir, die Eltern aber nicht. Auf einen »unhaltbaren Tom, der einen überfordert und ängstigt«, waren weder die Eltern noch ich vorbereitet. Dies war der tiefere Grund, dass mir die Notwendigkeit der Elterngespräche entgangen war. Das Heim stand für das »weg von Tom«, aber auch für die Anerkennung des Versagens, das den Eltern aber nun auch mir abgenötigt wurde.

Dies war nicht ausschließliche Folge eines je persönlichen Versagens, sondern hing mit den in uns wirksam werdenden kollektiven Abwehrmechanismen zusammen.

Solange diese Dynamik nicht reflektiert wird, werden Versagensängste hin- und hergeschoben: die kompetente Therapeutin, die mit dem Kind fachlich richtig umgeht vs. die überforderte Mutter, die mit ihrem Kind nicht fertig wird.

Die Therapeutin muss daher die Reflexion ihrer Gegenübertragung vertiefen, sie auch auf sachlich scheinende Eindrücke beziehen: »Oh, die Mutter ist sehr empfindlich« oder »Das Kind scheint überfordert«. Stets droht die Gefahr, dem Gegenüber die eigenen abgewehrten Affekte zuzuschieben. Im Gespräch mit den Eltern ist es wichtig, deren Reaktionsweisen nicht umstandslos als individuelle Pathologien zu deuten, auch wenn sie diesen Eindruck erwecken, sondern hinter allem Unverständlichen deren Bemühen zu suchen, die elterliche Kompetenz wiederzuerlangen. Denn es geht um schwer erträgliche Affekte, die solche Abwehrmaßnahmen nötig gemacht haben.

Fallvignette Frau Z.
Unterschwellig tauchte in der Therapie immer wieder die Frage der Schuld auf. Auf der faktischen Ebene war klar, dass das Krankenhaus die Verantwortung für das Geschehen trug. Die Schuldgefühle aber, mit denen Frau Z. zu kämpfen schien, waren anderen Ursprungs. Zunehmend traute sie sich auch, darüber zu sprechen. Sie hadere damit, in ein ungewolltes Leben gezwungen worden zu sein. Nie habe sie ein behindertes Kind haben wollen. Für sie war es schrecklich, dass die heiß ersehnte Tochter zugleich eine furchtbare Enttäuschung war, die drohte ihr Leben zu zerstören, sodass sie sich gezwungen sehen könnte, sie ins Heim zu geben, und dann endgültig als eine schlechte Mutter dazustehen. Daneben betonte Frau Z. immer mal wieder, dass in ihrem Leben alles in Ordnung sei. Sie sei in einer sehr fürsorglichen Familie aufgewachsen und habe bis zur Geburt der Tochter keine Probleme gehabt. Sie schien mir zu verstehen zu geben, dass sie eigentlich ganz falsch in der Psychotherapie sei, so als würde ich Probleme bei ihr suchen, damit ich mich als gute Therapeutin fühlen könnte. Ich fühlte mich lahmgelegt und geriet in Sorge, Frau Z. könnte die Therapie abbrechen. In einer Stunde brachte sie Zoe mit. Ich war überrascht und erfreut, wie leicht sich ein Kontakt zu Zoe herstellen ließ, und sagte das Frau Z. Diese schien fast gekränkt, dass ich das überhaupt infrage zu stellen schien. Ich war irritiert. Mein stützend gemeintes Angebot schien sie verletzt zu haben, als hätte ich ihre mütterliche Kompetenz infrage gestellt. Sie hatte es möglicherweise so erlebt, als würde ich mich als bessere Mutter aufdrängen, als würden hier Versagensgefühle hin und her geschoben. Wenn ich ihr signalisieren wollte, was für eine liebenswerte Tochter sie doch habe, so hatte ich es leicht. Ich war nicht die Mutter, war nicht den ganzen Tag belastet, hatte nicht das Trauma durchlitten, mit dem ich ja nichts zu

tun haben wollte. Dieses Trauma hatte Frau Z. an ein Kind gebunden, mit dem sie nichts zu tun haben wollte. Wenn sich Frau z. durch das Sprechen über ihre ohnmächtige Wut auf das Geschehen, das Ursache ihrer Schwierigkeiten mit ihrer Tochter und ihrer Schuldgefühle war, entlastet fühlen konnte, konnte ich mich als gute Therapeutin fühlen. Damit drohte ich in der Übertragung zur Nachbarin zu werden. Diese hatte sie durch Bemerkungen wie »Na, das wird schon« verletzt und damit signalisiert, dass sie mit dem Weg-Wünschen etc. nichts zu tun haben wollte. So war es auf der Übertragungsebene eine Gratwanderung, ähnlich wie sie auch ihr Miteinander mit Zoe erlebte. Diese tauchte mit ihrem Eigenen in Frau Z.s Berichten zunehmend auf. Heute sei es anstrengend mit Zoe gewesen, sie trotze und klammere zugleich. Das Problem sei, dass sie dabei in eine Überstreckung zu geraten drohe. Zoe schien zu spüren, dass die Mutter loszulassen begann, und die Mutter nahm es wahr. Es machte aber auch Angst, worauf die Überstreckung hinzuweisen schien. Immer war es die Frage: Ging es um Zoe oder drohten Versagensängste bestimmend zu werden? Ebenso wie ich sie spürte, wenn Frau Z. meine Angebote zurückzuweisen schien.

Gegen Ende der Therapie hatte Frau Z. für Zoe eine Tagesstätte für schwerbehinderte Kinder gefunden. Sie war erstaunt, wie gut es ihr gelinge loszulassen, und spürte erfreut, dass sie Zoe vermisste. Sie akzeptierte, dass sie für Zoe nicht alles tun könne und sie sich lösen müsse. Sie und ihr Mann trauerten und stellten sich mehr und mehr auf Zoes Behinderung ein. Sie spürten, wie sich Zoe freuen würde und ihnen etwas zurückgebe. Sie nehme auch zu anderen Menschen Kontakt auf. Zoe habe sie ins Leben zurückgeholt.

Frau Z. hatte eine Posttraumatische Belastungsstörung entwickelt. Mit dem traumatischen Geschehen der Geburt, als deren Konsequenz ihr Kind bleibende Folgeschäden erlitten hatte, war sie in eine ihr ausweglos scheinende Lebenskrise geraten. Sie sah sich mit einem Übermaß an Ohnmacht, Verzweiflung und Wut konfrontiert. Die in ihr ausgelösten Affekte konfrontierten sie mit Versagensgefühlen, die ihr Ich-Ideal als gute Mutter ins Wanken brachten. So sah sie sich gezwungen, Hilfe anzunehmen. Der Konflikt, in den Frau Z. in der Beziehung zu ihrer Tochter geraten war, war nicht ihrer Pathologie geschuldet und musste doch individuell verantwortet werden. Insofern er sie mit den kollektiv verankerten Abkömmlingen von Tötungsphantasien und daraus resultierenden Schuldgefühlen konfrontierte, drohte jede Deutung als Schuldzuweisung missverstanden zu werden. Denn auch mir wurde in meinem Gegenübertragungswiderstand spürbar, in welche Bedrängnis mich diese Affekte brachten, wie schwer das Anerkennen der eigenen Infragestellung fällt. Das Containment muss hier das Ich der Therapeutin einbeziehen. Es sind meine Schwierigkeiten und zugleich kann ich darin etwas der Schwierigkeit von Frau Z. spüren. Dieser Konflikt konfrontiert Eltern wie Professionelle mit der Kehrseite der kollektiven Basis unseres Selbstwert- und Sicherheitsempfindens – mit Ängsten vor dem Angewiesensein auf ein haltendes Umfeld – und zwingt zur Anerkennung von Überforderung. Dies kann jedoch die leibliche Basis der Beziehung zum behinderten Gegenüber wieder spürbar machen.

In der Therapie der Tochter von Frau M. wurde dieser Konflikt offensichtlich. Hier zeigte sich, dass die Abwehr eine gemeinsame Leistung von Mutter und Kind ist. Die irritierenden Verhaltensweisen sind daher als maskierte Fassung seiner Selbstbehauptungsbemühungen zu verstehen. Als solche können sie spürbar werden, wenn es der nicht behinderten Beziehungsperson gelingt, die eigenen, schwer erträglichen Affekte von Ohnmacht, Hilflosigkeit etc. auszuhalten.

> In den Stunden saßen Sybill und ich auf dem Fußboden und die Mutter im Sessel dabei. Auf dem Fußboden waren ein Glockenspiel, Zeitungen, kleine Handtrommeln verteilt.
> Sybill und ich gerieten häufig in einen freudigen klanglich-dialogischen Kontakt. Dieser wurde oft abrupt von Sybills beunruhigenden Missstimmungen untergebrochen. Die Mutter sprach darüber, wie schwer es ihr fiel, ihrer Wahrnehmung zu trauen. Wenn es ihr so schien, als wolle Sybill sie erreichen, drohten deren Bewegungen in behinderungsbedingt wirkenden Stereotypien zu entgleisen. Diese erweckten in ihr den Eindruck, Sybill sei zu eingeschränkt, um sich auf sie beziehen zu können. Eine solche Situation entstand in einer der folgenden Stunden zwischen Sybill und mir. Sybill spielte mit ihrer Zunge, bewegte sie hin und her. Es wirkte auf mich wie der spielerische Versuch, den Mund als Erforschungsorgan für die Welt zu entdecken. Plötzlich jedoch erschienen mir ihre Bewegungen als befremdlich behinderungsbedingt. Was war geschehen? Ich hatte mich plötzlich an behinderte Menschen mit heraushängender Zunge erinnert, als hätte ich mich getäuscht und statt des Kindes, das seinen Mund erforscht, sei ein »seelenloser Zombie« aufgetaucht. Während ich mich mit der verstörenden Erinnerung an behinderte Menschen mit heraushängender Zunge im Griff des kollektiv Verdrängten befand, entsprach das darauf bezogene Bild »seelenloser Zombie« einer dissoziativen Phantasie, bei der ich mich in der Rolle eines sehr kleinen Kindes befand, das angsterfüllt das vertraute Gesicht der Mutter und damit sich selbst nicht mehr finden kann. In dieser Situation war das untergründig Bedrohliche als ein interaktiv hergestellter Schrecken in mir angekommen und markiert worden.

Das Auftauchen von Hoffnung hatte en passant beidseitig Ängste auf den Plan gerufen: die Angst, hilflos einer unverständlichen Umwelt ausgeliefert zu sein. In der Folgezeit entspannte sich das Miteinander im therapeutischen Raum. Sybills Missstimmungen waren moderater und konnten oft besser begleitet werden. So entstand eine Situation zu dritt, in der ich die atmosphärisch spürbaren schmerzlichen Empfindungen im Gitarrenspiel aufnehmen und begleiten konnte. Der Mutter gelang es, über Sybill zu phantasieren, ohne unmittelbar in Ängste zu geraten. Sybill freute sich, im ihr nun vertrauten therapeutischen Raum da zu sein.

Die Therapie wurde als psychoanalytische Musiktherapie durchgeführt. In dieser ist die therapeutische Beziehung nicht nur sprachlich und handelnd, sondern in erster Linie musikalisch gestaltet. Es können Lieder eine Rolle spielen und auf der Ebene der Leiblichkeit im Sinne der Affektabstimmung Vitalitätsaffekte musikalisch aufgegriffen werden. Ich fasse dabei alle Verhaltensweisen und Lautierungen als Botschaften an mich auf, auf die ich versuche, stimmlich oder/und instrumental zu antworten. Musik umfasst hier alle klanglich-rhythmischen Phänomene im weitesten Sinne ein. Im gelingenden szenischen Verstehen können situative Muster deutlich werden. So war ein ruhiger Moment entstanden, als mein Blick auf Sybill fiel, die mit ihrer Zunge spielte, ein Moment, der dem von Winnicott konzipierten Stadium des Kindes als »Alleinsein in Gegenwart der Mutter« entspricht (Winnicott 1974, S. 38). In mir waren entspannte, auf Sybills Spiel bezogene Phantasien aufgetaucht. In diese brachen erschreckende Erinnerungsbilder ein, so wie die Frühgeburt in eine friedliche Mutter-Kind-Beziehung eingebrochen war. Damit war die erschreckende Szene, die das glückliche Miteinander zerstört hatte, deutlich geworden. Mit dieser Szene war Sybill in mir aufgetaucht, obwohl sie gerade so unbeteiligt, so »für sich« erschien.

Resümee

Geistige Behinderung ist nicht als direkte Folge einer tatsächlichen oder vermuteten hirnorganischen Schädigung zu verstehen. Primär ist die Bedeutung, die die organischen Beeinträchtigungen des Kindes im familiären Spannungsfeld annehmen und die Sozialisation des betreffenden Kindes bestimmen. Die hier bedeutsam werdende Abwehrfigur ist die Folge eines Ineinanders individueller und kollektiver Mechanismen, mit der Tötungsphantasien und Schuldgefühle des nichtbehinderten Gegenübers unbewusst gemacht werden. Das »geistig behinderte Gegenüber« wird nun identifiziert mit den Affekten, die die Denkautonomie des nichtbehinderten Subjektes infrage stellen könnten. Es droht damit zum Objekt der Fürsorge zu werden. Die Begegnung mit Menschen, die die Phantasie einer hirnorganischen Störung hervorrufen, wird hierdurch nicht mehr als eine Beziehung erfahren, da ihre beeinträchtigt scheinenden Verhaltensweisen als unmittelbare Folge der Schädigung imponieren, die der Förderung bedürfen. Indem diese Abwehrfigur in der frühen dyadischen Beziehung zwischen Mutter und Kind virulent wird, gerät die Beziehung in eine Schieflage. Das ihr innewohnende triadische Element, das normalerweise Basis dafür ist, dass das angewiesene Kind – Gegenüber – in die Subjektposition kommt, wird hierdurch so fixiert, dass das Denken-Können des nichtbehinderten Gegenübers nun zur Basis der Entwicklung und Förderung des beeinträchtigten Kindes und dieses in der Entfaltung seines Entwicklungspotenzials eingeschränkt wird. Exemplarisch wurde dies am Beispiel von Geburtskomplikationen ausgeführt. Grundsätzlich sind es unterschiedliche Ereignisse, die ein solch traumatisches Geschehen auslösen können. Sie betreffen Kinder mit vermeintlichen oder tatsächlichen hirnorganischen Einschränkungen, seien es z. B. Kinder mit Down-Syndrom oder Stoffwechselstörungen. Auch schwere Unfälle mit der Folge von Schädel-Hirn-Traumata können ein dyadisches Umfeld herbeizwingen, welches in die oben beschriebene Schieflage geraten kann.

Das Ausblenden der Beziehung in der Begegnung mit geistig behinderten Menschen muss von den nichtbehinderten Beziehungspersonen unbewusst als Weg-Machen des angewiesenen Gegenübers empfunden werden und Schuldgefühle auslösen. Diese werden seit jeher zu beschwichtigen versucht, indem immer neue Bezeichnungen wie »Menschen mit einer geistigen Behinderung« oder »intelligenzgeminderte Menschen« nun den Respekt gegenüber den davon betroffenen Menschen und ihre Achtung bezeugen sollen. Doch schon Sinason, eine der psychoanalytischen PionierInnen, die mit geistig behinderten Menschen gearbeitet hat, wies auf Folgendes hin: »it is important for workers to be aware that abuse lies in the relationship between people, not in the name used« (Sinason 1992, S. 40). Gerade im dauernden Wechseln der Bezeichnung zeige sich das Weg-Wünschen geistig behinderter Menschen. Keine andere Personengruppe war so oft gezwungen, ihren Namen zu wechseln wie die der geistig Behinderten. Die Armen und auch die Kranken sind stets präsent, nicht so die geistig Behinderten. Sinason beschreibt dieses Phänomen als einen »Prozess des Euphemismus« (Grahamer 2008). Doch die Wirksamkeit des Verdrängten droht zu Handlungen zu führen, die das Weg-Wünschen realisieren können. Seine Kraft wird nur dann gebrochen, wenn es gelingt, sich des Verdrängten bewusst zu werden, damit die Beziehung wieder aufscheinen kann. Dies muss zuallererst in der Therapeutin/dem Therapeut geschehen. Dass dies schwer genug ist, darauf weist Werther (2005) hin. Sie erlebte in ihrer therapeutischen Arbeit »in der Begegnung mit den geistig behinderten Kindern – oft Säuglingen und Kleinkindern – heftige somatische und affektive Reaktionen wie extreme Müdigkeit, bleierne Schwere und depressive Verstimmungen, die mir so zu schaffen machten, dass ich meinte, die Arbeit aufgeben zu müssen. Ich erhielt Zugang zur Psychoanalyse und fand dort einen konzeptionellen Rahmen zur Analyse meiner Gegenübertragungsreaktionen, was mir ermöglichte, die Arbeit weiterzuführen.«

Die Fallvignetten mögen verdeutlichen, dass es natürlich nicht darum gehen kann, die organischen Beeinträchtigungen und die daraus resultierenden Einschränkungen zu leugnen. Ebenso ist es von großer Bedeutung, dass die betroffenen Menschen die für sie nötige Unterstützung erhalten. Die Auseinandersetzung mit der eigenen Gegenübertragung ermöglicht es jedoch, dass sie gerade in den unterstützenden Beziehungen wieder als Subjekte ihres eigenen Lebens spürbar und wirksam werden können.

Literatur

Becker, M. (2023). Psychoanalytische Psychotherapie mit lern- und geistig behinderten Menschen. Gießen: Psychosozial.
Görres, S. (1994). Psychotherapie bei geistig Behinderten aus der Elternperspektive. In: W. Lotz, U. Koch & B. Stahl (Hrsg.), Psychotherapeutischer Behandlung geistig behinderter Menschen (S. 111–123). Bern: Hans Huber.
Grahamer, E. (2008). Vom behinderten Lächeln – Über die Bedeutung des Ansatzes von Dietmut Niedecken für die Arbeit mit geistig Behinderten abseits des therapeutischen Settings. München: Grin Verlag.
Niedecken, D. (1989). Namenlos. Geistig Behinderte verstehen. München: Piper.
Niedecken, D. (1993). Geistig Behinderte verstehen. Ein Buch für Psychologen und Eltern. München: dtv.
Ogden, T. (1997). Über den potentiellen Raum. Forum der Psychoanalyse, 13, S. 1–18.
Sinason, V. (2000). Geistige Behinderung und die Grundlagen menschlichen Seins. München: Luchterhand.
Werther, F. (2005). Warum finden Menschen mit geistiger Behinderung so schwer einen ambulanten Psychotherapieplatz? Psychotherapeutenjournal, (2), S. 116–122.
Winnicott, D. W. (1984). Reifungsprozesse und fördernde Umwelt. München: Kindler.
Winnicott, D. W. (1985). Vom Spiel zur Kreativität. Stuttgart: Klett-Cotta.

TEIL II

Gesellschaftlichen Veränderungen begegnen

JOHANNES HUBER

»Vater, wo bist Du?«

Über die gesellschaftliche und familiäre Positionierung von Vätern und ihre Entwicklungsbedeutsamkeit im frühen Kindesalter

Einführung

»Väter sind in!« oder zumindest nicht (mehr) ganz »out« – So oder ähnlich könnte die mittlerweile als scheinbar selbstverständlich angesehene Thematisierung von Vätern hinsichtlich ihrer Rolle und Funktionen in der familiären Betreuung und Erziehung von (Kleinst-)Kindern in der medialen Öffentlichkeit und im fachwissenschaftlichen Diskurs umschrieben werden. Doch sind Väter im Alltag in der Familie wirklich angekommen, welche Entwicklungsbedeutsamkeit haben sie für ihre Kinder und (wie) werden sie als Zielgruppe im Rahmen psychosozialer Angebote zur Unterstützung von jungen Familien und (werdenden) Eltern erreicht?

Für die wissenschaftsinformierte Beantwortung dieser Fragestellungen wird im Folgenden als thematische Einführung ein gesellschafts- und wissenschaftshistorischer Bezug hergestellt. Anschließend wird aus systemisch-entwicklungspsychologischer Perspektive der aktuelle empirische Forschungsstand beleuchtet. Abschließend werden erfahrungsbasierte Überlegungen zur ge- und misslingenden Erreichbarkeit von Vätern in der psychosozialen Praxis diskutiert.

Wenn in den folgenden Ausführungen von Vätern und Müttern die Rede ist, wird damit eine geschlechterdifferenzierende Perspektive eingeführt, die selbstredend nicht für *alle* Männer und Frauen gleichermaßen Gültigkeit beanspruchen kann. Zugleich wird der Fokus auf eine »statistische Mehrheitskonstellation« der heterosexuellen Familie, bestehend aus Vater, Mutter und Kind(ern), gelegt, wohlwissend, dass es diverse Familienkonstellationen gibt und auch die Struktur der Vater-Mutter-Kind-Triade sehr unterschiedliche Be- und Erziehungsprozesse beinhalten kann.

Ein kurzer geschichtlicher Rückblick

Historisch gesehen hat sich die Rolle[2] des Mannes in der Familie nicht in eindeutiger Richtung entwickelt, weswegen mitnichten von einer linearen Entwicklung vom Patriarchat hin zu einer gleichberechtigten Elternschaft zwischen Männern und Frauen ausgegangen werden kann, wie wir sie heute für normal oder zumindest wünschenswert erachten (Fthenakis et al. 1999). Zu keinem Zeitpunkt der Geschichte habe es eine klare gleichförmige Rolle des Mannes in der Familie gegeben. Vielmehr zeigte sich, in Abhängigkeit von der ethnischen Zugehörigkeit, der sozialen Klasse und der Religion, eine Vielzahl von Variationen im väterlichen Rollenrepertoire (ebd.). Gillis (2011) erinnert daran, dass »die Krise der Vaterschaft ein wiederkehrendes Thema in der westlichen Zivilisation ist« (S. 93). Und Thomä (2012) skizziert die historischen Pendelbewegungen nach, in denen sich Väterbilder im neuzeitlichen Europa zu unterschiedlichen Epochen und in verschiedenen Sozialschichten jeweils befunden haben. So habe es bereits lange vor der Frauenbewegung eine massive Gesellschaftskritik am väterlich-männlichen Patriarchat und verschiedentliche Versuche zu dessen Abschaffung gegeben.

Spätestens mit dem im Jahr 1963 von Alexander Mitscherlich veröffentlichten Buch »Auf dem Weg zur vaterlosen Gesellschaft« ist der Terminus »vaterlose Gesellschaft« zu einer Art diagnostischen Metapher geworden, die häufig dann reflexhafte Verwendung findet, wenn es um die gesellschaftskritische Analyse der gegenwärtigen Position und Bedeutung des Vaters sowie die bedauerten Folgen seiner individuellen Entbehrung geht.[3] Der Begriff »vaterlose Gesellschaft« tauchte sinngemäß jedoch in der Literatur wesentlich früher auf. So weist Thomä (2012, S. 68) darauf hin, dass dieser bereits von Sigmund Freud in seinem Werk »Totem und Tabu« explizit genannt wird und nicht, wie häufig irrtümlich angenommen, von Mitscherlich erstmalig generiert wurde (der zudem Freud nicht zitiert). Freuds Schüler, der Wiener Arzt Paul Federn, greift den Begriff in seinem Aufsatz »Zur Psychologie der Revolution: Die vaterlose Gesellschaft« (Federn 1919) auf, den er kurz nach Ende des Ersten Weltkrieges veröffentlichte und hierin die innenpolitische Lage Österreichs nach dem Zusammenbruch aller staatlichen Autoritäten (vor allem des Kaisertums) analysierte.

---

2   Während hier noch der soziologische Rollenbegriff Verwendung findet, wird später hinsichtlich der Entwicklungsbedeutsamkeit für Kinder von väterlichen Funktionen im psychologischen Erziehungsgeschehen die Rede sein.

3   Aus Unzufriedenheit mit den vieldeutigen Begrifflichkeiten im semantischen Umfeld von Vaterabwesenheit/Vaterlosigkeit präzisierte der Psychoanalytiker Horst Petri unterschiedliche Definitionen der Vaterentbehrung bzw. Vaterdeprivation, die er als synonyme Oberbegriffe einführt und zwischen Vaterlosigkeit, Vaterverlust und Vaterabwesenheit differenziert (Petri 2003).

Mitscherlich (1963) übernahm den von Federn geprägten Begriff der vaterlosen Gesellschaft und analysierte noch umfassender die sozialen, familiären und vor allem wirtschaftlich-materiellen Phänomene der Nachkriegsgesellschaft im letzten Jahrhundert. Die tiefgreifenden Veränderungen der Produktions- und Arbeitsbedingungen in den Industrienationen Ende des 19. und Anfang des 20. Jahrhunderts und der damit verbundene Abzug der Väter in die anonyme industrielle Produktionssphäre oder Verwaltungsarbeit sei mit einer verkürzten Vorbildzeit der Väter für ihre Kinder einhergegangen. Die Vermittlung einer anschaulichen Berufs- und Lebenspraxis, wie dies in bäuerlich-handwerklich organisierten Gesellschaften der Fall gewesen sein soll, sei damit erschwert oder verhindert worden. Der von Mitscherlich mit der Industrialisierung in Zusammenhang gebrachte Verlust an väterlicher Autorität und Vorbildfunktion ist aber nicht unwidersprochen geblieben.[4]

Nun lassen sich an solch historischen Standardwerken rückblickend zumeist immer irgendwelche »Mängel« anbringen. Es gibt allerdings einen bemerkenswerten Aspekt, der vor dem Hintergrund der in Mitscherlichs Buch zentral behandelten Thematik die Wirkmächtigkeit von unbewussten Abwehrprozessen aufzeigt. In seinem Werk geht es vor allem darum, welches Selbstverständnis Familienväter entwickeln können bzw. sollen (Brumlik 2013, S. 24). Thematisiert wird eine *innere* Vaterlosigkeit, die durch den Wegfall des autoritären Vaterbildes entstanden ist. Es findet sich jedoch kein analytischer Bezug zum massenhaften *realen* Vaterverlust während des Ersten oder Zweiten Weltkrieges und seinen möglichen psychotraumatologischen Folgen für die nachkommende(n) Generation(en) (ebd., S. 25).[5] Zu tabuisiert war dieses Thema, sodass es der kollektiven Abwehr anheimfallen musste, um erst ca. ein halbes Jahrhundert später allmählich an die Bewusstseinsoberfläche in der Öffentlichkeit und Fachwelt zu gelangen (z. B. Radebold 2000; Stambolis 2012, 2013).

Am Beispiel der hier nur grob skizzierten Vorgeschichte des scheinbar einfachen Begriffs der vaterlosen Gesellschaft wird offenbar, in welch vielschichtigen und psychohistorisch teils vorbelasteten Kontext zeitgenössische Gleichstellungsdebatten um sogenannte neue Väter unbemerkt eingebettet sind.

Im historischen Rückblick zeigt sich, dass die Autorität und der dem Vater in der Familie entgegengebrachte Respekt lange Zeit mit seinem ökonomisch-materiellen

---

4   So kritisiert Thomä (2008) Mitscherlichs Bezug auf die in vorindustriellen Zeiten vermeintlich gegebene väterliche Unterweisung von ihn idealisierenden Kindern als nostalgische Utopie, weil die alltägliche Lebensbewältigung gerade in bäuerlich-handwerklichen Betrieben für solche kontemplativen Praxen wenig Zeit und Raum geboten habe (S. 243 ff.).

5   Ebenso wenig tauchen »die real abwesenden, gefallenen, gefangenen oder versehrten Väter« (Brumlik 2013, S. 31) im Buch »Die Unfähigkeit zu trauern« auf, das Mitscherlich später gemeinsam mit seiner Frau verfasste (vgl. Mitscherlich und Mitscherlich 1967).

sowie sozialen Status *außerhalb der Familie* verbunden waren bzw. sich hieraus ableiteten (Fthenakis et al. 1999, S. 25). Väterliches Engagement war deswegen immer von bestimmten, insbesondere materiellen Bedingungen abhängig. Die Aufgabe, als Ernährer für die wirtschaftliche und soziale Absicherung der Familie zu garantieren, ist teils auch heute noch eine wirkmächtige Definition für die Rolle des Mannes in der Familie. Zugleich hat sie Konkurrenz durch das Leitbild des aktiven, involvierten, engagierten etc. Vaters bekommen, welcher den direkten Alltagskontakt zu seinem Kind von Beginn an sucht und pflegt. Zentral an dieser kulturellen Definition komplementärer Elternrollen ist, dass Mutterschaft als essenzieller Bestandteil von Weiblichkeit verstanden wird, während die kindzugewandte Vaterschaft (im Sinne von »fathering« oder »care«) für die Konstruktion von Männlichkeit keine vergleichbare Rolle spielt (Meuser 2009, S. 86). Danach wird bereits die außerhäusliche Berufstätigkeit des Mannes als Zeit *für die Familie* deklariert. Das innerfamiliäre Engagement von Vätern wird vor diesem Hintergrund zu einem ambivalenten Unterfangen, weil die gesellschaftliche Definition und Anerkennung des »neuen Mannes/Vaters« noch aussteht.

Eine kindorientierte Vaterschaft erweist sich in ihrer sozialkulturellen Legitimation somit als vergleichsweise unsicheres Konstrukt. Während die Frau/Mutter qua Geburtsvorgang eindeutig bestimmbar ist und aufgrund ihrer reproduktiven Fähigkeiten (v. a. Schwangerschaft und Geburt, später Stillen) für die Kindespflege als scheinbar natürlich-kompetent(er) begriffen wird, eröffnet sich für den Mann/Vater ein eher unbestimmtes Feld an sozial nicht eindeutig normierten Rollen, Konstruktionen und Leitbildern von Vaterschaft. Entsprechend sind die genetisch-biologische Vaterschaft (der Erzeuger des Kindes), die juristische Vaterschaft (der rechtlich anerkannte Vater) und die soziale Vaterschaft (die männliche Person mit primärer Fürsorgefunktion für ein Kind) Gegenstand vielfältiger und teils kontroverser Definitions- und Aushandlungsprozesse in Gesellschaft, Familien- und Sozialpolitik sowie im Rechtssystem.

Väter im Fokus der Wissenschaften

In den Sozialwissenschaften und der Psychologie hat es vergleichsweise lange gebraucht, bis der Vater als eigenständiges Familienmitglied beachtet wurde. Mit dem 1976 von Michael Lamb erstmalig herausgegebenen Buch »The Role of the Father in Child Development« (mittlerweile in 5. Auflage: Lamb 2010) wurde das Interesse der (psychologischen) Forschung auf die Vater-Kind-Interaktion und den (positiven)

Einfluss gelenkt, den Väter auf die Entwicklung von Kindern nehmen können, und auf die aus wissenschaftlicher Sicht nicht zu rechtfertigende Vernachlässigung des väterlichen Einflusses in der Forschung hingewiesen. Fthenakis (1985a,b) griff ca. zehn Jahre später diesen sich allmählich etablierenden Forschungstrend auf und arbeitete den internationalen Forschungsstand zu Vätern für den deutschen Sprachraum umfassend auf. Hinsichtlich der verwendeten Forschungsmethoden stützte man sich in den anfänglichen Studien zur Vater-Kind-Beziehung in den 1960er- und 1970er-Jahren zunächst auf die Berichte und Interpretationen von Müttern (die man dann als nicht hinreichend zuverlässig erkannte). Anschließend befragte man Väter selbst (allerdings nur retrospektiv und damit anfällig für Erinnerungsverzerrungen) hinsichtlich ihrer Beziehung zu den Kindern. Erst seit vergleichsweise kurzer Zeit, gemessen an der jahrzehntelangen Tradition der Mutter-Kind-Forschung, ist man dazu übergegangen, Vater-(Mutter-)Kind-Interaktionen mittels Direktbeobachtung zu erforschen (Huber 2019) sowie zusehends auch (junge) Kinder und Jugendliche zu ihrer subjektiven Sicht bzw. ihrem Erleben von Vater (und Mutter) direkt zu befragen (Huber und Walter 2016).

Aus dieser Lage heraus ist es verständlich, dass die Väterforschung nur wenig Gelegenheit und Notwendigkeit hatte, sich eigenständig zu entwickeln. Dies u.a. mit der leidlichen Folge, dass wenn mit der kindlichen Entwicklung in der Familie etwas »nicht stimmte«, in aller Regel alleinig die Mütter hierfür zu Unrecht verantwortlich gemacht wurden (mother-blaming). Rückblickend betrachtet waren es im Wesentlichen *außerwissenschaftliche, d.h. gesellschaftliche Bewegungen und Veränderungen*, die den Anstoß für die wissenschaftliche Väterforschung gegeben haben: Frauenemanzipation, steigende mütterliche Erwerbstätigkeit, strukturelle Veränderungen des Arbeitsmarktes sowie, damit verbunden, Verunsicherung und Entmachtung der traditionellen Rolle des Mannes als Ernährer der Familie, tendenzielle Entkoppelung von ökonomischer Potenz und Entscheidungsmacht innerhalb der Familie u.a.m. (Bertram und Ehlert 2011).

Väter werden als komplementäre Bezugspersonen in der Familien- und Kindheitsforschung trotzdem bislang noch zu wenig berücksichtigt, d.h., der Anteil an Untersuchungen, die Väter als Bezugspersonen systematisch einbeziehen, ist immer noch vergleichsweise gering (Ahnert 2023; Bakermans-Kranenburg et al. 2019; Cabrera 2019; Cowan und Cowan 2019). Wenn überhaupt, dann fanden Väter in der Vergangenheit primär im pathologischen Entwicklungskontext Eingang in Studien, d.h. als abwesender oder aber anwesender, dann jedoch nicht förderlicher und schlimmstenfalls sogar missbräuchlicher Elternteil (Seiffge-Krenke 2016). So bestätigen auch Fitzgerald et al. (2020) in einer internationalen Forschungsübersicht, dass über Väter mehr als Risikofaktor im Zusammenhang mit Kindesmissbrauch, Drogenkonsum, Gewalt in der Nachbarschaft, Ehekonflikten und Scheidungen als über ihren positiven Einfluss als Schutzfaktor auf die kognitive Entwicklung von Kleinkindern, ihre soziale Kompetenz, das Selbstwirksamkeitserleben, Selbstidentität, Verhaltens- und Emotionsregulierung und positive Beziehungen zu Gleichaltrigen bekannt ist.

Im Rahmen des vereinzelt vorhandenen positiven Diskurses um aktive und involvierte Vaterschaft sowie väterliches Engagement (Day und Lamb 2004) lassen empirische Studien jüngeren Datums mittlerweile keinen Zweifel mehr daran, dass Väter bedeutsame Beziehungs- und Bindungspersonen für ihr Kind bzw. ihre Kinder sind, wie im Folgenden noch gezeigt wird. Die Berücksichtigung und der allmähliche Einbezug von Vätern als Teil des Familiensystems in der Forschung (Väter-Boom) kann als reaktives Nachholbedürfnis sowie Folge eines tiefgreifenden gesellschaftlich-sozialen Wandels verstanden werden, der auch die Geschlechterverhältnisse zwischen Männern/Vätern und Frauen/Müttern erfasst hat.

Empirische Einblicke in den aktuellen Forschungsstand

Das öffentliche Bild und die Selbstwahrnehmung von Vätern hat sich wesentlich gewandelt: Galt es vor einigen Jahrzehnten als ausgesprochen ungewöhnlich, wenn ein Vater in der Öffentlichkeit den Kinderwagen schob oder sein Baby regelmäßig wickelte – das gilt in einigen Milieus und Kulturen auch heute noch –, so zeichnen aktuelle Untersuchungen der letzten ein bis zwei Dekaden das Bild einer »sanfte[n] Revolution in der Familie« (Fthenakis et al. 1999, S. 3). Ein wachsender Anteil der Väter in Deutschland berichtet (zumindest auf der Einstellungsebene), ihrer erzieherischen Aufgabe und der unmittelbaren Nähe und Fürsorge für das Kind eine ausgesprochen hohe Bedeutung beizumessen (BMFSFJ 2021). Doch ob, was und wie viel sich im konkreten Verhalten von Vätern tatsächlich verändert hat, darüber geben Studien in unterschiedlicher Weise Auskunft. Der Soziologe Ulrich Beck attestierte bereits in den 1980er-Jahren Männern mit seiner Äußerung der »verbalen Aufgeschlossenheit bei weitgehender Verhaltensstarre« (Beck 1986, S. 169) eine Diskrepanz zwischen familienzentrierter Einstellung und tatsächlichem Fürsorgeverhalten. Aktuellere Analysen zeigen, dass gegenüber der heute bisweilen euphorisierend ins Spiel gebrachten neuen Väterlichkeit im Alltag durchaus noch eine gewisse Skepsis angebracht ist[6],

---

6 So wurde der Anteil der (überdurchschnittlich) »aktiven Väter« im Rahmen einer repräsentativen Befragung des Deutschen Jugendinstituts auf gerade einmal 16,4 Prozent beziffert (Li et al. 2015, S. 38).

wobei sich vor allem das Ausmaß der Erwerbsarbeitseinbindung auf Paarebene als strukturell entscheidend für das elterliche und speziell väterliche Engagement herausstellt. Sozial-empirische Untersuchungen sprechen bisweilen auch vom »modernen Ernährer«, um der neuen Doppelorientierung von Männern Ausdruck zu verleihen (Zerle und Krok 2008).[7] Im direkten Generationen- und Geschlechtervergleich zeigt sich, dass nicht nur das (selbst berichtete) relative Engagement von Vätern, sondern ebenso das der Mütter in den letzten fünf Dekaden in vielen westlichen Ländern angestiegen ist (Sani und Treas 2016). Insofern ist das Phänomen der heutigen kindzugewandten Väter aus historischer, intergenerationaler Sicht durchaus als neu zu bezeichnen. Aus geschlechtertheoretischer Perspektive vollzieht sich dieses Mehr an praktischer Ausübung von Care-Aufgaben allerdings zumeist noch innerhalb der Grenzen (semi-)traditioneller Rollenarrangements (Meuser 2009).

In der internationalen interdisziplinären Väterforschung ist man sich einig, dass die sogenannte Väterforschung ein breites Spektrum an theoretischen, methodologischen Zugängen und operationalisierten Instrumenten aufweist (Fitzgerald et al. 2020; Cabrera und Volling 2019). Der Frage, unter welchen Bedingungen sich Väter wie stark für ihre Kinder engagieren und welche Folgen dies für die weitere Entwicklung von Kindern bzw. Töchtern und Söhnen haben kann, wurde im deutschsprachigen und insbesondere angloamerikanischen Raum in den letzten zwei Dekaden in unterschiedlich konzipierten Untersuchungen nachgegangen (Fitzgerald et al. 2020; Walter und Eickhorst 2012; Lamb 2010; Mühling und Rost 2007; Day und Lamb 2004; Matzner 2004, 2020; Walter 2002). Theoretische Modellierungen des komplexen Bedingungsgefüges väterlicher Fürsorge konnten im Rahmen eines ökosystemischen Ansatzes (Bronfenbrenner 1981) zeigen, dass dieses im Vergleich zur mütterlichen Fürsorge häufiger und stärker durch strukturelle und prozessuale Bedingungsfaktoren beeinflusst wird und damit auch einer deutlich höheren Variabilität unterliegt (Fitzgerald et al. 2020; Huber 2019; Doherty et al. 1998).

Das *Vaterschaftskonzept des Mannes*, d.h. seine Vorstellungen davon, welche Tätigkeiten und Aufgaben in den Verantwortungsbereich eines Vaters fallen sollten (z.B. Drinck 2005; Matzner 2004), hat Einfluss auf die konkrete Ausgestaltung der väterlichen Funktion. Bereits werdende Väter stellen sich mehr oder weniger bewusst die Frage, wie man(n) sein zukünftiges Vatersein ausgestalten möchte bzw. kann. In der

---

7 Bei den meisten (Einstellungs-)Untersuchungen handelt es sich jedoch um sogenannte Querschnittstudien, d.h. einmalige Erhebungen ohne erneute Befragung derselben Stichprobe zu einem späteren Zeitpunkt. Solche Querschnittstudien erlauben keinerlei Aussage über den langfristigen Verbleib in einer bestimmten »Vätertypologie« sowie keine Aufklärung über die Gründe eines möglichen Wechsels abhängig von strukturellen und/oder individuellen Faktoren (vgl. aber Werneck et al. 2012).

(psychologischen) Forschung konkurrieren zwei unterschiedliche Erklärungsansätze für das künftige väterliche Erleben und Verhalten: die *Modell- oder Identifikationshypothese* besagt, dass der eigene Vater als Vorbild und sozial-kognitives Modell fungiert, von dem man in Kindheit und Jugend einiges übernimmt und verinnerlicht (z. B. Werte, Einstellungen, Verhaltenspraxen), vorausgesetzt. der eigene Vater war persönlich bedeutsam. Die Beziehungserfahrung zum gleichgeschlechtlichen Elternteil dient somit als Matrix für das eigene Erleben und Verhalten als (künftiger) Vater. Die *Kompensationshypothese* beschreibt den gegenläufigen Prozess, innerhalb dessen die ursprüngliche Identifikation mit dem Vater in einer Art Gegenidentifikation konterkariert wird: Man(n) möchte es eben genau anders und/oder »besser« als der eigene Vater machen, um vielleicht als Kind selbst erlebte Defizite und Entbehrungen dem eigenen Kind nicht weiterzugeben (als Ausgleich bzw. Kompensation). Für die Gültigkeit beider Erklärungsansätze gibt es zahlreiche empirische Belege (Dornes 2006).

Aus systemischer Perspektive kommt der *Partnerschaftsqualität aus Sicht des Vaters* entscheidende Bedeutung zu. Sie gilt in der empirischen Väterforschung sogar als eine der bedeutsamsten Variablen zur Vorhersage väterlichen Engagements und hat sowohl Einfluss auf die Bereitschaft des Mannes, sich für innerfamiliale Belange zu engagieren, als auch auf die Bereitschaft der Frau, ihren Partner in die Verantwortung für das Kind einzubinden. Ist die Partnerschaft von gegenseitigem Vertrauen, Wertschätzung und Kooperation geprägt, beteiligen sich Väter häufiger an Haushalts- und Erziehungsaufgaben und sorgen auch für eine gute Qualität der Vater-Kind-Beziehung/Bindung (Peitz 2006; Herlth 2002; Frosch et al. 2000; Owen und Cox 1997).

In diesem systemischen Kontext hat das *Konzept Co-Parenting* als die Qualität der *dyadischen* Koordination von Partnern bezüglich ihrer Elternfunktionen Eingang in die Forschungsliteratur gefunden.[8] So konnte die langfristige Bedeutsamkeit familiärer Interaktionsmuster für die Kindesentwicklung belegt werden (McHale und Rasmussen 1998; McHale und Cowan 1996). Auch in aktuellen Studien findet das Konzept Anwendung auf Väter und bestätigt den positiven Einfluss des Co-Parentings sowie den negativen Einfluss von gegenläufig ausgerichteten *Gatekeeping-Prozessen* (Allen und Hawkins 1999; Bambey und Gumbinger 2012) seitens der Mutter auf die väterliche Fürsorgebeteiligung (z. B. Lee und Schoppe-Sullivan 2022; Lee et al. 2020; Olsavsky et al. 2020; McHale et al. 2018).

---

8   Der Begriff *Co-Parenting* findet gegenwärtig noch in einem anderen Sinnzusammenhang Verwendung als zwei nicht partnerschaftlich-liebend und zudem örtlich getrennt lebende Elternteile, die dennoch gemeinsam fürsorgliche Verantwortung für die Erziehung eines Kindes übernehmen.

Die Arbeitsgruppe um Fivaz-Depeursinge und Corboz-Warnery (2001) konnte frühzeitig in ihren familiensystemischen Untersuchungen mit dem Lausanner-Spiel-zu-Dritt (LTP) das *triadische* Interaktionsverhalten von Eltern mit ihren dreimonatigen Säuglingen beobachten. So hatte der anwesende Vater, auch wenn er nicht in die Interaktion direkt eingebunden ist, einen Einfluss auf die Beziehungsgestaltung zwischen Mutter und Kind. Neben der Entdeckung von vier Typen von Familienallianzen konnte gezeigt werden, dass diese zu Stabilität tendieren (Favez et al. 2019; Favez et al. 2011; Fivaz-Depeursinge und Favez 2006).

Kindliche Differenzkategorien werden in der Forschungsliteratur gleichfalls als zentrale Bedingungsfaktoren elterlicher und speziell väterlicher Fürsorge diskutiert. In diesem Kontext wird vor allem die Frage, ob das *Geschlecht des Kindes* einen Einfluss auf den Umfang des väterlichen Engagements hat, kontrovers diskutiert. Unter Bezug auf internationale Meta-Analysen berichtet etwa Seiffge-Krenke von »distinktiven Charakteristiken von Vätern« (2009, S. 196; vgl. auch 2016, S. 73 ff.), die sich im Vergleich zur Mutter in signifikanten Verhaltensunterschieden in Abhängigkeit vom Geschlecht des Kindes zeigen. Auch bestimmte *Verhaltenstendenzen*, wie z. B. eine erhöhte Irritabilität, lange Anpassungszeit an neue Situationen, häufiger intensive negative Reaktionen (häufig als schwieriges Temperament bezeichnet), nehmen Einfluss darauf, ob und wie sehr sich Eltern/Väter in der alltäglichen Fürsorge und Erziehung engagieren oder zurückziehen und ob und wie es ihnen ge- oder misslingt, sich in ihrem Handeln feinfühlig an den kindlichen Bedürfnissen auszurichten (z. B. Slagt et al. 2016). Aus entwicklungspsychopathologischen Verlaufsstudien ist zudem bekannt, dass das statistische Risiko für dysfunktionale Be- und Erziehungsprozesse (z. B. Vernachlässigung oder Misshandlung) umso höher ausfällt, je mehr (subjektive) Belastungen bzw. (objektive) Risikofaktoren Eltern zu tragen haben (Brown et al. 1998).

Aus *bindungstheoretischer Perspektive* ist festzuhalten, dass die Bindungsqualität des Kindes nicht vom Geschlecht der Bindungsperson, sondern in erster Linie von ihrer Feinfühligkeit abhängig ist (Bowlby 1969; Ainsworth et al. 1978). Internationale entwicklungspsychologische Studien konnten herausarbeiten, dass Väter für ihre Kinder von Geburt an bedeutsame Beziehungs- und Bindungspersonen sind. Insbesondere die empirischen Befunde der beobachtenden Eltern-Kind-Interaktionsforschung konnten eindrucksvoll belegen, dass Mütter und Väter grundsätzlich über vergleichbare intuitive Kompetenzen verfügen (die zugleich von jedem Elternteil mit dem einzelnen Kind alltäglich erworben/erweitert werden müssen) (Brown und Aytuglu 2020; Lamb 2012; Papoušek 1987). Dieser evolutionär begründeten elterlichen Fähigkeit entspricht auf der Seite des Kindes die empirisch belegte Kompetenz, zu mehr als einer Bezugsperson eine Bindungsbeziehung aufbauen zu können. Säuglinge können sich bereits mit wenigen Monaten nicht nur in Zweier-Beziehungen (Dyaden), sondern ebenso in Drei-Personen-Konstellationen (Triaden) orientieren und in diesen kompetent interagieren, z. B. durch trianguläre Blickkontakte (Fivaz-Depeursinge und Favez 2006; Fivaz-Depeursinge und Corboz-Warnery 2001; Klitzing et al. 1999).

So bilden kulturübergreifend knapp zwei Drittel aller Kinder eine sichere Bindungsbeziehung aus – und dies, ohne Unterschiede in den durchschnittlichen Werten zwischen Vätern und Müttern erkennen zu lassen (Brown und Aytuglu 2020; Zimmermann 2017; Lamb und Lewis 2010).[9] Eine sichere Bindung zu mehr als nur einem Elternteil kann dementsprechend eine protektive Wirkung entfalten (Dagan und Sagi-Schwartz 2018). Zugleich zeigte sich in metaanalytischen Studien, dass es deutlich weniger gelang, die interaktiven Wurzeln der Vater-Kind-Bindungsmuster als jene der Mutter-Kind-Bindung aufzuklären (Kindler und Grossmann 2004). So zeigte sich in Untersuchungen ein moderater Zusammenhang zwischen Feinfühligkeit und kindlicher Bindungssicherheit, der bei Müttern stärker ausgeprägt war als bei Vätern, ebenso wie die Korrelation zwischen elterlicher Bindungsrepräsentation und kindlicher Bindungssicherheit für Mütter im Durchschnitt deutlich höher ausfällt (van IJzendoorn und de Wolff 1997). Eine spätere Meta-Analyse bestätigte diesen Befund und konstatierte, dass trotz der gesellschaftlich gewandelten Rolle des Vaters (noch) kein höherer korrelativer Zusammenhang zwischen der väterlichen Feinfühligkeit und der Bindungssicherheit des Kindes ermittelt werden kann (Lucassen et al. 2011). Entsprechend fragen z. B. van Bakel und Ruby (2020) nach alternativen Konzepten väterlichen Erziehungshandeln zur Förderung der kindlichen Bindungssicherheit.

Neben der Bindungssicherheit, die durch den feinfühligen Umgang des Elternteils mit dem Kind bei Belastungssignalen in Angstsituationen gefördert wird, ist die Explorationssicherheit eine weitere zentrale Dimension psychischer Stabilität (Grossmann und Grossmann 2021; Kindler et al. 2002). Empirisch zeigte sich, dass es langfristig insbesondere die feinfühlige Unterstützung der kindlichen Explorationslust, z. B. während des gemeinsamen Spiels, ist, durch welche der Vater auf zentrale Aspekte der sozio-emotionalen Entwicklung und speziell Bindungsentwicklung des Kindes Einfluss nimmt, allerdings nur, wenn der Vater selbst im Laufe seiner eigenen Biografie ein sicheres Modell von Bindung entwickeln konnte (Kindler 2002).

---

9   In einer aktuellen Meta-Analyse von über 20.000 (!) mit dem *Fremde-Situations-Test* (Ainsworth et al. 1978) in Beobachtungsstudien untersuchten Eltern-Kind-Dyaden aus über 20 Ländern waren nur *unter fünf Prozent* (!) Vater-Kind-Dyaden (Madigan et al. 2023).

Paquette und Bigras (2010) untersuchten im Rahmen einer standardisierten Versuchsanordnung die aktivierende, bei der kindlichen explorativen Risikobewältigung behilfliche Qualität der Eltern-Kind-Beziehung im Alter zwischen 12 und 18 Monaten. Eine Studie an 53 Vater-Kind-Dyaden ergab, dass die *aktivierende* Vater-Kind-Beziehung, nicht aber die im Fremde-Situations-Text erhobene Vater-Kind-Bindung zur Vorhersage der emotional-sozialen Entwicklung im Alter zwischen 30 und 36 Monaten relevant war (Dumont und Paquette 2013; Paquette 2004). Teufl und Ahnert (2022) konnten einen signifikanten Zusammenhang zwischen elterlicher Spielqualität und kindlicher Bindungsqualität nachweisen, der sich nur bei Vätern, nicht aber bei Müttern finden ließ.

Aus der *Perspektive des Mentalisierungskonzepts* wird das beobachtbare feinfühlige Verhalten als Resultat eines intrapsychischen (Selbst-)Reflexionsvorgangs bzw. »Mind-mindedness-Prozesses« (Meins 1997) verstanden, in dem die Elternperson das Erleben des Kleinstkindes durch Nutzung der kommunikativen Funktion kindlicher Affekte empathisch nachzuvollziehen und entsprechend feinfühlig zu handeln versucht. Psychoanalytische Ansätze betonen im Rahmen des Mentalisierungskonzepts (Fonagy et al. 2022; Allen et al. 2016) die Bedeutung, die negativen Affekte des Kindes nicht nur zu verstehen, sondern zu verarbeiten und in dann modifizierter, in einer für das Kind erträglichen Form zurückzugeben. Eine Leistung, die wiederum von der Mentalisierungskapazität der Bezugsperson abhängt. Interaktive Feinfühligkeit ist demnach das Ergebnis psychischen Einfühlungs- und Vorstellungsvermögens (Dornes 2006). Erste aktuelle Studien können die protektive und entwicklungsförderliche Mentalisierungsfunktion von Vätern für ihre Kinder aufzeigen (Nikolić et al. 2022; Ruiz et al. 2020; Buttitta et al. 2019).

Auch aus *psychodynamischer Perspektive* nimmt der Vater eine wichtige Funktion im Leben eines Kindes ein, das zu Mutter und Vater von Anbeginn gleichzeitig Beziehungen aufbauen und diese mitregulieren kann (Grieser 2021; Israel 2019; Dammasch und Metzger 2006). Die in vielen Entwicklungstheorien anzutreffende Asymmetrie, der zufolge zuerst immer die Mutter und – zeitlich versetzt – danach der Vater für das Kind bedeutsam wird, wird dem Triangulationsansatz zufolge als Artefakt verstanden (Scheer und Wilken 2002). Als *Triangulierung* wird dabei jene Entwicklungsaufgabe verstanden, bei der aus dem äußeren Beziehungsdreieck ein inneres Beziehungsdreieck, eine intrapsychische trianguläre Struktur wird (Schon 1995). Diesem Ansatz zufolge geht es einerseits um interpersonelle Beziehungen bzw. Beziehungsmuster zwischen Vater, Mutter und Kind (Triade oder triadische Beziehungsmuster), andererseits um die Entstehung intrapsychischer Repräsentanzen dieser Beziehungen, die eigentliche Triangulierung (von Klitzing et al. 1999). Die Triangulierung wird als ein komplexer und äußerst störungsanfälliger Entwicklungsprozess angesehen, für dessen umfassendes Verständnis nicht nur die Entwicklung des Kindes, sondern vor allem die psychische Struktur aller am Beziehungsdreieck Beteiligten (und damit insbesondere die der beiden Eltern) zu berücksichtigen ist (Schon 1995). Dies impliziert, dass es unterschiedliche zeitliche Ebenen der Triade zu unterscheiden gilt: zum einen die *Triade der Gegenwart* (Vater-Mutter-Kind), zum anderen die *Triade der Vergangenheit* (in Form der intrapsychischen Triangulierung der Eltern durch ihre eigenen Eltern bzw. die Großeltern des Kindes). Im Rahmen einer prospektiven, multimethodalen Längsschnittstudie konnten von Klitzing und Bürgin ein psychodynamisches Verständnis des Übergangs von der dyadischen Paarebene zur triadischen Elternschaft (Vater-Mutter-Kind) entwerfen (Klitzing et al. 1999). Dabei zeigte sich, dass die bereits vorgeburtlich erfasste elterliche Triangulationsfähigkeit für die langfristige Entwicklung des Kindes als folgenreich zu bewerten ist: Je besser diese entwickelt war, umso günstiger verlief die (prosoziale) Langzeitentwicklung des Kindes insgesamt (Klitzing und Stadelmann 2011; Klitzing 2002; Lenkitsch-Gnädiger 2005).

Abschließende Praxisreflexionen

Gesellschaftlich-strukturelle Perspektive

Der öffentlich-mediale Vaterschaftsdiskurs verläuft entlang dichotomer Verhaltenskategorien (Ernährer-Vater *versus* Erzieher-Vater), häufig unter Ausblendung des indirekten bzw. nicht sichtbaren väterlichen Engagements (z. B. Sorgen um ein Kind, alltägliche Planungsaktivitäten) sowie durch Fokussierung auf »männliche« Spiel- und Sportaktivitäten. Eine Neudefinition männlicher Geschlechtsidentität, welche gleichfalls fürsorglich-pflegende, kindzugewandte Einstellungen und Verhaltensweisen des Mannes/Vaters umfasst, wird vordergründig zwar häufig eingefordert, öffentlich-strukturell aber selten anerkannt. Beispielhaft sei die in manchen Branchen (z. B. Politik, Wirtschaft, Hochschule) nach wie vor rigide Anwesenheitskultur angeführt, die dem Mann (noch) weniger Freiraum zur Ausübung seiner Erziehungsaufgaben zugesteht, weswegen in diesem Kontext von einem verborgenen Vereinbarkeitsdilemma gesprochen wird. Mögliche Identitätskonflikte bezüglich der männlichen Ausübung traditionell »weiblicher« Fürsorgeaufgaben haben somit kaum Gelegenheit, Gegenstand bewusster Reflexionen und öffentlicher Diskussionen zu werden, wodurch die engagierte, neue, aktive, involvierte etc. Vaterschaft für Männer zu einem ambivalenten und individualisierten Unterfangen werden kann.

Die bei Männern nach wie vor anzutreffende Diskrepanz zwischen der hohen kindzentrierten Einstellung und dem geringen tatsächlichen Fürsorgeverhalten muss somit (auch) als Ausdruck widersprüchlicher Botschaften in Gesellschaft und Arbeitswelt sowie fehlender Anschlussmomente zwischen Männlichkeits- und Vaterschaftsdiskurs (Böhnisch 2013; Meuser 2009; Bereswill et al. 2006) verstanden werden. Auf intrafamilialer Ebene können entsprechende Uneindeutigkeiten zum Ausdruck kommen, wenn der Vater z. B. einerseits zum väterlichen Engagement aufgefordert, ihm andererseits der Zugang zum »weiblichen Terrain« der Kinderbetreuung von der Mutter doch wieder verwehrt oder sein Fürsorge-Engagement subtil unter Kontrolle des mütterlichen Idealmaßstabs gesetzt wird (Allen und Hawkins 1999).

Perspektive der psychosozialen Praxis
Aus der Perspektive der psychosozialen Begleitung und Beratung besteht eine besondere Herausforderung darin, dass frühe Hilfen potenziell für alle Familien gedacht sind und damit ein sehr weites Spektrum von universellen, selektiven und indizierten Präventionsmaßnahmen umfassen. Wenngleich der Anspruch, für jede belastende Lebenssituation ein konkretes Hilfs- oder Beratungsangebot zu finden, sicherlich zu hoch angesetzt ist, werden bestimmte Zielgruppen bisher kaum oder gar nicht berücksichtigt (Huber 2023): z. B. Väter von Kindern mit einer chronischen Krankheit oder Behinderung, Väter mit Partnerinnen mit einer psychischen Erkrankung, Väter in gleichgeschlechtlichen Partnerschaften sowie – sowohl wörtlich als auch im übertragenen Sinn entfernt liegend – (Klein-)Kinder, deren Väter sich im Gefängnis befinden. Im deutschsprachigen Raum sind in den letzten Jahren einzelne Publikationen erschienen, die unterschiedliche Stadien oder Lebenslagen fokussieren und damit der Diversität väterlicher Lebenslagen näher kommen: junge Väter (Garstick 2013), Väter im Jugendhilfekontext (Nowacki et al. 2021; Eickhorst und Nowacki 2019), Väter im Kinderschutz (Metzner und Pawils 2021), Väter in Beratung und Psychotherapie (Eickhorst und Röhrbein 2016; Seiffge-Krenke 2016; Walter und Hierdeis 2012), gewalttätige Väter (Liel et al. 2021; Liel 2018), Väter im Kontext der frühen Hilfen (Deutsches Jugendinstitut 2023; Ahnert 2022) sowie Väter in der interdisziplinären Frühförderung (Behringer et al. 2019, 2018; Sarimski 2020).

»Vater-Kind-Programme«
Um Männern den Einstieg in die Vaterschaft sowie die verantwortliche Ausübung der Vaterrolle im Lebensverlauf zu erleichtern, haben sich im deutschsprachigen und internationalen Kontext zahlreiche Väterinitiativen und Pilotprojekte gebildet, die an normativen und nicht-normativen Übergängen einer Väterbiografie ansetzen (vgl. van der Gaag et al. 2019; Huber 2010) sowie systematisch Evidenzen zu den

Gelingens- und Hinderungsfaktoren für den Einbezug von Vätern dokumentieren (Panter-Brick et al. 2014). Obwohl diese väterbezogene Entwicklung in den letzten zwei bis drei Dekaden im öffentlichen Raum sichtbarer geworden ist (z. B. Väterzentren, lokal-kommunale Programminitiativen, väterfreundliche Betriebe und Unternehmen etc.; vgl. Huber und Schäfer 2012, S. 134 ff.), sind entsprechende Programmmaßnahmen im deutschsprachigen Raum vielfach noch vom Engagement einzelner Protagonist:innen sowie vom finanziell-strukturellen Förderwillen abhängig. Eine systematische Integration und Berücksichtigung von Vätern als bedeutsame Bezugsperson von Kindern und potenzielle Ressource für die Familie ist im Kontext der Familienbildung, Kinder- und Jugendhilfe sowie Gesundheitsversorgung bislang nicht konsequent verwirklicht (Huber 2023).

Psychodynamisch-geschlechterreflexive Perspektive
Für den von Männern zu bewältigenden Übergang zur Vaterschaft bedarf es zudem eines tieferliegenden Grundverständnisses für die Entwicklung männlicher Geschlechtsidentität. So postuliert die psychodynamische Entwicklungstheorie die (frühe) Triangulierung als bedeutsamen Entwicklungsschritt (Grieser 2021; Mertens 1997). Durch die temporäre identifikatorische Abgrenzung des Jungen von der Mutter bei gleichzeitiger Hinwendung zum Vater als gleichgeschlechtlichem Identifikationsobjekt erlebt ein Junge idealerweise Differenz- und Kontrasterfahrungen, welche für die Konsolidierung seines Geschlechtserlebens und die Ablösung von der Mutter förderlich sind.

Während der Schwangerschaft und frühen Elternschaft erleben Männer im nahen Kontakt zur Partnerin und zum (werdenden) Kind eine (unbewusste) Reaktivierung dieses frühkindlichen Ablösungsprozesses von der eigenen Mutter. Bei frisch gebackenen (Erst-)Vätern kann sich dies nach der Geburt des Kindes subjektiv in einem Nähe-Distanz-Konflikt ausdrücken, indem sie eine Art innerer Zerrissenheit zwischen dem Wunsch nach Nähe und symbiotischer Einheit mit der Mutter/Partnerin einerseits und der Furcht vor Verlust der persönlichen/männlichen Grenzen in eben diesem Annäherungsprozess andererseits erleben. Je nach erlebter Sicherheit und Integrität der eigenen männlichen Identität besteht im Übergang zur Vaterschaft bei Männern die Tendenz, persönliche Grenzen durch übermäßige Rationalität, Leistungs- und Vernunftorientierung oder Kontrolle wiederherzustellen und tieferliegende symbiotisch-regressive Wünsche durch Externalisierung (Verlagerung nach außen) abzuwehren (Neumann und Süfke 2004). Eine für die Partnerin und das Kind emotional spürbare Präsenz des Vaters setzt voraus, triadische Beziehungen kompetent zu gestalten, ohne sich als »Dritter im Bunde« ausschließen zu lassen oder selbst auszugrenzen. Die für diese triadische Fähigkeit erforderliche intrapsychische Triangulierung kann bereits vorgeburtlich auf der mentalen Vorstellungsebene erfasst werden (Seifert-Karb 2015; Schwinn und Frey 2012) und ihr kommt für die langfristige Kindesentwicklung eine hohe prognostische Relevanz zu (vgl. Klitzing und Stadelmann 2011; Klitzing 2002).

Auch wenn die Kopplung von Triangulierung und biologischem Geschlecht zu einseitig ist bzw. entsprechende Differenz- und Kontrasterfahrungen vermutlich ebenso mit gleichgeschlechtlichen Elternpaaren erfahren werden können (vgl. das Konzept der strukturalen Triade in Lang 2011 sowie aktuelle Diskurse um [trianguläre] Dynamiken in postmodernen Familienkonstellationen in Golombok 2020, McConnachie et al. 2020, King 2018 und Maiwald et al. 2020), ist das Wissen um unterschiedliche Formierungen typisch männlicher Psychodynamik als Heuristik für die praktische Arbeit mit (werdenden) Vätern von großer Bedeutung. So können Interventionen, welche den hinter der männlichen Fassade verborgenen Mann/Vater durch übermäßige Thematisierung emotionaler Inhalte direkt zu adressieren suchen, seine Abwehrhaltung unter Umständen verstärken; zugleich kann auch ein rational-männlicher bzw. emotional-oberflächlicher Zugang seinen eventuell verborgenen Wunsch nach zwischenmenschlichem Kontakt und Nähe übergehen (Kölling 1993).

Literatur

Ahnert, L. (2023). *Auf die Väter kommt es an*. München: Ullstein.
Ahnert, L. (2022). Väter in den Frühen Hilfen. Anregungen aus der europäischen und internationalen Väterforschung. *Praxis Kinderpsychologie und Kinderpsychiatrie, 71*, S. 500–516.
Ainsworth, M. D. S., Blehar, M. C., Waters, E., & Wall, S. (1978). *Patterns of attachment: Observations in the strange situation and at home*. New York: Lawrence Erlbaum Associates.
Allen, J. G., Fonagy, P. & Bateman, A. W. (2016). *Mentalisieren in der psychotherapeutischen Praxis*. 2. Aufl. Stuttgart: Klett-Cotta.
Allen, S. M. & Hawkins, A. J. (1999). Maternal gatekeeping: Mothers' beliefs and behaviors that inhibit greater father involvement in family work. *Journal of Marriage and Family, 61*, S. 199–212.
Bakel, H. J. van & Hall, R. A. (2020). The father-infant relationship beyond caregiving sensitivity. *Attachment & Human Development, 22*(1), 27–31. DOI: 10.1080/14616734.2019.1589058
Bakermans-Kranenburg, M. J., Lotz, A., Alyousefi-van Dijk, K., & IJzendoorn, M. (2019). Birth of a father: Fathering in the first 1,000 days. *Child Development Perspectives, 13*(4), S. 247–253. https://doi.org/10.1111/cdep.12347
Bambey, A., Gumbinger, H.-W. (2012). Der randständige Vater. Sozialwissenschaftliche Erkundung einer prekären Familienkonstellation In: F. Dammasch & H.-G. Metzger (Hrsg.), *Die Bedeutung des Vaters. Psychoanalytische Perspektiven* (S. 218–254). 2. Aufl. Frankfurt a. M.: Brandes & Apsel.

Beck, U. (1986): Risikogesellschaft. Auf dem Weg in eine andere Moderne. Frankfurt a. M.: Suhrkamp.
Behringer, L., Gmür, W., Hackenschmied, G. & Wilms, D. (2019). *Väter an Bord. Arbeit mit Vätern von Kindern mit Behinderung*. Osnabrück: DeGruyter.
Behringer, L., Gmür, W., Hackenschmied, G. & Wilms, D. (2018). Väter im Fokus – auch in der Frühförderung?! In: Gebhard, B., Möller-Dreischer, S., Seidel, A. & Sohns, A. (Hrsg.), *Frühförderung wirkt – von Anfang an* (S. 62–70). Stuttgart: Kohlhammer.
Bereswill, M., Scheiwe, K. & Wolde, A. (2006). Vaterschaft im Wandel: Multidisziplinäre Analysen und Perspektiven aus geschlechtertheoretischer Sicht. Weinheim: Juventa.
Bertram, H., Ehlert, N. (Hrsg.) (2011). Familie, Bindungen und Fürsorge. Familiärer Wandel in einer vielfältigen Moderne. Leverkusen: Budrich.
BMFSFJ. (2021). *Väterreport. Update 2021*. Bundesministerium für Familie, Senioren, Frauen und Jugend. https://www.bmfsfj.de/bmfsfj/service/publikationen/vaeterreport-update-2021-186180
Böhnisch, L. (2013). *Männliche Sozialisation. Eine Einführung*. 2. Aufl. Weinheim: Beltz-Juventa.
Bowlby, J. (1969). *Attachment*. London: Penguin.
Bronfenbrenner, U. (1981). Die Ökologie der menschlichen Entwicklung. Stuttgart: Klett-Cotta.
Brown, G. L., Aytuglu, H. A. (2020). Father-Child Attachment Relationships. In: Fitzgerald, H. E., von Klitzing, K., Cabrera, N. J., Scarano de Mendonça, J., Skjøthaug, T. (Hrsg.), *Handbook of fathers and child development. prenatal to preschool* (S. 273–290). Heidelberg, New York: Springer.
Brown, J., Cohen, P., Johnson, J. G. & Salzinger, S. (1998). A longitudinal analysis of risk factors for child maltreatment: Findings of a 17-year prospective study of officially recorded and self-reported child abuse and neglect. *Child abuse & neglect*, 22(11), S. 1065–1078.
Brumlik, M. (2013). Über das Fehlen der realen Vaterlosigkeit in Mitscherlichs »Vaterlosigkeit«. In: Stambolis, B. (Hrsg.), Vaterlosigkeit in vaterarmen Zeiten. Beiträge zu einem historischen und gesellschaftlichen Schlüsselthema (S. 19–32). Weinheim: Beltz-Juventa.
Buttitta, K. V., Smiley, P. A., Kerr, M. L., Rasmussen, H. F., Querdasi, F. R. & Borelli, J. L. (2019). In a father's mind: paternal reflective functioning, sensitive parenting, and protection against socioeconomic risk. *Attachment & Human Development*, 21(5), S. 445–466. DOI: 10.1080/14616734.2019.1582596
Cabrera, N. J. (2019). Father involvement, father-child relationship, and attachment in the early years. *Attachment & Human Development*, 22(1), 134–138. DOI: 10.1080/14616734.2019.1589070
Cabrera, N. & Volling, B. L. (2019). Moving research on fathering and children's development forward: Priorities and recommendations for the future. *Monographs of the Society for Research in Child Development*, 84(1), S. 107–117.
Cowan, P. A., & Cowan, C. P. (2019). Introduction: Bringing dads back into the family. *Attachment & Human Development*, 21(5), 419–425. DOI: 10.1080/14616734.2019.1582594
Dagan, O. & Sagi-Schwartz, A. (2018). Early attachment network with mother and father: An unsettled issue. *Child Development Perspectives*, 12, S. 115–121.
Dammasch, F. & Metzger, H.-G. (Hrsg.) (2006). *Die Bedeutung des Vaters – psychoanalytische Perspektiven*. Frankfurt a. M.: Brandes & Apsel.
Day, R. D. & Lamb, M. E. (eds.) (2004). *Conceptualizing and Measuring Father Involvement*. New York: Erlbaum.

Deutsches Jugendinstitut (Hrsg.) (2023). Väter in den Frühen Hilfen. Impulse für ein systemisches Elternverständnis. Weinheim: Beltz-Juventa.
Doherty, W. J., Kouneski, E. F. & Erickson, M. F. (1998). Responsible Fathering: An Overview and Conceptual Framework. *Journal of Marriage and the Family, 60,* S. 277–292.
Dornes, M. (2006). Die Seele des Kindes. Entstehung und Entwicklung. Frankfurt a. M.: Fischer.
Drinck, B. (2005). Vatertheorien. Geschichte und Perspektive. Leverkusen: Budrich.
Dumont, C. & Paquette, D. (2013). What about the child's tie to the father? A new insight into fathering, father-child attachment, children's socio-emotional development and the activation relationship theory. *Early Child Development and Care, 183*(3–4), S. 430–446.
Eickhorst, A. & Röhrbein, A. (Hrsg.) (2016). »Wir freuen uns, dass Sie da sind!«: Beratung und Therapie mit Vätern. Heidelberg: Carl-Auer Verlag.
Eickhorst, A. & Nowacki, K. (2019). Väterbilder – Die Rolle und Bedeutung der Väter in Familie und Jugendhilfe. In Bundesarbeitsgemeinschaft der Kinderschutz-Zentren e. V. (Ed.), *Kindheit – vermessen und vergessen* (S. 269–278). Köln: Bundesarbeitsgemeinschaft der Kinderschutz-Zentren e. V.
Favez, N., Scaiola, C. L., Tissot, H., Darwiche, J., & Frascarolo, F. (2011). The Family Alliance Assessment Scales: Steps toward validity and reliability of an observational assessment tool for early family interactions. *Journal of child and family studies, 20,* S. 23–37.
Favez, N., Tissot, H., & Frascarolo, F. (2019). Is it typical? The ecological validity of the observation of mother-father-infant interactions in the Lausanne Trilogue Play, *European Journal of Developmental Psychology,* 16(1), 113–121, DOI: 10.1080/17405629.2017.1326907
Federn, P. (1919). Zur Psychologie der Revolution: Die vaterlose Gesellschaft. Erweiterter Abdruck aus »Der Österreichische Volkswirt« (S. 1–29). Wien: Anzengruber-Verlag Brüder Suschitzky.
Fitzgerald, H. E., von Klitzing, K., Cabrera, N. J., Scarano de Mendonça, J. & Skjøthaug, T. (eds.) (2020). Fathers and Very Young Children: A Developmental Systems Perspective. In: *Handbook of fathers and child development. prenatal to preschool* (pp. 5–28). Heidelberg, New York: Springer.
Fivaz-Depeursinge, E. & Corboz-Warnery, A. (2001). *Das primäre Dreieck.* Carl-Auer-Systeme.
Fivaz-Depeursinge, E. & Favez, N. (2006). Exploring Triangulation in Infancy: Two Contrasted Cases. *Family Process, 45*(1), S. 3–18.
Fthenakis, W. E. (1985a): Väter. Band 1: Zur Psychologie der Vater-Kind-Beziehung. München: Urban & Schwarzenberg.
Fthenakis, W. E. (1985b): Väter. Band 2: Zur Vater-Kind-Beziehung in verschiedenen Familienstrukturen. München: Urban & Schwarzenberg.
Fthenakis, W. E. et al. (1999). Engagierte Vaterschaft. Die sanfte Revolution in der Familie. Opladen: Leske & Budrich.
Fonagy, P., Gergely, G., Jurist, E. L. & Target, M. (2022). *Affektregulierung, Mentalisierung und die Entwicklung des Selbst* (8. Aufl.). Stuttgart: Klett-Cotta.
Frosch, C. A., Mangelsdorf, S. C., & McHale, J. L. (2000). Marital behavior and the security of preschooler–parent attachment relationships. *Journal of Family Psychology, 14,* S. 144–161.
Garstick, E. (2013). Junge Väter in seelischen Krisen. Wege zur Stärkung der männlichen Identität. Stuttgart: Klett-Cotta.
Gillis, J. R. (2011): Die Marginalisierung des Vaters: Eine europäische Perspektive. In: Bertram, H. & Ehlert, N. (Hrsg.), *Familie, Bindungen und Fürsorge. Familiärer Wandel in einer vielfältigen Moderne* (S. 93–107). Leverkusen: Budrich.

Grieser, J. (2021). *Triangulierung.* 3. Aufl. Gießen: Psychosozial.
Golombok, S. (2020). We are family: *The modern transformation of parents and children.* Public Affairs.
Grossmann, K. & Grossmann, K. E. (2021). *Bindungen. Das Gefüge psychischer Sicherheit* (8. Aufl.). Stuttgart: Klett-Cotta.
Herlth, A. (2002). Ressourcen der Vaterrolle. Familiale Bedingungen der Vater-Kind-Beziehung. In: Walter, H. (Hrsg.), *Männer als Väter* (pp. 585–608). Gießen: Psychosozial.
Huber, J. (2010). Stärkung von Vaterschaft in Politik, Arbeitswelt, Bildungsinstitutionen und sozialen Diensten. »Familien früh stärken in Südtirol«. Autonome Provinz Bozen-Südtirol-Abteilung Familie und Sozialwesen.
Huber, J. (2019). »Vater, wo bist Du?« – Eine interdisziplinäre Spurensuche zum Phänomen väterlicher An- und Abwesenheit. Weinheim: Beltz-Juventa.
Huber, J. (2023). Väter in den Frühen Hilfen – Konzeptuelle Überlegungen in einem interdisziplinären Handlungsfeld. In Deutsches Jugendinstitut (Hrsg.), *Väter in den Frühen Hilfen. Impulse für ein systemisches Elternverständnis* (S. 236–247). Weinheim: Beltz-Juventa.
Huber, J. & Schäfer, E. (2012). Väterpolitik in Deutschland. Bestandsaufnahme und Perspektiven für die Zukunft. In: Walter, H. & Eickhorst, A. (Hrsg.), *Das Väter-Handbuch. Theorie, Forschung*, Praxis (S. 127–146). Gießen: Psychosozial.
Huber, J. & Walter, H. (Hrsg.) (2016). *Der Blick auf Vater und Mutter. Wie Kinder ihre Eltern erleben.* Göttingen: Vandenhoeck & Ruprecht.
IJzendoorn, M. H. van & Wolff, M. S. de (1997). In Search of the Absent Father-Meta-Analyses of Infant-Father Attachment: A Rejoinder to Our Discussants. *Child Development, 68*(4), S. 604–609.
Israel, A. (2019). Der Vater in der psychoanalytischen Säuglings-/Kleinkind-Eltern-Psychotherapie. *Kinderanalyse, 27*(3), S. 210–240.
Kindler, H. (2002). Väter und Kinder. Langzeitstudien über väterliche Fürsorge und die sozioemotionale Entwicklung von Kindern. Weinheim: Juventa.
Kindler, H. & Grossmann, K. (2004). Vater-Kind-Bindung und die Rollen von Vätern in den ersten Lebensjahren ihrer Kinder. In: Ahnert L. (Hrsg.), *Frühe Bindung – Entstehung und Entwicklung* (S. 240–255). München: Ernst Reinhardt.
Kindler, H., Grossmann, K. & Zimmermann, P. (2002). Kind-Vater-Bindungsbeziehungen und Väter als Bindungspersonen. In: Walter H. (Hrsg.), *Männer als Väter* (S. 685–742). Gießen: Psychosozial.
King, V. (2018). Die äußere und innere Bedeutung der Triade. Eine Rekonzeptualisierung angesichts pluralisierter Lebensformen. *WestEnd 2018/2: Neue Zeitschrift für Sozialforschung. Sozialisation und familiale Triade, 15*(2), S. 87–103.
Klitzing, K. von (2002). Frühe Entwicklung im Längsschnitt: Von der Beziehungswelt der Eltern zur Vorstellungswelt des Kindes. *Psyche – Zeitschrift für Psychoanalyse, 56*, S. 863–887.
Klitzing, K. von, Simoni, H. & Bürgin, D. (1999). Child development and early triadic relationships. *International Journal of Psychoanalysis, 80*, S. 71–89.
Klitzing, K. von & Stadelmann, S. (2011). Das Kind in der triadischen Beziehungswelt. *Psyche – Zeitschrift für Psychoanalyse, 65* (9/10), S. 953–972.
Kölling W. (1993). Väter in der Familienberatung. Beobachtungen und Gedanken zur Wandlung der Vaterrolle. *Integrative Therapie, 4*(93), S. 433–444.
Lamb, M. E. (2012). Infant-father attachments and their impact on child development. In: Cabrera, N. J. & Tamis-LeMonda, C. S. (eds.), *Handbook of father involvement* (pp. 109–133). London: Routledge.

Lamb, M. E. & Lewis, C. (2010). The Development and Significance of Father-Child Relationships in Two-Parent Families. In: Lamb, M. E. (ed.), *The Role of the Father in Child Development* (5th ed., pp. 94–153). Hoboken, NJ: John Wiley & Sons.
Lang, H. (2011). Die strukturale Triade und die Entstehung früher Störungen. Stuttgart: Klett-Cotta.
Lee, J.-K. & Schoppe-Sullivan, S. J. (2022). Paternal identity, maternal gate opening, and fathers' longitudinal positive engagement. *Journal of Family Psychology*. Advance online publication. https://doi.org/10.1037/fam0001028
Lee, J. Y., Volling, B. L., Lee, S. J. & Altschul, I. (2020). Longitudinal relations between coparenting and father engagement in low-income residenzial and nonresidenzial father families. *Journal of Family Psychology, 34*(2), S. 226–236. https://doi.org/10.1037/fam0000612
Lenkitsch-Gnädinger, D. (2005). Die Eltern und ihr erstes Kind. Einzelfallstudien zur Frage nach der innerseelischen Veränderung von Paaren durch die Elternschaft. Kassel University Press.
Li, X., Zerle-Elsäßer, C., Entleitner-Phleps, C. & Schier, M. (2015). Väter 2015: Wie aktiv sind sie, wie geht es ihnen und was brauchen sie? Eine aktuelle Studie des Deutschen Jugendinstituts.
Liel, C., Koch, M. & Eickhorst, A. (2021). Arbeit mit Vätern zur Prävention von Kindesmisshandlung. Eine Pilotevaluation des Caring Dads Programms in Deutschland. *Praxis Kinderpsychologie und Kinderpsychiatrie, 70*, S. 115–133.
Liel, C. (2018). *Väter und familiäre Gewalt*. [Doctoral Dissertation, LMU München]. Band 29. Open Publishing der LMU München [online unter: https://www.doi.org/10.5282/edoc.22943]
Lucassen, N., Tharner, A., IJzendoorn, M. H. van, Bakermans-Kranenburg, M. J., Volling, B. L., Verhulst, F. C., Lambregtse-Van den Berg, M. P. & Tiemeier, H. (2011). The Association Between Paternal Sensitivity and Infant-Father Attachment Security: A Meta-Analysis of Three Decades of Research. *Journal of Family Psychology, 25*(6), S. 986–992.
Madigan, S., Fearon, R. M., van IJzendoorn, M. H., Duschinsky, R., Schuengel, C., Bakermans-Kranenburg, M. J. et al. (2023). The first 20,000 strange situation procedures: A meta-analytic review. *Psychological Bulletin, 149*(1–2), S. 99.
Maiwald, K.-O., Mühlbacher, S., Speck, S., & Sutterlüty, F. (2018). Stichwort: Sozialisation und familiale Triade. W*estEnd 2018/2: Neue Zeitschrift für Sozialforschung. Sozialisation und familiale Triade, 15*(2), S. 69–72.
Matzner, M. (2020). Vaterschaft heute: Klischees und Wirklichkeit. Frankfurt a. M.: Campus.
Matzner, M. (2004). *Vaterschaft aus der Sicht von Vätern*. Wiesbaden: VS Verlag für Sozialwissenschaften.
McConnachie, A. L., Ayed, N., Jadva, V., Lamb, M. E., Tasker, F. & Golombok, S. (2020). Father-child attachment in adoptive gay father families. *Attachment and Human Development, 22, No. 1*, S. 110–123. doi.org/10.1080/14616734.2019.1589067
McHale, J. P. & Cowan, P. A. (eds.) (1996). Understanding how family-level dynamics affect children's development: Studies of two-parent families. New directions for child development, 74. San Francisco: Jossey-Bass.
McHale, J. P. & Rasmussen, J. L. (1998). Coparental and family group-level dynamics during infancy: Early family precursors of child and family functioning during preschool. *Development and Psychopathology, 10*, S. 39–59.

McHale, J. P., Favez, N. & Fivaz-Depeursinge, E. (2018). The Lausanne Trilogue play paradigm: Breaking discoveries in family process and therapy. *Journal of Child and Family Studies, 27*, S. 3063–3072.

Meins, E. (1997). Security of attachment and the social development of cognition. Hove: Psychology Press.

Mertens, W. (1997). Entwicklung der Psychosexualität und der Geschlechtsidentität. Bd. 1: Geburt bis 4. Lebensjahr. Stuttgart: Kohlhammer.

Metzner, F. & Pawils, S. (2021). Väterliche Risiko- und Schutzfaktoren für Kindeswohlgefährdung und ihre Berücksichtigung in den deutschlandweit eingesetzten Risikoinventaren. *Praxis der Kinderpsychologie und Kinderpsychiatrie, 70*, S. 98–114.

Metzner, F., Wlodarczyk, O. & Pawils, S. (2018). Paternal Risk Factors for Child Maltreatment and Father's Participation in a Primary Prevention Program in Germany. *Journal of Social Service Research, 43*(3), S. 299–307. DOI: 10.1080/01488376.2017.1282391

Meuser, M. (2009). Vaterschaft und Männlichkeit. (Neue) Väterlichkeit in geschlechtersoziologischer Perspektive. In: Jurczyk, K. & Lange, A. (Hrsg.), *Vaterwerden und Vatersein heute. Neue Wege – neue Chancen!* Gütersloh: Bertelsmann Stiftung, S. 79–93.

Mitscherlich, A. (1963/1973). Auf dem Weg zur vaterlosen Gesellschaft. Ideen zur Sozialpsychologie (7. Aufl.). München: Piper & Co.

Mitscherlich, A./Mitscherlich M. (1967). Die Unfähigkeit zu trauern. Grundlagen kollektiven Verhaltens. München: Piper.

Mühling, T., Rost, H. (Hrsg.) (2007). Väter im Blickpunkt. Perspektiven der Familienforschung. Leverkusen: Budrich.

Neumann W., Süfke B. (2004). Den Mann zur Sprache bringen: Psychotherapie mit Männern. Tübingen: Dgvt-Verlag.

Nikolić, M., Zeegers, M., Colonnesi, C., Majdandžić, M., de Vente, W. & Bögels, S. M. (2022). Mothers' and fathers' mind-mindedness in infancy and toddlerhood predict their children's self-regulation at preschool age. *Developmental Psychology, 58*(11), S. 2127–2139. https://doi.org/10.1037/dev0001428

Nowacki, K., Remiorz, S., Mielke, V. & Gesing, A. (2021). Trauma, psychische Belastungen und Familiensituation von Vätern mit Jugendhilfeerfahrung: Implikationen für Hilfen zur Erziehung und Therapie. *Praxis Kinderpsychologie und Kinderpsychiatrie, 70*, 154–169

Olsavsky, A. L., Yan, J., Schoppe-Sullivan, S. J., & Kamp Dush, C. M. (2020). New fathers' perceptions of dyadic adjustment: The roles of maternal gatekeeping and coparenting closeness. *Family process, 59*(2), S. 571–585.

Owen, M. T., & Cox, M. J. (1997). Marital conflict and the development of infant-parent attachment relationships. *Journal of Family Psychology, 11*, S. 152–164.

Panter-Brick, C., Burgess, A., Eggerman, M., McAllister, F., Pruett, K., Leckman, J. (2014). Practitioner Review: Engaging fathers – recommendations for a game change in parenting interventions based on a systematic review of the global evidence. In: Journal of Child Psychology and Psychiatry, 11, S. 1187–1212. (online unter: https://doi.org/10.1111/jcpp.12280)

Papoušek, M. (1987). Die Rolle des Vaters in der frühen Kindheit. Ergebnisse der entwicklungspsychobiologischen Forschung. *Kind und Umwelt, 54*, S. 29–49.

Papoušek, H., Papoušek, M. (1987). Intuitive parenting: A dialectic counterpart to the infant's integrative competence. In: Osofsky, J. D. (ed.), *Handbook of infant development* (pp. 669–720). Hoboken, NJ: John Wiley.

Paquette, D. (2004). Theorizing the father-child relationship: Mechanisms and developmental outcomes. *Human Development, 47*, S. 193–219.
Paquette, D. & Bigras, M. (2010). The risky situation: a procedure for assessing the father-child activation relationship. *Early Child Development and Care, 180*(1–2), S. 33–50.
Peitz, G. (2006). Bedingungen und Dynamiken der Ausgestaltung der Vaterrolle. In: Fthenakis, W.E, Kalicki, B., Kreichauf, S., Peitz, G. & Walbiner, W. *Facetten der Vaterschaft – Perspektiven einer innovativen Väterpolitik* (S. 163–173). Bundesministerium für Familie, Senioren, Frauen und Jugend (Hrsg.).
Petri, H. (2003). Das Drama der Vaterentbehrung. Chaos der Gefühle – Kräfte der Heilung. Freiburg: Herder Spektrum.
Radebold, H. (2000). Abwesende Väter. Folgen der Kriegskindheit in Psychoanalysen. Göttingen: Vandenhoeck & Ruprecht.
Ruiz, N., Witting, A., Ahnert, L., & Piskernik, B. (2020). Reflective functioning in fathers with young children born preterm and at term. *Attachment & Human Development, 22*(1), S. 32–45.
Sani, G. M. D./Treas, J. (2016). Educational Gradients in Parents' Child-Care Time Across Countries, 1965–2012. *Journal of Marriage and Family, 78*(4), S. 1083–1096.
Sarimski, K. (2020). Down-Syndrom: Auswirkungen auf die Familie aus Sicht von Müttern und Vätern. *Praxis Kinderpsychologie und Kinderpsychiatrie, 69*, S. 236–251.
Scheer, P. J. & Wilken, M. (2002). Zwei sind eineR zu wenig: Die Rolle des Vaters für den Säugling. In K. Steinhardt, W. Datler & J. Gstach (Hrsg), *Die Bedeutung des Vaters in der frühen Kindheit* (S. 182–198). Gießen: Psychosozial.
Schon, L. (1995). Entwicklung des Beziehungsdreieckes Vater-Mutter-Kind: Triangulierung als lebenslanger Prozess. Stuttgart: Kohlhammer.
Schwinn, L. & Frey, B. (2012). Der Vater in der familiären Triade mit dem Säugling. Das Lausanner Trilogspiel in Forschung und Beratung. In: Walter, H., Eickhorst, A. (Hrsg.), *Das Väter-Handbuch. Theorie, Forschung, Praxis* (S. 265–280). Gießen: Psychosozial-Verlag.
Seifert-Karb, I. (2015): Verstehen, wie es anfängt ... Triadische Interaktionen und unbewusste Familiendynamik – Szenen einer psychoanalytisch-familientherapeutischen Eltern-Säuglings-Behandlung. In: Seifert-Karb, I. (Hrsg.), Frühe Kindheit unter Optimierungsdruck. Entwicklungspsychologische und familientherapeutische Perspektiven (S. 105–132). Gießen: Psychosozial-Verlag.
Seiffge-Krenke, I. (2009). Psychotherapie und Entwicklungspsychologie. Beziehungen: Herausforderungen – Ressourcen – Risiken. 2., rev. Aufl. Heidelberg: Springer.
Seiffge-Krenke, I. (2016). Väter, Männer und kindliche Entwicklung. Ein Lehrbuch für Psychotherapie und Beratung. Heidelberg: Springer.
Slagt, M., Dubas, J. S., Deković, M. & van Aken, M. A. G. (2016). Differences in sensitivity to parenting depending on child temperament: A meta-analysis. *Psychological Bulletin, 142*(10), S. 1068–1110. https://doi.org/10.1037/bul0000061
Stambolis, B. (2012). Töchter ohne Väter. Frauen der Kriegsgeneration und ihre lebenslange Sehnsucht. Stuttgart: Klett-Cotta.
Stambolis, B. (Hrsg.) (2013). Vaterlosigkeit in vaterarmen Zeiten. Beiträge zu einem historischen und gesellschaftlichen Schlüsselthema. Weinheim: Beltz-Juventa.
Thomä, D. (2008). Väter. Eine moderne Heldengeschichte. München: Hanser.
Thomä, D. (2012). Väterbilder im historischen Wandel. In: Walter, H. & Eickhorst, A. (Hrsg.), *Das Väter-Handbuch. Theorie, Forschung, Praxis*. Gießen: Psychosozial, S. 59–75.

Teufl, L. & Ahnert, L. (2022). Parent-child play and parent-child relationship: Are fathers special? *Journal of Family Psychology, 36*(3), S. 416–426. DOI: 10.1037/fam0000933.

van der Gaag, N., Heilman, B., Gupta, T., Nembhard, C. & Barker, G. (2019). *State of the World's Fathers: Unlocking the Power of Men's Care.* Washington, D.C.: Promundo.

Walter, H. (Hrsg.) (2002). Männer als Väter. Sozialwissenschaftliche Theorie und Empirie. Gießen: Psychosozial.

Walter, H. & Eickhorst, A. (Hrsg.) (2012). *Das Väter-Handbuch. Theorie, Forschung, Praxis.* Gießen: Psychosozial.

Walter, H. & Hierdeis, H. (2012). Väter in der Psychotherapie – Der Dritte im Bunde? Stuttgart: Schattauer.

Werneck, H., Rollett, B., Pucher, M., Schmitt, G., Nold, G. (2012). Die ersten 15 Lebensjahre: Stabilität und Wechsel väterlicher Einstellungen. In: Walter, H. & Eickhorst, A. (Hrsg.), *Das Väter-Handbuch. Theorie, Forschung, Praxis* (S. 325–342). Gießen: Psychosozial.

Zerle, C. & Krok, I. (2008). Null Bock auf Familie? Der schwierige Weg junger Männer in die Vaterschaft. Gütersloh: Bertelsmann-Stiftung.

ELISABETH DENZL UND CHARLOTTE LAULE

»... hinter mir ist Hulk gelaufen, ich hatte solche Angst«

Problemskizzierung und Handlungsmodelle für den professionellen Umgang mit (belastenden) Medienerlebnissen in der frühpädagogischen Praxis

Dieser Beitrag richtet sich an Pädagog:innen, die in Kindertagesstätten[10] tätig sind, sowie an Fachkräfte, die im Praxisfeld der Beratung und Therapie (z. B. Fachberatung, Frühförderung, Kinder- und Jugendlichenpsychotherapie) mit frühpädagogischen Bildungseinrichtungen zusammenarbeiten.

Im Folgenden soll, nach einigen grundlegenden Gedanken zu frühkindlicher Medienbildung, anhand aktueller Kennzahlen zu verschiedenen Dimensionen der kindlichen (Bildschirmmedien-)Nutzung und den Einbezug von Gesichtspunkten zum kindlichen Spiel als innerer Bewältigungsmodus zunächst eine umfassendere Einführung in die Thematik gegeben werden. In einem weiteren Schritt werden zwei Handlungsmodelle vorgestellt, die konkret in der frühpädagogischen Praxis Anwendung finden können. Abschließend zeigt ein Fallbeispiel (Manuel, 6 Jahre) deren konkrete Anwendungsmöglichkeiten in der pädagogisch-therapeutischen Praxis.

Medienbildung in frühpädagogischen Bildungseinrichtungen – Vorbemerkungen

Über die Bedeutung von Medienbildung in der frühen Kindheit und die Notwendigkeit des Ausbaus und der Weiterentwicklung dieser in frühpädagogischen Bildungseinrichtungen herrscht in der Fachöffentlichkeit weitestgehend Einigkeit. Für das

---

10 Dieser Beitrag bezieht sich auf Bildungseinrichtungen für Kinder von 0–6 Jahren sowie die dort arbeitenden Pädagog:innen. Ferner werden auch heilpädagogische und schulvorbereitende Einrichtungen berücksichtigt.

Ergreifen von Chancen der Digitalisierung wie auch für den Schutz vor potenziellen Gefahren ist früh ansetzende Medienbildung gleichermaßen von Bedeutung. Über die konkrete Ausgestaltung jedoch wird kontrovers diskutiert, wobei einerseits eher die Chancen (Reichert-Garschhammer 2021), andererseits eher die Risiken (Fröhlich-Gildhoff und Fröhlich-Gildhoff 2017) fokussiert werden. Es stellen sich also folgende Fragen: Welche Rolle sollten Medien (mit und ohne Bildschirm) – in Familien und in Kitas – spielen? Wie sollten die Rahmenbedingungen gestaltet sein, damit sinnvolle und nachhaltige Medienbildung in Kindertageseinrichtungen gelebt werden kann? Und was bedeutet das konkret für das Handeln in der frühpädagogischen Praxis?

Um sich diesen Fragen zu nähern, ist die Fokussierung der Zielperspektive – welches Ziel streben wir in der Medienbildung an? – notwendig. So sollen in diesem Beitrag als übergreifender Rahmen, innerhalb dessen anschließend die Thematik des professionellen Umgangs mit (belastenden) Medienerlebnissen im Kita-Alltag vertieft wird, zuerst das dem Beitrag zugrundeliegende Ziel von Medienbildung und die damit einhergehenden Handlungsfelder in der pädagogischen Praxis erörtert werden. Wir orientieren uns als Zielperspektive an Überlegungen zu einer kritischen, mündigkeitsorientierten Perspektive auf Medienbildung (Hartong et al. 2021; Braun et al. 2021; Simanowski 2021; Zierer 2018; Bleckmann 2014) und arbeiten mit dem Begriff der *Medienmündigkeit*:

»Medienmündigkeit ist zuvorderst die Fähigkeit eines Menschen, selbst darüber zu entscheiden, welchen Anteil seiner Zeit er zum Erreichen seiner Ziele und zur Befriedigung seiner Bedürfnisse überhaupt mit Bildschirmmedien verbringen und damit anderen Tätigkeiten entziehen möchte. Zugleich ist mit Medienmündigkeit die Fähigkeit gemeint, aktiv, dosiert, kritisch reflektierend und technisch versiert Medien nutzen zu können. Kurz: Medienmündigkeit bedeutet, dass ein Mensch die Medien beherrscht, und nicht umgekehrt.« (Bleckmann 2014, S. 10)

Dieses hohe Ziel einer Medienmündigkeit kann nicht von einem (kleinen) Kind erreicht werden; allenfalls Jugendliche und Erwachsene können sich dieser Zielperspektive weitestgehend nähern. Kinder benötigen also erwachsene Bezugspersonen, die wichtige Weichenstellungen für sie treffen, um sie auf dem Weg hin zu einer medienmündigen Person begleiten zu können. Dies macht deutlich, dass sich Medienbildung nicht nur auf die aktive (digitale) Medienarbeit von Kindern beschränken darf, wenngleich diese ein wichtiger Bestandteil von Medienbildung ist, gerade in Zeiten beschleunigter Digitalisierungsprozesse (Reichert-Garschhammer 2021; Roboom 2022). So ist der Einbezug von an medienbildnerischen Prozessen beteiligten erwachsenen Akteur:innen für eine gelingende Medienbildung unerlässlich. Deshalb liegt diesem Beitrag das Verständnis zugrunde, dass neben Medienbildung, die sich direkt und aktiv an Kinder richtet, auch setting- und präventionsbezogenen Handlungsaspekten und Handlungsfeldern in der frühpädagogischen Medienbildung eine große Bedeutung zukommen sollte. Auch der Medieneinsatz von Fachkräften und dessen Reflexion, die medienbezogene Elternzusammenarbeit[11], ressourcenorientierte Medien(sucht)prävention bzw. die Stärkung von Kindern im Leben zum Schutz vor digitalen Risiken sowie die Verarbeitung von (belastenden) Medienerlebnissen gehören nach diesem Verständnis als essenzielle Bestandteile zu frühpädagogischer Medienbildung (Denzl und Bleckmann 2023b). Mit letzterem Handlungsaspekt – den Verarbeitungshilfen von (belastenden) Medienerlebnissen – setzt sich dieser Beitrag vertiefend auseinander.

Wenn (Medien-)Erlebnisse zur Belastung für Kinder werden

Herausfordernde Medienerlebnisse können sowohl von Medien ohne Bildschirm stammen (z. B. ein Zeitungsartikel mit Fotos über einen Krieg) als auch von Medien mit Bildschirm (z. B. durch das Sehen einer Dokumentation über Krieg). In diesem Kapitel werden insbesondere Bezüge zu herausfordernden oder belastenden Erlebnissen durch Bildschirmmedienkonsum hergestellt, da diese in der kindlichen Lebensrealität vermehrt eine große Rolle spielen.

Selbstverständlich können Kinder auch im realen Leben mit belastenden Erlebnissen konfrontiert sein (z. B. wenn ein Kind die Kriegshandlung selbst erlebt oder erzählt bekommen hat). Obgleich der Fokus hier auf Bildschirmmedienerlebnissen liegt, kann es für die Lesenden lohnend sein, die beleuchteten Aspekte zu abstrahieren und neu zu kontextualisieren, sodass sie (teilweise) auch für die Bewältigung realer Erlebnisse und nicht-digitaler Medienerlebnisse übertragbar und hilfreich sein können.

Was Kinder beschäftigt – was sie gehört, gesehen oder erlebt haben –, können Fachkräfte oftmals zunächst nicht eindeutig erkennen, insbesondere wenn sich die Kinder (noch) nicht sprachlich ausdrücken können. In den Kitas werden Fachkräfte häufig Zeug:innen von auffälligem, von Ängsten oder Aggression geprägtem, deviierendem Verhalten, von Auffälligkeiten im kindlichen Spiel oder aber auch nur phasenweise auftretenden Verhaltensänderungen (z. B. vermehrt nach Wochenenden).

---

11 Wird im Folgenden von Eltern gesprochen, werden damit auch andere erziehungsberechtigte Personen gemeint.

Natürlich liegen den o. g. Verhaltensmustern oftmals andere Ursachen – jenseits von Medienkonsum – zugrunde, was eine Einordnung und die Ursachenforschung für Fachkräfte erschwert.

Und auch wenn die Verhaltensänderungen oder -auffälligkeiten auf Medienerlebnisse zurückgehen, geht es dabei zwar häufig, aber nicht unbedingt um den Konsum nicht altersgerechter Medieninhalte. So beschreibt etwa Levin (2016), dass auch der Konsum von aus Erwachsenenperspektive als »altersgerecht« eingestuften Medieninhalten zu stereotypen Verhaltensweisen im kindlichen Spiel (z. B. repetitive, stereotype Spielhandlungen und -abläufe) führen kann. Auch die Identifikation mit Medienheld:innen (z. B. Superheld:innen) können mit aggressiven Verhaltenstendenzen bei Kindern einhergehen (Coyne et al. 2017), da Kinder möglicherweise komplexere, hinter den Filmen und Serien stehende Botschaften weniger verstehen können als die vordergründig erkennbare Anwendung von Gewalt als Lösungsstrategie. Auch mit Filmen einhergehende vermittelte Genderstreotypien (Ward und Aubrey 2017) können bestimmte stereotype Verhaltensweisen unterstützen.

Medienrealitäten von Kindern

Die im Folgenden ausgewählten Zahlen zur (Bildschirm-)Mediennutzung von Kindern zeigen exemplarisch, dass sich die Medienrealitäten von Kindern facettenreich gestalten und verschiedene Dimensionen berücksichtigt werden müssen. Klar ist, dass Bildschirmmedien zunehmend Raum im Leben von Kindern einnehmen (Kieninger et al. 2021; Behrens und Rathgeb 2015). Eine Erhöhung der Bildschirmmedienzeiten im familiären Kontext war u. a. Folge von Maßnahmen im Zuge der Covid-19-Pandemie, was sich insbesondere bei Familien in finanziell prekären Verhältnissen deutlich zeigte (Langmeyer et al. 2020).

Um in einem nächsten Schritt Rückschlüsse auf die Exposition von Kindern mit möglicherweise belastenden, Verarbeitungshilfe erfordernden Medienerlebnissen machen zu können, sollen deshalb im Weiteren verschiedene (Problem-)Dimensionen kindlicher Mediennutzung beleuchtet und dies, wo möglich, mit empirischen Ergebnissen gestützt werden. Das CAFE-Consortium (Comprehensive Approach of Family Media Exposure; Barr et al. 2020) wie auch Bleckmann und Mößle (2014) in etwas anderer Form schlagen eine differenzierte Analyse nach den im Folgenden aufgelisteten fünf Aspekten vor.

1. Zeit: Wie lange ist die Gesamtnutzungszeit – wie lange sind nicht unterbrochene Zeitintervalle?
Bereits 2014 war Fernsehen die zweithäufigste Aktivität (nach Spielen) von Kindern im Alter von 4 bis 5 Jahren (Behrens und Rathgeb 2015). Von 2014 bis 2020[12] stieg die tägliche Bildschirmzeit im familiären Setting von 38 Minuten um 74% bei 2- bis 3-jährigen Kindern auf 66 Minuten/Tag und bei 4- bis 5-jährigen Kindern von 65 Minuten um 60% auf 104 Minuten/Tag an. Empfohlen wird dagegen bei Kindern unter 3 Jahren Expert:innen- und Praktiker:innenmeinungen nach keine Bildschirmnutzung und bei Kindern im Alter von 3–6 Jahren dann eine Maximalnutzungsdauer von 30 Minuten (Bitzer et al. 2014; Bundeszentrale für gesundheitliche Aufklärung [BZgA] 2019)[13]. Betrachtet man o. g. Bildschirmnutzungszeiten von Kindern im Lichte dieser Empfehlungen, so wird hier eine deutliche Diskrepanz sichtbar.

2. Wer nutzt: Handelt es sich um eine Nutzung durch das Kind selbst (foreground media exposition) – begleitet oder unbegleitet – oder um Nutzung durch die Bezugspersonen (background media exposition/technoference)?
Die eben beschriebene Bildschirmmediennutzung durch Kinder als primäre Nutzende wird als *foreground media exposition* bezeichnet. Betrachtet man dahingegen die elterliche Bildschirmmediennutzung, zeigen die Angaben der miniKIM-Studie 2020 (Kieninger et al. 2021), dass die befragten Haupterziehenden eine geschätzte tägliche Nutzungsdauer von Bildschirmmedien von 442 Minuten am Tag[14], also mehr als 7 Stunden, hatten. Auch wenn diese Dauer nach der Corona-Pandemie gesunken sein kann, so lässt diese Kennzahl vermuten, dass Eltern ihre Bildschirmmediennutzung nicht immer in Abwesenheit ihrer Kinder vornehmen können. Dieses Phänomen, also die Beschäftigung von Eltern mit digitalen Medien, meist Smartphones, im Beisein des Kindes, wird als *technoference* betitelt (McDaniel und Radesky 2018; McDaniel 2020). Wenn Geräte passiv auf Kinder einwirken (z. B. ein im Hintergrund laufender Fernseher), bezeichnet man dies als *background media exposition*

---

12 Kumulierte Angabe aller in den miniKIM-Studien 2014 und 2020 abgefragten Items von Bildschirmmedien; *abgefragte Items 2014*: Fernsehen, PC-/Online-/Konsolenspiele, Internet, Handy-/Smartphone-Spiele, Tablet-/PC-Spiele; *abgefragte Items 2020*: Klassisches Fernsehen, Pay-Streamingdienste, kostenfreie Videoportale, Online-Angebote der TV-Sender, sonstige Internetnutzung, digitale Spiele (Kieninger et al. 2021; Behrens und Rathgeb 2015).
13 Bundeszentrale für gesundheitliche Aufklärung (BZgA) 2019: 0–3 Jahre: 0 Min.; 3–6 Jahre: max. 30 Min/ täglich; 6–10 Jahre: max. 45–60 Min./täglich; Bitzer et al. 2014: 0–3 Jahre: max. 8 Min/täglich; 4–6 Jahre: max. 30 Min./täglich; 7–12 Jahre: max. 62 Minuten/täglich.
14 Kumulierte Angabe der in der miniKIM-Studie 2020 abgefragten Items von Bildschirmmedien: Internet (privat), Internet (beruflich), klassisches Fernsehen, Pay-Streamingdienste, Online-Angebote der TV-Sender, digitale Spiele, kostenlose Videoportale.

(Brown 2011). Regelmäßige Erhebungen zum zeitlichen Umfang von *background media exposition* gibt es jedoch nicht[15].

Nutzt ein Kind selbst Bildschirmmedien (*foreground media exposition*), dann ist ein wichtiges Kriterium die potenzielle Begleitung dieser Bildschirmmediennutzung: Sitzt ein Kind alleine vor dem Fernseher oder wird die Nutzung durch einen Elternteil begleitet, beobachten und besprechen Eltern mit den Kindern dann das Gesehene und gehen auf die Reaktionen und Fragen des Kindes ein? Hier zeigten sich in der miniKIM-Studie 2020 insbesondere coronabedingte Veränderungen: 24% der 2- bis 3-Jährigen und 35% der 4- bis 5-Jährigen durften bestimmte Medien und Geräte während der Corona-Pandemie alleine nutzen, die sonst nur in Begleitung genutzt werden (Kieninger et al. 2021). Doch auch bereits vor der Corona-Krise gaben nur 57% Eltern in einer österreichischen Studie an, immer dabei zu sein wenn ihr Kind (0–6 Jahre) ein digitales Gerät nutzt (Kaiser-Müller 2020).

3. Inhalt: Welche Inhalte mit welcher Darbietungsform werden genutzt?
Empirische Ergebnisse, welche Inhalte Kinder konsumieren, liegen für Deutschland in Form der Lieblingssendung der Kinder vor (2020 bei Kindern im Alter von 2–5 Jahren: Paw Patrol & Peppa Pig/Wutz) (Kieninger et al. 2021). Welche Inhalte Kinder jedoch abseits der abgefragten kindgerechten Kindersendungen (mit-)sehen, kann am ehesten über Statistiken zu Einschaltquoten (Medienmagazin DWDL.de 2023) nachvollzogen werden. Insbesondere wenn kindlicher Medienumgang unbegleitet stattfindet, können die konsumierten Inhalte von erwachsenen Bezugspersonen nicht vollkommen kontrolliert werden und auch durch technische Unterstützung, etwa die Installation von Filtersoftware, ist dies nicht vollständig möglich (Kindermedienland Baden-Württemberg 2020). Betrachtet man Zahlen zur Nutzung von Filtersoftware in Familien, so zeigen diese, dass 44% der befragten Eltern zum Befragungszeitpunkt keine Filtersoftware kannten. Knapp ein Drittel der Befragten (27%) gaben an, dass sie Kinder nach der Installation von Filtersoftware unbesorgt das Internet nutzen lassen würden (Kieninger et al. 2021). Dass jedoch bereits Kindergartenkinder mit nicht altersangemessenen Medieninhalten in Berührung kommen, zeigt exemplarisch etwa die 2021 entflammte Debatte um Kita-Kinder, die die Serie »Squid game« in einer Kita nachgespielt hatten (ZEIT ONLINE 2021), oder die Tatsache, dass manipulierte Kindervideos auf YouTube keine Ausnahmen darstellen (Burgard-Arp 2018). Ergebnisse einer Erhebung zum Medienumgang von 6- bis 13-jährigen Kindern (Feierabend et al. 2017) zeigten, dass Kinder u. a. durch das Tauschen mit anderen Kindern oder

---

15 Stand der letzten Recherche: 15.07.2023.

durch den Kauf ihrer Eltern oder Freund:innen mit Inhalten von Computerspielen in Berührung kamen, für die sie eigentlich noch zu jung waren.

4. Funktion: Welche Funktionen/Ziele hat die Nutzung innerhalb der Familie/Kita?
Bildschirmmedien sind im Alltag von Familien mittlerweile meist ein fester Bestandteil und erfüllen bestimmte Funktionen. So können Bildschirmmedien als wichtige (kurzfristige) Stabilisatoren für die Bewältigung des Alltags wirken, beispielsweise für die vielfach als überfordernd erlebte Situation während der Corona-Pandemie, Homeoffice und Kinderbetreuung zeitgleich leisten zu müssen. Diese subjektive Funktionalität und die kurzfristigen Vorteile von Bildschirmmedien im Erziehungsalltag stellen keinen Widerspruch zu negativen Auswirkungen von dysreguliertem Bildschirmmedienkonsum auf die kindliche Entwicklung dar (Gesellschaft für Seelische Gesundheit in der Frühen Kindheit [GAIMH] 2022).

Die Frage danach, warum sich ein bestimmtes Nutzungsmuster von Kindern, aber auch von Eltern etabliert, ist zentral, um das Mediennutzungsverhalten verstehen und dann in einem weiteren Schritt sinnhafte Handlungsschritte bzw. Interventionen durchführen zu können.

Für die Erziehung können Bildschirmmedien etwa die Funktion des Babysitters, des Streitschlichters, der Belohnung bzw. Bestrafung einnehmen sowie als Druckmittel oder für die Bewältigung bestimmter Alltagssituationen (z. B. zur Stimmungsregulation beim Essen oder Einschlafen) eingesetzt werden. Welche Funktionen Bildschirmmedien für die Eltern haben können, haben u. a. Radesky et al. (2016) herausgearbeitet: Hier zählten beispielsweise die Unterhaltung bei Langeweile in Erziehungssituationen, Emotionsregulation, virtuelle Flucht vor Stress im Erziehungsalltag oder eine Gewohnheit, die sich über einen längeren Zeitraum etabliert hat, zu den genannten Gründen. Dass eigene Geräte von Kindern zur Stimmungsregulation genutzt werden und mit höheren Bildschirmzeiten sowie dem Konsum von altersungeeigneten Videospielen einhergehen, zeigten bereits Ergebnisse des Berliner Längsschnitts 2012 (Mößle 2012). Und ein Blick auf aktuelle Trends zeigt: 19% aller 2- bis 5-jährigen Kinder standen zum Befragungszeitpunkt der miniKIM-Studie 2020 ein Kindercomputer zur Verfügung (Kieninger et al. 2021).

5. Kind: Welche Prädispositionen, veranlagungs- und erfahrungsbedingten Eigenschaften bringt das einzelne Kind mit?
Die individuellen Eigenschaften des Kindes stellen eine wichtige Betrachtungsdimension dar, auch wenn hierzu nur vereinzelt empirische Befunde vorliegen. Auf Kinder mit gefestigter Entwicklung kann ein problematischer Medienkonsum mög-

licherweise weniger starke und negative Auswirkungen haben als bei Kindern mit Entwicklungsverzögerungen (Zimmer und Zimmer 2020). Welche Erfahrungen und Erlebnisse hat das Kind im Laufe eines bisherigen Lebens gemacht? Welche inneren Ängste hat das Kind, die vielleicht durch das Gesehene oder Gehörte verstärkt werden könnten? Diese individuellen, bio-psycho-sozialen Dispositionen eines Kindes (Fröhlich-Gildhoff 2007) dürfen bei der Frage danach, welche Inhalte möglicherweise belastend auf ein Kind wirken und welche Bewältigungsstrategien ein Kind benötigt – oder nicht – nicht vernachlässigt werden.

Das kindliche Spiel als innerer Bewältigungsmodus

> Das Spielen der Kinder ist ein universelles Phänomen, man findet es in allen Kulturen und es gab es zu allen Zeiten (...). Genauso wie Kinder essen und trinken müssen, müssen sie auch spielen. (Weinberger 2013, S. 76)

Für die Bewältigung von für Kinder verarbeitungsintensiven oder belastenden Erlebnissen, egal welchen Ursprungs – seien es reale Erlebnisse oder durch Medienerlebnisse verursachte –, kommt dem kindlichen Spiel eine besondere Bedeutung zu.

> Kinder wachsen gesund heran, wenn ihnen ausreichend Möglichkeit gegeben ist zu spielen. Spielzerstörung, das Unterbrechen, Bevormunden, Verhindern kindlichen Spielens, ist eine der schrecklichsten Formen, das Wachstum der Kinder zu verstümmeln. (Hockel, unveröff., S. 67)

Im Spiel kann sich das Kind mit sich und der Umwelt auseinandersetzen (Weinberger 2013), hat die Möglichkeit, alle Taten ohne körperlich oder seelisch negative Folgen zu erproben (Hockel, unveröff.) und Erlebnisse, Gedanken und Gefühle auszuleben und zu verarbeiten (Franz 2016). Hockel (unveröff., S. 68f) beschreibt dies so:

> Kinder, die »im Spiel« ihren Freund verloren haben, da er »entführt, gekillt, ermordet« wurde – [sie] können »in echt« um die Trennung von einem Freund anders trauern als Kinder, denen solche Spielerfahrungen fehlen. Insofern ist es unverzichtbar, dass Kindern die Möglichkeit geboten wird, im Spielen all jene Schrecknisse zu durchleben, vor denen wir Erwachsene sie »in echt« zu schützen versuchen.

Die Ausgestaltung des kindlichen Spiels kann dabei vielfältig sein – von stereotypen, repetitiven Spielhandlungen (Levin 2016) bis hin zu auffällig extrovertiertem, aggressivem oder aber sehr zurückgezogenem und verängstigtem Spielverhalten.

Kinder sind natürlicherweise die Hauptakteur:innen bei ihren kindlichen Spielprozessen, was jedoch nicht bedeutet, dass dann pädagogisches fachliches Handeln im Kontext Spiel vernachlässigt werden könnte. Im Gegenteil:

> Im naiven Anvertrauen und Erzählungen Glauben schenken Kinder Erwachsenen Zauberkraft – eine köstliche Möglichkeit zur Bewältigung kritischer Lebensereignisse, einfach Lösungen herbeizaubern. (Hockel, unveröff., S. 82)

Weinberger (2013) formuliert u. a. allgemeine Voraussetzungen für die Begegnung mit dem Kind im Spiel und verschiedene pädagogisch-therapeutische Dimensionen des professionellen Handelns im personzentrierten Kontext für im psychosozialen Feld tätige Berufsgruppen: Beobachten, Zuhören, Momentzentriertheit, einfühlendes Verstehen, unbedingte Wertschätzung und Echtheit.

Neben der oben beschriebenen Bedeutung des kindlichen Spiels für die Verarbeitung von (Medien-)Erlebnissen kommt dem Spiel noch in vielen weiteren Dimensionen der kindlichen Entwicklung (z. B. Sensomotorik, Sprache/Kommunikation) eine hohe Bedeutung zu (Franz 2016), ganz davon abgesehen, dass dem kindlichen Spiel ein hohes Potenzial zur Förderung von Freude, Spaß und Entspannung zugeschrieben wird. Aus all diesen Gründen sollte nach Franz (2016) dem Spiel im pädagogischen Alltag in frühpädagogischen Bildungseinrichtungen eine ausreichende Gewichtung beigemessen und ausreichend Raum und Zeit gegeben werden, auch wenn dies häufig explizit fachlich gegenüber Eltern und Öffentlichkeit argumentiert werden muss, da die große Bedeutung des kindlichen Spiels nicht immer allen bewusst zu sein scheint[16]. Als für die pädagogische Praxis wichtige Handlungsdimensionen zählt Franz (2016) folgende Aspekte[17] auf:

- Spielräume gestalten: Raum als »dritter Pädagoge«
- Spielmaterialien auswählen: ausgewählte Spielzeuge prägen Inhalt und Form des Spiels

---

16 Für eine intensivere Auseinandersetzung empfehlen die Autorinnen das Kapitel »Engagement für das freie Spiel – Öffentlichkeitsarbeit« (Franz 2016).
17 Für eine intensivere Auseinandersetzung empfehlen die Autorinnen das Kapitel »Dem Spielen in der Kita Raum geben – pädagogisches Handeln« (Franz 2016).

- Spielmaterialien präsentieren: Spielmaterialien einladend, überschaubar und zur Selbsttätigkeit einladend präsentieren
- Spielzeiten ermöglichen: dem Spiel Zeit geben, nicht durch das Aufräumen einschränken lassen, ungestörte freie Spielzeiten im Kita-Alltag etablieren
- Spielsituationen beobachten: das Kind besser kennenlernen und verstehen lernen
- Spielsituationen dokumentieren: auf Basis von Spielbeobachtung eine sorgfältige, respektvolle, wertschätzende, positive Dokumentation und Herausarbeitung der Bedeutungen
- Spielhandlungen begleiten: beobachten, erkennen, unterstützen, anregen, helfen und Bedingungen schaffen, die kindliche Spielentwicklung und Spielfähigkeit zu fördern

Handlungsmodelle für die pädagogische Praxis

Die folgende Vorstellung von zwei Handlungsmodellen sollen die Handlungsoptionen mit Blick auf die mit belastenden Medienerlebnissen einhergehenden Herausforderungen, kompetent und pädagogischem und geplant strukturiertem Handeln reagieren zu können, erweitern. Dabei können die beiden Ansätze nicht voneinander isoliert betrachtet werden, im besten Fall können beide Interventionen sich im Praxiseinsatz ergänzen.

DIAEDI: Ein Handlungsmodell zur Fallarbeit für die frühpädagogische Praxis

Das DIAEDI-Modell (Zimmer und Zimmer 2020) ist ein Konzept zur Fallarbeit und -analyse in der frühpädagogischen Praxis. In sechs Schritten (1. Dokumentiere deine Beobachtungen! 2. Informiere dich! 3. Analysiere! 4. Evaluiere deine Ergebnisse! 5. Diskutiere deine Ergebnisse! 6. Interveniere angemessen!) stellt das DIAEDI-Modell einen Leitfaden dar, der die Perspektiven verschiedener für das Fallverstehen relevanter Akteur:innen (Kind, Erziehungsberechtigte, Expert:innen der Medien- und Kindheitspädagogik und Mediensuchtprävention) einbezieht, mit dem Ziel, dass die verschiedenen Sichtweisen in einen wertfreien Austausch miteinander kommen (Zimmer und Zimmer 2020). Dabei hat das Modell das Ziel, sowohl für die Fallarbeit von unproblematischen als auch für die von problematischen Medienerfahrungen von Kindern eingesetzt werden zu können.

1. Dokumentiere deine Beobachtungen!
Aufmerksames Notieren von Namen, Begriffen, Handlungsfiguren in Gesprächen, Spielabläufen etc., um Häufigkeiten, zeitliche Verläufe, Steigerungen von Problematiken nachvollziehen zu können

2. Informiere dich!
Informationsbeschaffung, z. B. durch Gespräche mit dem Kind, Internetrecherche zu Text bzw. Bildern, Informationssuche bei Wikipedia (z. B. für Infos zu Altersfreigabe), Nachschauen von Filmen/Serien/Trailern, Lesen von Zusammenfassungen, Anschauen von »Let's play«-Videos oder Besuch der Informationsplattform für Computer- und Konsolenspiele und Apps (Spieleratgeber NRW)

3. Analysiere!
Analyse der Informationen aus Schritt 1 und 2 unter Einbezug professioneller Zugänge/Perspektiven (über den eigenen professionellen Zugang hinaus), z. B. der Kindheitspädagogik, Medienwirkungsforschung oder Mediensuchtprävention, um ein möglichst umfassendes Bild auf das Problem bzw. die Situation des Kindes zu erhalten

4. Evaluiere deine Ergebnisse!
Zusammenfassung und Bewertung der Informationen und Analyseergebnisse, ob das Medium für das Kind in dem Alter geeignet ist oder ob es eine Entwicklungsgefährdung bzw. weitere gesundheitliche, psychische oder soziale Probleme verursachen kann

5. Diskutiere deine Ergebnisse!
Gemeinsamer Austausch und die Entwicklung von Lösungen (z. B. im KiTa-Team); hilfreich können hier beispielsweise die Dokumentationen, Fotos, Videosequenzen, Kinderzeichnungen und Austausch über Beobachtungen sowie das Aufstellen von Hypothesen sein

6. Interveniere angemessen!
Interventionen planen und umsetzen, z. B. verständnisvoller Gesprächspartner bzw. verständnisvolle Gesprächspartnerin für das Kind sein (am besten nur mit dem betroffenen Kind, um andere Kinder nicht zu verunsichern), Begleiten des Kindes im Spiel, kreative Bewältigungsstrategien wie Malen oder Plastizieren anbieten, sinnvolle Gestaltung der Elternzusammenarbeit (z. B. einzelne Elterngespräche, Eltern-

abend) und Planung weiterer Hilfsmaßnahmen und Kooperationen (z. B. bei Verdacht auf Kindswohlgefährdung)

Impulsfragen für die Reflexion und Weiterentwicklung der frühpädagogischen Praxis

Im Folgenden soll ein praktisch anwendbare, sich in der Entwicklung befindendes[18], Handlungskonzept – die »SESAM-Impulsfragensammlung« (Denzl und Bleckmann 2023a) vorgestellt werden.[19]

Das dynamische Handlungsfeldermodell mit fünf Bereichen und Impulsfragen zu jedem Bereich verfolgt das übergeordnete Ziel, ein Handlungswerkzeug zu sein, das theoretische, konzeptionelle und empirische Erkenntnisse – u. a. der Medienkompetenz, informatischen Grundbildung, Medienwirkungsforschung und Resilienz- und Salutogeneseforschung – mit der pädagogischen Praxis in Verbindung bringt, um dann eine freie und individuelle Auseinandersetzung und Sensibilisierung, aber auch etwa die mögliche Ausdifferenzierung eines Medienkonzeptes zu ermöglichen.

Folgende Prinzipien werden dabei bei der Formulierung der Impulsfragen berücksichtigt:

- Fragen statt wissenschaftlich-kognitive Aussagen
- Selbstprüfung – auch die Fachkraft ist Teil des Prozesses
- Perspektivwechsel – was für die einen ein Problem ist, ist für die anderen eine Lösung
- Aussagen positiv statt negativ formulieren
- Botschaften vermitteln statt belehren
- Gemeinsam Ressourcen aktivieren statt Lösungen aufdrücken

---

18 Im Rahmen des Dissertationsprojekts von Elisabeth Denzl wird das SESAM-Handlungskonzept qualitativ wie quantitativ evaluiert und weiterentwickelt. Die Grundlage für die hier aufgelisteten Impulsfragen war eine erste Analyse von 5 Interviews, eine abschließende Auswertung liegt bislang noch nicht vor. Weitere Versionen der Impulsfragen im Arbeitsstand wurden bereits von Bleckmann et al. (2022b), Denzl und Bleckmann (2023a,b) veröffentlicht. Die Lesenden sind eingeladen, mit diesem Fragenkatalog in die frühpädagogische Praxis zu gehen und Anmerkungen und Kritik an den Fragen gerne an elisabeth.denzl@alanus.edu zurückzumelden.

19 Das Akronym SESAM steht für **S**icht- & Verhaltensweisen prüfen – **E**ltern & Umfeld miteinbeziehen – **S**tärken und Ressourcen nutzen – **A**lternativen zum Bildschirm kennen – **M**edienbildung wissenschaftsbasiert & individuell gestalten

Ziel der SESAM-Impulsfragen ist es, dass diese wie ein »Werkzeug« von einzelnen Fachkräften (z. B. in der Vorbereitung auf ein Entwicklungsgespräch) oder aber auch von ganzen Kita-Teams genutzt werden können (z. B. im Rahmen eines Klausur- oder Fachtages), um Fachkräfte dazu befähigen, …

- … vielfältige Dimensionen (Handlungsfelder) der Medienbildung in die Praxis einzubeziehen,
- … medienbildnerische Praxis zu reflektieren und weiterzuentwickeln,
- … Stärken und Hürden in der medienbildnerischen Praxis wahrzunehmen und zu benennen,
- … sich mit aktuellen Forschungserkenntnissen und deren Integration in die Praxis auseinanderzusetzen,
- … wertschätzend in Dialog zu treten, eigene Einstellungen zu prüfen und in den fachlichen Austausch zu gehen.

Eine Begleitung bzw. Steuerung des Arbeitsprozesses mit den Impulsfragen, etwa durch eine Fachberaterin/einen Fachberater oder eine Supervisorin/einen Supervisor kann hierbei sehr sinnvoll sein.

Im Folgenden werden 16 solcher Impulsfragen zur Thematik »Unterstützung bei der Verarbeitung von Medienerlebnissen« vorgestellt, welche wiederum in fünf verschiedene Kategorien – *Selbstprüfung, Aktivitäten in der Kita, Kind im Blick, Spielverhalten, Elternzusammenarbeit sowie Weiterbildung und -entwicklung* – eingeteilt sind und diese vertiefen und konkretisieren sollen.

Selbstprüfung:
Halt geben – durch eigene Psychohygiene: Wenn ich merke, dass mich Ereignisse oder Medienberichte belasten: Welche Möglichkeiten habe ich, um meine eigenen Gefühle bei belastenden Erlebnissen oder Medienberichten verarbeiten zu können? Welche Unterstützung wünsche ich mir noch?
Eigene Erfahrungen reflektieren als Basis für Verständnis für die Kinder: Wann habe ich selbst erlebt, dass Medienerlebnisse mich belastet haben? Und was hat mir dabei besonders gutgetan?

Aktivitäten in der Kita:
Schatzsuche: Wann im Alltag beobachten und ermöglichen wir es, dass Kindern Raum und Möglichkeiten gegeben werden, ihre Gefühle und (belastenden) Erlebnisse auszuagieren? Wie können wir diese noch erweitern?

Kita als sicherer Ort: Was tun wir, damit die Kita als sicherer Ort für die Kinder erfahrbar wird?
Reaktion bei Alarm: Was tun wir, wenn sich ein Kind akut in einem Hoch-Erregungszustand befindet?
Lebensumstände des Kindes wahrnehmen: Wie sieht die Lebensrealität des Kindes gerade aus? Wie deckt sich das mit den konsumierten Medieninhalten? Was sagt uns das über mögliche Bedürfnisse des Kindes?

Kind im Blick:
Der Ton macht's: Wie teilen die Kinder ihre Medienerlebnisse im Kita-Alltag mit?
Körperliche Gesundheit im Blick: Was wissen wir über die Schlaf-, Trink- und Essgewohnheiten des Kindes? Können auffällige Verhaltensweisen des Kindes möglicherweise in einem Zusammenhang damit stehen?

Spielverhalten:
Balance zwischen Bedürfnissen des Einzelnen und der Gruppe schaffen: Wie bringen wir das Bedürfnis einzelner Kinder, Erlebnisse im Spiel zu verarbeiten, in eine gute Balance mit dem Bedürfnis der Gruppe, die Bildungseinrichtung als sicheren Ort zu erleben? Wie kann ich sicherstellen, dass keine Übergriffe auf andere Kinder durch das Ausagieren von Medienerlebnissen stattfinden?
Lösungsweg statt Dauerschleife: Wie erkennen wir, ob sich beim Nachspielen von (Medien-)Erlebnissen eher stereotype Verhaltensweisen »festfahren« oder ob sie Verhaltensweisen durch das Rollenspiel »aufweichen«, verändern und damit bewältigbar werden? Wie können wir die »Aufweichung« der Stereotype unterstützen?
Verarbeitung und Selbstwirksamkeit unterstützen: Welche Möglichkeiten sehen wir, Kinderspiele zu problematischen Themen in eine Richtung zu lenken, die eine konstruktive Verarbeitung mit Selbstwirksamkeitserlebnissen statt eine negative Verarbeitung mit Kontrollverlust oder gar einer Re-Traumatisierung ermöglicht? Welche setzen wir davon schon um?

Elternzusammenarbeit:
Die Eltern mit ins Boot holen: Wie beziehen wir Eltern bzw. die ganze Familie ein, wenn Kinder in der Kita Verhaltensweisen zeigen, die im Zusammenhang mit belastenden Medienerlebnissen stehen könnten?
Schutzräume vor belastenden Medienerlebnissen schaffen: Wie unterstützen wir Eltern, ihren Kindern einen Schutzraum vor ungeeigneten Medieninhalten zu ermöglichen?

Anklagen vermeiden: Wie vermeiden wir eine vorschnelle Anklagehaltung den Eltern gegenüber, wenn Kinder auffällige Verhaltensweisen im Zusammenhang mit Medienszenen zeigen?

Weiterbildung und -entwicklung:
Einblick in Medien-Realitäten: Wie bilden wir uns weiter (jede:r allein, gemeinsam), um Einblicke in die medialen Lebenswelten der Kinder zu bekommen?
Hilferufe erkennen und Feuerwehr rufen: Wenn wir an unsere Grenzen kommen: Wer kann uns beraten und den Kindern bzw. deren Familien helfen?

»… hinter mir ist Hulk gelaufen, ich hatte solche Angst«: Falldarstellung Manuel, 6 Jahre

Das folgende Fallbeispiel im Kontext der Frühförderung/heilpädagogischen Spieltherapie soll die aufgelisteten theoretischen Gesichtspunkte verdeutlichen und exemplarisch zeigen, wie das DIAEDI-Modell und die SESAM-Impulsfragen (s. vorheriger Abschnitt) in der Praxis angewandt werden können. Auf eine Fallvorstellung und eine familiäre Medienanamnese folgt ein zunächst überblicksartiger, dann ein detaillierter, szenisch vertiefender Einblick in die Spieltherapie. Zum Abschluss werden unterschiedliche Interventionsebenen mit diversen Bezügen zu DIAEDI und SESAM beschrieben.

Fallvorstellung
Manuel besucht einen wohnortnahen Kindergarten. Er lebt zusammen mit seinen Eltern und seiner älteren Schwester, an den Wochenenden ist er oft bei seinen Großeltern. Der Kindergarten wendet sich an eine Frühförderstelle, da Manuel bereits seit seinem 5. Lebensjahr Auffälligkeiten in der Sprachentwicklung, in der Wahrnehmung und in der Konzentration zeige. Auch falle es ihm schwer, mit anderen Kindern in Kontakt zu gehen. Eine heilpädagogische Spieltherapie wird installiert, welche zum Zeitpunkt der Fallvorstellung knapp zwei Jahre läuft.

Medienanamnese und Fallverlauf:
Die Familie nutzt viele digitale Geräte, der Fernseher gehört bei den Großeltern »wie ein zusätzliches Familienmitglied« einfach dazu und ist immer angeschaltet. Auch die Eltern legen bei Elterngesprächen mit der Therapeutin beispielsweise ihr Handy vor sich auf den Tisch. Wenn die ganze Familie zusammen-

kommt, nehmen digitale Medien einen hohen Stellenwert ein. Auch Manuels Verhalten während der Spieltherapie bestätigt das, indem er etwa zur Therapeutin sagt: »Hol doch dein Handy raus, da können wir schauen, wie viele Beine die Spinne hat«. Bei einem Elterngespräch äußert die Mutter der Therapeutin gegenüber, dass sie große Probleme habe, Manuel beim Thema Medienkonsum Grenzen zu setzen: »Ich habe ihn so lieb und es fällt mir schwer, ihm Nein zu sagen, er will einfach ständig das Tablet haben.« Zum Beginn der Therapie hat Manuel freien Zugang zu einem Tablet und sieht sich Filme auf YouTube an. Die Mutter zeigt sich jedoch interessiert an Beratungsgesprächen und möchte lernen, wie sie einen kindgerechten Medienkonsum zu Hause und auch bei den Großeltern umsetzen kann. Nach den ersten Beratungsgesprächen haben die Erzieher:innen und die Therapeut:innen kurzzeitig das Gefühl, die Eltern hätten zu Hause Veränderungen erwirkt, da Manuel im Kindergarten immer wieder berichtet, er dürfe nur noch eine halbe Stunde YouTube gucken.

Welchen Weg, welche Ausdrucksmittel hat Manuel gewählt, um das Gesehene zu verarbeiten?
In der Spielstunde ist alles erlaubt, das weiß Manuel. Diesen Satz hatte er von der Spieltherapeutin ganz am Anfang ihrer wöchentlichen Begegnungen gehört. Dennoch fällt Manuels Spielverhalten dadurch auf, dass er wenige eigene Spielideen entwickeln kann. Seine inszenierten Inhalte wirken repetitiv und ohne erkennbare Handlung, die Statist:innen und Akteur:innen sprechen meist »Comicsprache« (z. B. »Peng, krach, bum, gleich krieg ich dich, du Schurke!«), fliegen durch die Luft und kämpfen. Impulse der Therapeutin und Verbalisieren von Erlebnisinhalten scheinen ihn nicht zu erreichen. Auffallend ist auch, dass Manuel die Therapeutin immer fest im Blick hat. Trotz unerschrockener Begleitung und dem Angebot, als Spielpartnerin bereitzustehen, scheint er sich nicht sicher zu sein, ob seine bizarren Spielinhalte hier richtig platziert sind. Oft beendet er Spielszenen abrupt mit dem Satz: »Aber ich schau das immer nur ein paar Minuten«. Durch solche Äußerungen verdeutlichte er einen zusätzlichen inneren Konflikt zwischen den Versuchen seiner Eltern, den Medienkonsum in entwicklungsgerechte Bahnen zu lenken, und seinem Konsum von unangemessenen Medieninhalten. Schon längst hat er auch erkannt, dass die Meinung der ihn umgebenden Erwachsenen in einer Diskrepanz zu seinem Verlangen steht. Manuel entscheidet sich für Gespräche, um Erlebtes zu verarbeiten. Beim Kneten, Malen oder Schaukeln in der Hängematte kann er seine Gedanken und Gefühle benennen und über die überwältigenden unsortierten Bilder reden. Es wird deutlich,

dass er nicht mehr zwischen Realität und Fiktion unterscheiden kann und dass die Eindrücke der Actionfilme ihn regelrecht überfluten: »Weißt du, einmal hat mich meine Schwester vom Kindergarten abgeholt, lieber wollte ich, dass Mama kommt. Und dann sind wir da so heimgelaufen, und als ich mich umgedreht habe ist Hulk hinter mir gegangen. Ich hatte solche Angst.« Manuel vertraut der Therapeutin an, dass er oft Albträume habe. Er stehe dann zum Beispiel auf dem Balkon und Sirenman fliege auf ihn zu. Er könne aber nicht ins Haus, weil die Tür zu sei. Auf die Frage der Therapeutin, ob er seinen Eltern davon erzählt, erwidert er: »Nein, auf keinen Fall, dann muss ich mich ja wieder erinnern.«

Einblick in die Spieltherapie:
Während der Stunden schafft Manuel es, seine ihm Angst machenden Erinnerungen an unverarbeitete Szenen zu Papier zu bringen. Fast ekstatisch berichtet er: »Ich male jetzt das Messer, das ist echt scharf. Jetzt male ich das Blut, haben wir Rot?«
Therapeutin: »Ja Rot ist hier, sagst du mir, wer das Messer hält?« Manuel: »Der ganze Körper muss voll Blut sein, und hier ist der Mörder, der hat das Messer«. Therapeutin: »Das viele Blut und das scharfe Messer können einem ganz schön Angst machen, oder?« Manuel: »Ja, aber das ist nicht echt, ich habe den bloß rot angemalt, das Messer ist auch nicht echt.« Durch die spieltherapeutische Intervention »Fragen stellen« versucht die Therapeutin innere Verarbeitungsprozesse anzuregen und Manuels Gefühlswelt für ihn erfahrbarer zu machen und den vermuteten Gefühlen einen Namen zu geben. Da sich der Junge nicht an das Gesehene erinnern will, löst dies häufig eine Abwehr bei ihm aus. In solchen Fällen erfordert es besonders viel therapeutisches Fingerspitzengefühl, denn Manuel versucht immer wieder, durch kognitive Erklärungen und Beschwichtigungen die »So-tun-als-ob«– Ebene zu verlassen, damit ihn die überwältigenden Erinnerungen nicht überfluten.

Pädagogisches Handeln und Interventionen:
Die Mutter bittet um Informationsmaterial (DIAEDI: »*I*-Informiere dich!«; Impulsfragen: »Wie unterstützen wir Eltern, ihren Kindern einen Schutzraum vor ungeeignete Medieninhalten zu ermöglichen?«) über entwicklungsgerechten Medienkonsum auf Arabisch[20], um auch die Großeltern mit ins Boot holen (Impuls-

---

20 Die Initiative »Schau hin! Was Dein Kind mit Medien macht« bietet Medienratgeber in verschiedenen Sprachen an.

fragen: »Wie beziehen wir Eltern bzw. die ganze Familie ein, wenn Kinder in der Kita Verhaltensweisen zeigen, die im Zusammenhang mit belastenden Medienerlebnissen stehen könnten?«) zu können. Manuels Mutter zeigt sich dankbar für diesen Tipp und möchte den Großeltern diesen Ratgeber ans Herz legen. Die Situation verschlechtert sich jedoch wieder, als die Mutter einen neuen Job beginnt.

Im Kindergartenalltag wie auch in der Spieltherapie fällt Manuel durch seine vielschichtigen Erzählungen und Schilderungen unverarbeiteter Medienerlebnisse auf. Detailgetreu und aufgeregt berichtet er von Spidermans Abenteuern, Kämpfen zwischen Hulk und Sirenman und langen Nächten, in denen er mit seinem Cousin GTA (Grand Theft Auto) gespielt hat. Auf Nachfrage, was denn GTA für ein Spiel sei, antwortet Manuel erstaunt und etwas überheblich: »Kennst du nicht GTA, das ist erst ab 16 Jahren, das spiele ich mit meinem Cousin«. Schilderungen dieser Art werden sofort nach der Therapiestunde dokumentiert, bestenfalls die Äußerung des Kindes wortgetreu notiert (DIAEDI: »*D*-Dokumentiere deine Beobachtungen!«). Nach der Therapiestunde recherchiert die Therapeutin das genannte Computerspiel und findet heraus, dass es für Kinder und Jugendliche aufgrund von Gewaltdarstellungen und sexualisierten Inhalten nicht zugänglich sein sollte (Teile von GTA haben eine USK-Einstufung ab 16 Jahren, andere ab 18 Jahren) (DIAEDI: »*I*-Informiere dich!«). Sie informiert das Kita-Team über das Ergebnis ihrer Recherche (DIAEDI: »*D*-Diskutiere deine Ergebnisse!«).

Manuel äußert zu diesem Zeitpunkt seine Überforderung durch ein starkes Mitteilungsbedürfnis. Er zeigt damit deutlich, dass er über seine Eindrücke reden muss. Die Therapeutin beobachtet, dass er sehr kompetent auswählt, wem er von seinen schauerlichen virtuellen Erlebnissen in welcher Form berichtet (Impulsfragen: »Wie teilen die Kinder ihre Medienerlebnisse im Kita-Alltag mit?«). Er hat verstanden, dass er die Kinder mit seiner schnellen, überschwänglichen Erzählweise über fliegende Bomben, Waffen und Helden mit Superkräften überfordert (Impulsfragen: »Wie bringen wir das Bedürfnis einzelner Kinder, Erlebnisse im Spiel zu verarbeiten, in eine gute Balance mit dem Bedürfnis der Gruppe, die Bildungseinrichtung als sicheren Ort zu erleben? Wie kann ich sicherstellen, dass keine Übergriffe auf andere Kinder durch das Ausagieren von Medienerlebnissen stattfinden?«). Den Gruppenpädagog:innen erzählt er nur manchmal etwas, äußert aber häufig, dass er sehr müde sei, weil er bei seinem Cousin übernachtet habe, der einen Fernseher im Zimmer habe. Einige Wochen berichten die Gruppenpädagog:innen, dass Manuel an den Vormittagen auf der Kuscheldecke schlafe (Impulsfragen: »Wenn wir uns die körperliche Gesundheit des Kindes anschauen: Was wissen wir über die Schlaf-, Trink- und Essgewohnheiten des Kindes? Können auffällige Verhaltensweisen des Kindes möglicherweise in einem Zusammenhang damit stehen?«). Zu diesem Zeitpunkt ist er 5 Jahre und 8 Monate alt und die Therapeutin und Gruppenpädagog:innen beraten sich immer engmaschiger (DIAEDI: »*D*-Diskutiere deine Ergebnisse!«) und planen schließlich eine gemeinsame §8A Beratung (Schutzauftrag bei Kindeswohlgefährdung) (DIAEDI: »*I*-Interveniere angemessen«; Impulsfragen: »Wenn wir an unsere Grenzen kommen: Wer kann uns beraten und den Kindern bzw. deren Familien helfen?«).

Perspektive:
Die §8A-Beratung hat eine deutliche Entwicklungsgefährdung aufgezeigt. Manuel wird weiterhin spieltherapeutisch begleitet. Ziel ist es, dass Manuel Realität und Fiktion zu unterscheiden lernt. Außerdem arbeiten Kitapersonal und Therapeutin weiter intensiv mit den Eltern zusammen, um die Familie beim Abbau des dysregulierten Mediennutzungsverhaltens zu unterstützen.

Fazit

Die vorangegangene Falldarstellung zeigt, wie es gelingen kann, durch interdisziplinäre Zusammenarbeit und eine flexible Umsetzung von Interventionen komplexe Fälle fachlich kompetent zu begleiten und so Kindern und Familien mit den mit Medieninhalten verbundenen Herausforderungen eine tatsächliche Hilfe sein zu können. Dabei sind Feinfühligkeit und Empathie – gegenüber Eltern (ein Vertrauensverhältnis ist bei den beschriebenen Herausforderungen unabdingbar) wie Kindern – die Basis für das gemeinsame Entwickeln von Lösungen. Kinder dürfen mit den ihnen gegebenen Herausforderung nicht das Gefühl vermittelt bekommen, dass ihre Bedürfnisse keinen Raum in der Kita haben. Notwendigerweise muss die pädagogische Praxis wie auch die Wissenschaft (mit expliziter Forschung zu den bereits erläuterten Dimensionen) sensibel für die gegebenen Herausforderungen sein und sich damit auseinandersetzen, dem Kinder ausgesetzt sind. Kinder sind nicht selbst daran »schuld«, was sie sehen. Erwachsene – Eltern, Pädagog:innen, Therapeut:innen, Wissenschaftler:innen – sind dafür verantwortlich, sich darum zu kümmern.

Natürlich kann die Frage gestellt werden, wie Pädagog:innen, die in ihrem beruflichen Alltag mit vielfältigen anderen Anforderungen wie Personalmangel, verhaltensauffälligen Kindern etc. konfrontiert sind, sich auch noch dieser Herausforderung stellen können.

Hier ist es erstens notwendig, dass die Grenzen der frühpädagogischen Praxis wahrgenommen und klar definiert werden: Welche Handlungsschritte gehören noch in den Kompetenzbereich der Kita und welche sind ganz klar nicht (mehr) leistbar und fallen in den Verantwortungsbereich anderer Professionen, wie beispielsweise in den von Beratungsstellen, Jugendamt oder Therapeut:innen? Im besten Fall existieren bereits Kooperationen, z. B. mit einer Förderstelle (vgl. Fallbeispiel), um möglichst früh agieren und intervenieren zu können.

Zweitens schließen sich die Autorinnen der Forderung der Gesellschaft für Seelische Gesundheit in der Frühen Kindheit (GAIMH) (2022) nach der »Vermittlung von Kenntnissen und Fähigkeiten rund um das Thema ›Digitale Medien und frühe Kindheit‹ als verpflichtender Bestandteil der Aus-, Weiter- und Fortbildung« an. Dies gilt auch insbesondere für das Handlungsfeld der Verarbeitung von (belastenden) Medienerlebnissen.

Die differenzierte Abfrage der MünDig-Studie Waldorf (Bleckmann et al. 2022a), in welcher der Weiterbildungsbedarf reformpädagogischer Fachkräfte auch explizit für dieses Handlungsfeld abgefragt wurde, zeigt, dass hier ein Drittel (33%) der Fachkräfte angaben, einen sehr hohen oder eher hohen Weiterbildungsbedarf zu haben (Bleckmann et al. 2022a). Von diesen Ergebnissen lassen sich zwar nur bedingt Rückschlüsse auf die Bedarfe von Fachkräften der allgemeinen Bildungslandschaft machen, da eine Abfrage der Weiterbildungsbedarfe in dieser Differenziertheit bislang nur in der MünDig-Studie stattfand. Nichtsdestotrotz scheint der Ausbau von nachhaltig gestalteten medienbezogenen Weiterbildungsmaßnahmen, wie es beispielsweise im Präventionsprogramm ECHT DABEI[21] der Fall ist, aus Autorinnensicht ein erstrebenswerter Weg zu sein.

Jedoch scheint, abgesehen vom Ausbau der Kooperationen und Fort- und Weiterbildungen von Fachkräften, auch der Schritt davor – die Prävention – gerade für kleine Kinder erfolgversprechend und bedeutsam zu sein, da dieser bereits verhindern bzw. reduzieren würde, dass Kinder mit belastenden Medienerlebnissen in Kontakt kommen: Wie könnten die erwachsenen Bezugspersonen um Kinder herum, solch ein Umfeld für Kinder gestalten, dass diese gar nicht erst mit belastenden Medienerlebnissen in Kontakt kommen und überhaupt damit gar nicht erst in die Not geraten, auf die Unterstützung von Fachkräften, die dann sozusagen »Schadensbegrenzung« betreiben, angewiesen zu sein?

Natürlich können nicht alle nicht alters- und entwicklungsgerechten Inhalte und Erfahrungen vor Kinderaugen versteckt werden. Setting- und präventionsbezogene

---

21 Letzter Abruf: 15.07.2023.

Empfehlungen nach einer strengeren FSK-Regelung – vor allem für kleine Kinder –, Finanzierung von Interventionsforschung, Stärkung des präventiven Kinderschutzes sowie die Etablierung von Medienkonsum-Anamnesen in Früherkennungsuntersuchungen gibt es zahlreich (Gesellschaft für Seelische Gesundheit in der Frühen Kindheit, GAIMH, 2022). Deren Umsetzung sollte weiterhin dringend verfolgt werden.

Literatur

Barr, R., Kirkorian, H., Radesky, J. S., Coyne, S., Nichols, D., Blanchfield, O. et al. (2020). Beyond Screen Time: A Synergistic Approach to a More Comprehensive Assessment of Family Media Exposure During Early Childhood. *Frontiers in Psychology* 11, S. 1283. DOI: 10.3389/fpsyg.2020.01283.

Behrens, P. & Rathgeb, T. (2015). miniKIM 2014. Kleinkinder und Medien. Basisuntersuchung zum Medienumgang 2–5-Jähriger in Deutschland. Hg. v. Medienpädagogischer Forschungsverbund Südwest (mpfs). Stuttgart. Online verfügbar unter https://www.mpfs.de/fileadmin/files/Studien/miniKIM/2014/Studie/miniKIM_Studie_2014.pdf, zuletzt geprüft am 10.10.2021.

Bitzer, E. M., Bleckmann, P. & Mößle, T. (2014). Prävention problematischer und suchtartiger Bildschirmmediennutzung. Eine deutschlandweite Befragung von Praxiseinrichtungen und Experten. Hannover: Kriminologisches Forschungsinst. Niedersachsen (Forschungsbericht/Kriminologisches Forschungsinstitut Niedersachsen, 125).

Bleckmann, P. (2014). Kleine Kinder und Bildschirmmedien. Hg. v. Alice Salomon Hochschule Berlin, Fröbel Kompetenz für Kinder und Weiterbildungsinitiative Frühpädagogische Fachkräfte (KiTa Fachtexte). Online verfügbar unter https://www.kita-fachtexte.de/fileadmin/Redaktion/Publikationen//KiTaFT_Bleckmann_2014.pdf.

Bleckmann, P. & Mößle, T. (2014). Position zu Problemdimensionen und Präventionsstrategien der Bildschirmnutzung. In: *Sucht* 60 (4), S. 235–247. Online verfügbar unter https://www.researchgate.net/publication/272171997_Position_zu_Problemdimensionen_und_Praventionsstrategien_der_Bildschirmnutzung, zuletzt geprüft am 23.03.2022.

Bleckmann, P., Denzl, E., Kernbach, J., Streit, B. & Pemberger, B. (Hrsg.) (2022a). MünDig-Studie Waldorf: Mündigkeit und Digitalisierung an KiTas und Schulen. Alfter b. Bonn: Alanus Hochschule. Online verfügbar unter https://muendig-studie.de/wp-content/uploads/2022/07/Ergebnisbericht-Waldorf.pdf.

Bleckmann, P., Streit, B. & Denzl, E. (2022b). MünDig-Studie Naturpädagogik. Mündigkeit und Digitalisierung an Natur- und Wald-Kitas. Ergebnisse der Fachkräfte- und Elternbefragung. Alfter. Online verfügbar unter https://www.alanus.edu/fileadmin/user_upload/MuenDig_Natur_Wald.pdf.

Braun, T., Büsch, A., Dander, V., Eder, S., Förschler, A., Fuchs, M. et al. (2021). Positionspapier zur Weiterentwicklung der KMK-Strategie ›Bildung in der digitalen Welt‹.

Brown, A. (2011). Media use by children younger than 2 years. *Pediatrics* 128 (5), S. 1040–1045. DOI: 10.1542/peds.2011-1753.

Bundeszentrale für gesundheitliche Aufklärung (BZgA) (2019). BZgA unterstützt Familien mit Empfehlungen zum digitalen Medienkonsum. Online verfügbar unter https://www.

bzga.de/aktuelles/2019-12-03-digitale-medien-mit-augenmass-nutzen/, zuletzt geprüft am 06.09.2022.

Burgard-Arp, N. (2018). »Caillou lernt sterben«. So perfide werden Kindervideos bei YouTube zu Horrorclips für Minderjährige manipuliert. *Kinder- und Jugendarzt* 49 (9/18), S. 572–573.

Coyne, S. M., Stockdale, L., Linder, J., Ruh, N., David, A., Collier, K. M. & Essig, L. W. (2017). Pow! Boom! Kablam! Effects of Viewing Superhero Programs on Aggressive, Prosocial, and Defending Behaviors in Preschool Children. *Journal of Abnormal Child Psychology*. DOI: 10.1007/s10802-016-0253-6.

Denzl, E. & Bleckmann, P. (2023a). »SESAM öffne Dich« – Eine Toolbox mit Impulsfragen für nachhaltige Medienbildung in der Kita. Posterpräsentation. Jahrestagung der Sektion Pädagogik der frühen Kindheit. Universität Leipzig. Leipzig, 09.03.2023. Online verfügbar unter https://www.alanus.edu/fileadmin/user_upload/Poster_20230312.pdf, zuletzt geprüft am 13.02.2023.

Denzl, E. & Bleckmann, P. (2023b). Bildschirmmedien im Fokus der Elternzusammenarbeit: Grundlagen, Herausforderungen & ein ressourcenorientierter Handlungsweg für die frühpädagogische Praxis. In: Brisch, K. H. (Hrsg.). Gestörte Bindungen in digitalen Zeiten. Stuttgart: Klett-Cotta, S. 168–192.

Feierabend, S., Plankenhorn, T. & Rathgeb, T. (2017). KIM-Studie 2016. Kindheit, Internet, Medien. Basisuntersuchung zum Medienumgang 6–13-Jähriger. Hg. v. Medienpädagogischer Forschungsverbund Südwest (mpfs). Stuttgart.

Franz, M. (2016). »Heute wieder nur gespielt« – und dabei viel gelernt. Den Stellenwert des kindlichen Spiels überzeugend darstellen. München: Don Bosco.

Fröhlich-Gildhoff, K. & Fröhlich-Gildhoff, M. (2017). Die Gefahren werden zu wenig bedacht. Tablet und Smartphone in der Kita – ein kritischer Blick. *TPS 10*, S. 16–19.

Fröhlich-Gildhoff, K. (2007). Verhaltensauffälligkeiten bei Kindern und Jugendlichen. Ursachen, Erscheinungsformen und Antworten. Stuttgart: Kohlhammer (Module angewandter Psychologie). Online verfügbar unter http://www.socialnet.de/rezensionen/isbn.php?isbn=978-3-17-018737-5.

Gesellschaft für Seelische Gesundheit in der Frühen Kindheit (GAIMH) (2022). Positionspapier Digitale Medien und frühe Kindheit. Forschungsstand, Wirkungen und Empfehlungen. Unter Mitarbeit von Paula Bleckmann, V. Brauchli, M. Hantinger, M. Hilgerloh, B. Kalckreuth v., A. M. Klein et al. Hg. v. German-Speaking Association for Infant Mental Health (GAIMH). Online verfügbar unter https://www.gaimh.org/aktuelles-reader/positionspapier-digitale-medien-und-fruehe-kindheit.html?file=files/cto_layout/downloads/publikationen/GAIMH-Positionspapier-digitale-Medien-und-fruehe-Kindheit.pdf&cid=68726.

Hartong, S., Amos, K., Bleckmann, P., Czarnojan, I., Förschler, A., Jornitz, S. et al. (2021). Unblack the Box. Anregungen für eine (selbst)bewusste Auseinandersetzung mit digitaler Bildung. In: Lankau, R. (Hrsg.). Autonom und mündig am Touchscreen. Für eine konstruktive Medienarbeit in der Schule (S. 201–212). Weinheim: Beltz.

Hockel, C. M. (unveröff.). Bedächtiges Erziehen – Liebevoll handeln. Weihnachtsausgabe 2022. München.

Kaiser-Müller, K. (2020). Studie: Kleinkinder und digitale Medien. 72 Prozent der 0- bis 6-Jährigen im Internet. In: *medienimpulse* 58 (1), S. 1–7. Online verfügbar unter https://www.saferinternet.at/news-detail/studie-72-prozent-der-0-bis-6-jaehrigen-im-internet/, zuletzt geprüft am 16.01.2023.

Kieninger, J., Feierabend, S., Rathgeb, T., Kheredmand, H. & Glöckler, S. (2021). miniKIM 2020. Kleinkinder und Medien. Basisuntersuchung zum Medienumgang 2- bis 5-Jähriger in Deutschland. Hrsg. v. Medienpädagogischer Forschungsverbund Südwest (mpfs). Online verfügbar unter https://www.mpfs.de/fileadmin/user_upload/lfk_miniKIM_2020_211020_WEB_barrierefrei.pdf, zuletzt geprüft am 23.03.2022.

Kindermedienland Baden-Württemberg (2020). Jugendschutzsoftware. PC Technik kann Sie bei der Medienerziehung unterstützen. Sie kann aber nicht Erziehung ersetzen. Online verfügbar unter https://www.kindermedienland-bw.de/de/startseite/beratung/schwerpunkte/jugendschutzsoftware.

Langmeyer, A., Guglhör-Rudan, A., Naab, T., Urlen, M. & Winklhofer, U. (2020). Kind sein in Zeiten von Corona. Ergebnisbericht zur Situation von Kindern während des Lockdowns im Frühjahr 2020. Hg. v. Deutsches Jugendinstitut. München. Online verfügbar unter https://www.dji.de/fileadmin/user_upload/dasdji/news/2020/DJI_Kindsein_Corona_Ergebnisbericht_2020.pdf.

Levin, D. E. (2016). What has happened to play? Hg. v. Community Playthings. Online verfügbar unter https://www.communityplaythings.com/resources/articles/2016/endangered-play.

McDaniel, B. T. (2020). Technoference: Parent mobile device use and implications for children and parent-child relationships. In: *Zero to Three* 41 (2), S. 30–36. Online verfügbar unter https://researchrepository.parkviewhealth.org/informatics/19.

McDaniel, B. T. & Radesky, J. S. (2018). Technoference: longitudinal associations between parent technology use, parenting stress, and child behavior problems. *Pediatric research* 84 (2), S. 210–218. DOI: 10.1038/s41390-018-0052-6.

Medienmagazin DWDL.de (2023). TV-Einschaltquoten und Marktanteile. Online verfügbar unter https://www.dwdl.de/zahlenzentrale/, zuletzt aktualisiert am 09.07.2023.

Mößle, T. (2012). Dick, dumm, abhängig, gewalttätig? Problematische Mediennutzungsmuster und ihre Folgen im Kindesalter. Ergebnisse des Berliner Längsschnitt Medien. [»fat, stupid, addicted, violent?« Problematic media usage behavior and its consequences in childhood. Results of the Berlin longitudinal study media]. Baden Baden: Nomos Verlag.

Radesky, J. S., Kistin, C., Eisenberg, S., Gross, J., Block, G., Zuckerman, B. & Silverstein, M. (2016). Parent Perspectives on Their Mobile Technology Use: The Excitement and Exhaustion of Parenting While Connected. *Journal of Developmental and Behavioral Pediatrics* 37 (9), S. 694–701. DOI: 10.1097/DBP.0000000000000357.

Reichert-Garschhammer, E. (Hrsg.) (2020). Nutzung digitaler Medien für die pädagogische Arbeit in der Kindertagesbetreuung. Expertise des IFP im Auftrag des BMFSFJ. Endfassung_Kurzexpertise_IFP_Digitalisierung_Kindertagesbetreuung. Staatsinstitut für Frühpädagogik (IFP), München. München.

Reichert-Garschhammer, E. (2021). Digitalisierung in der Kita. In: Braches-Chyrek, R., Moran-Ellis, J., Röhner, C. & Sünker, H. (Hrsg.). Handbuch Kindheit, Technik und das Digitale (S. 318–336). Opladen, Toronto: Verlag Barbara Budrich.

Roboom, S. (2022). Auf ein ausgewogenes Maß kommt es an ... Bedeutung und Potenzial von digitalen Medien. *KiTa aktuell spezial* (3).

Simanowski, R. (2021). Digitale Revolution und Bildung. Für eine zukunftsfähige Medienkompetenz. Weinheim, Basel: Beltz- Juventa.

Ward, L. M. & Aubrey, J. S. (2017). Watching gender: How stereotypes in movies and on TV impact kids' development. Hg. v. Common Sense. San Francisco. Online verfügbar unter https://wnywomensfoundation.org/app/uploads/2017/08/16.-Watching-Gender-How-Stereotypes-in-Movies-and-on-TV-Impact-Kids-Development.pdf, zuletzt geprüft am 23.03.22.

Weinberger, S. (2013). Kindern spielend helfen. Eine personzentrierte Lern- und Praxisanleitung. 5. Aufl. Weinheim und Basel: Beltz-Juventa.

ZEIT ONLINE (2021). »Ich töte dich« – Kita-Kinder spielen »Squid Game« nach. In: *Zeit online*, 03.11.2021. Online verfügbar unter https://www.zeit.de/news/2021-11/03/expertinnen-netflix-serie-squid-game-nicht-fuer-kinder, zuletzt geprüft am 27.06.2023.

Zierer, K. (2018). Lernen 4.0. – Pädagogik vor Technik. Möglichkeiten und Grenzen einer Digitalisierung im Bildungsbereich. 2., erw. Aufl. Baltmannsweiler: Schneider Verlag Hohengehren GmbH.

Zimmer, J. & Zimmer, K.-M. (2020). Ich sehe was, was Du nicht siehst! DIAEDI: ein Handlungs-Modell für die Unterstützung der Verarbeitung von Medienerlebnissen. Bildungsforschung 2020/2. Alanus Hochschule für Kunst und Gesellschaft; Fachschule für Sozialpädagogik des Instituts für pädagogische Diagnostik. Alfter, Siegburg.
Online verfügbar unter https://ojs3.uni-tuebingen.de/ojs/index.php/bildungsforschung/article/download/301/357/.

JULIA BERKIC UND DANIELA MAYER

Mentalisieren als Voraussetzung für feinfühliges Verhalten von pädagogischen Fachkräften

Empirische Forschungsbefunde und Arbeitsmaterial zur Selbstreflexion der eigenen Feinfühligkeit

Feinfühligkeit als bestimmende Determinante guter Interaktionsqualität in außerfamiliären Betreuungssettings

Internationale Studien zeigen, dass sich positive Effekte von Kindertagesbetreuung auf die kindliche Entwicklung nur dann nachweisen lassen, wenn in den jeweiligen Betreuungssetting eine hohe Interaktions- und Beziehungsqualität herrscht (z. B. Ahnert et al. 2013; Howes und Spieker 2016; Mashburn et al. 2008). Die Güte der Interaktionsqualität wiederum wird maßgeblich von der Feinfühligkeit der Betreuungspersonen für die grundlegenden emotionalen Bedürfnisse des Kindes bestimmt (z. B. Bowlby 1973; Bakermans-Kranenburg et al. 2003; Ahnert et al. 2006). Feinfühligkeit ist definiert als die Fähigkeit und Bereitschaft einer erwachsenen Bindungs- bzw. Bezugsperson, die Signale des Kindes wahrzunehmen, sie richtig zu deuten und prompt und angemessen darauf zu reagieren (Ainsworth 1974). Während pädagogische Fachkräfte eine relative hohe emotionale Unterstützung in der Interaktion mit den betreuten Kindern zeigen (z. B. von Suchodoletz et al. 2014; Wertfein et al. 2015), weisen nationale und internationale Forschungsbefunde darauf hin, dass bildungsunterstützende Aspekte der Fachkraft-Kind-Interaktion (z. B. längere Dialoge, offene Fragen, gezieltes Feedback) noch mehr Aufmerksamkeit benötigen (vgl. Anders et al. 2012; Cordes et al. 2019). Wenig ist jedoch bisher bekannt darüber, welche Faktoren die Feinfühligkeit von pädagogischen Fachkräften beeinflussen und bedingen.

Eigene sichere Bindungserfahrungen von Eltern begünstigen stabiles Fürsorgeverhalten – auch unter Stress

Aus der klassischen Eltern-Kind-Bindungsforschung der vergangenen Jahrzehnte weiß man, dass sichere eigene Bindungserfahrungen (der Mutter) wiederum eine sichere Mutter-Kind-Bindung begünstigen (z. B. Fonagy et al. 1991a; Grossmann und Grossmann 2012; Ward und Carlson 1995). Eine eigene sichere Bindungsgeschichte scheint sowohl die direkte Feinfühligkeit gegenüber dem (eigenen) Kind zu ermöglichen (z. B. Grossmann und Grossmann 2012; Ward und Carlson 1995) als auch bessere sozial-kognitive Fähigkeiten – wie z. B. Mentalisieren, Perspektivenübernahme oder Empathie – mit sich zu bringen (z. B. Fonagy et al. 1991b; Grienenberger et al. 2005; Slade et al. 1999; Slade et al. 2005). Die Fähigkeit zu mentalisieren, d. h. das Verhalten von Selbst und anderen unter der Berücksichtigung der dem Verhalten zugrundeliegenden mentalen Zustände (d. h. Bedürfnisse, Wünsche, Gefühle, Ziele, Absichten, Einstellungen etc.) beider Personen zu erklären (Fonagy et al. 1991a; Slade 2005), ermöglicht Betreuungspersonen, insbesondere in Situationen mit starken negativen Gefühlen, die kindlichen Signale vorherzusehen, sie richtig einzuordnen und in einer feinfühligen Art und Weise zu beantworten, ohne z. B. selbst von negativen Gefühlen überwältigt zu werden. Dies kann gelingen, weil die Bezugspersonen (aufgrund der Fähigkeit zum Mentalisieren) in der Lage sind, von ihrem eigenen emotionalen Erleben einen Schritt zurückzutreten und über das innere Erleben des Kindes zu reflektieren und die Gefühle und das Verhalten des Kindes zu regulieren (Fonagy et al. 1991b; Slade et al. 2005b).

Weitere Befunde aus der Eltern-Kind-Forschung deuten darauf hin, dass sichere eigene Bindungserfahrungen von Eltern dazu führen, dass diese in ihrer Feinfühligkeit unter Stress relativ stabil bleiben und somit einen guten Schutzfaktor darstellen – auch in schwierigen Zeiten. So begünstigen sichere eigene Bindungserfahrungen direkt stabiles Fürsorgeverhalten in Stress-Situationen, indem sie mehr Handlungsalternativen im Umgang mit emotional belastenden Lebenssituationen und mehr Sicherheit im Umgang mit negativen Gefühlen von Kindern und herausfordernden Situationen ermöglichen (Grossmann und Grossmann 2012; Spangler und Zimmermann 2015). Auch führen eigene sichere Bindungsrepräsentationen zu einer »angemesseneren« oder weniger verzerrten Repräsentation von sozialen Beziehungen (z. B. gegenüber den eigenen Kindern, aber auch in Freundschaften oder in Partnerschaften), zu weniger wahrgenommener Belastung, mehr Zufriedenheit und Freude, zu weniger Feindseligkeit sowie zu weniger Hilflosigkeit (z. B. George und Solomon 1996; Grossmann et al. 2005; Slade et al. 1999; Sleed 2013; Sroufe et al. 2005).

Bindungssicherheit und die Repräsentation der Beziehungen zum Kind in außerfamiliären Betreuungsettings

Um zu prüfen, ob sich diese innerfamiliären Befunde (teilweise) auch auf Beziehungen in außerfamiliären Settings übertragen lassen, haben wir in einer eigenen Studie die individuellen Unterschieden in Bindung und Fürsorgeverhalten von Fachkräften auf der Ebene der Repräsentationen erhoben und untersucht (vgl. Mayer et al. 2020a). Die Bindungsrepräsentation der Fachkräfte wurden dabei anhand des Adult Attachment Interviews (AAI, George et al. 2001) erfasst. Zur Erhebung der mentalisierenden Fähigkeiten wurde auf Grundlage des Parent Development Interviews (PDI-R, Slade et al. 2004) ein halbstrukturierter Interviewleitfaden entwickelt: das ErzieherIn-Entwicklungs-Interview (EEI, Beckh et al. 2015). Dieses wurde mit N=66 Fachkräften im Hinblick auf zwei ausgewählte Kinder (Kind 1: gute Beziehung, Kind 2: schwierige Interaktion) durchgeführt und mithilfe der Reflective Functioning Scale (RF, Fonagy et al. 1998; Slade et al. 2005a) und des Assessment of Representational Risk (ARR, Sleed und Wain 2013) kodiert.

Eine zentrale Annahme der Studie besteht dabei darin, dass eine sichere (eigene) Bindungsrepräsentation von Fachkräften sich positiv darauf auswirkt, wie unterstützend diese gegenüber den kindlichen Bedürfnissen im Kita-Alltag reagieren können (die unterstützende Präsenz). Eine zugrundeliegende Frage ist, ob Fachkräfte dann auch in herausfordernden und stressigen Situationen im Kita-Alltag weniger hilflos agieren. Eine weitere Annahme besteht darin, dass dieser Zusammenhang durch die Hilflosigkeit der Fachkraft unter Stress mediiert wird – d. h., dass die (eigene) Bindungsrepräsentation der Fachkräfte Einfluss auf die subjektiv wahrgenommene Hilflosigkeit in der Beziehung zu den Kindern nimmt, was wiederum die Fähigkeit zur unterstützenden Präsenz in der Kinderbetreuung negativ beeinflusst (vgl. George und Solomon 1996; Sleed 2013).

Die Auswertung der Adult Attachment Interviews (AAI) der Fachkräfte zeigte, dass die Verteilung von Bindungssicherheit und auch von Traumatisierungen bei den untersuchten Fachkräften vergleichbar war mit nichtklinischen Stichproben laut der Meta-Analyse von Bakermans-Kranenburg und van IJzendoorn (2009): Die Mehrheit der pädagogischen Fachkräfte wurde als »sicher« (62,8%) klassifiziert (»unsicher-distanziert«: 15,2%; »unsicher-verstrickt«: 16,7%), insgesamt wiesen 19,7% der pädagogischen Fachkräfte ein »unverarbeitetes Trauma/unverarbeiteten Verlust« auf (Mayer et al. 2020b). Auch konnten wir keine signifikanten Unterschiede zwischen den Repräsentationen von pädagogischen Fachkräften in Krippen oder Kindergärten finden. Es zeigte sich jedoch ein signifikanter Alterseffekt: Je älter die Fachkräfte waren, desto geringer war ihr Grad an Bindungssicherheit und desto geringer ihr Verarbeitungsgrad von Verlusten und Traumata. Dieser Befund ist konsistent mit Befunden aus anderen Studien in Deutschland, die die Bindungsrepräsentationen älterer Personen erfasst haben, etwa bei Langzeitehepaaren (Berkic 2006) und bei Großeltern in der Regensburger Längsschnittstudie (Wensauer und Grossmann 1995). Der Alterseffekt kann z. T. mit zeithistorischen Aspekten, extremen Lebensbedingungen und aversiven Kindheitserfahrungen sowie einem Wertewandel im Erziehungsverhalten erklärt werden (vgl. Klasen et al. 2019; Wensauer 1995).

Weitere Analysen ergaben, dass die oben genannten Annahmen bestätigt werden können: Konsistent mit Befunden der Eltern-Kind-Forschung (vgl. Sleed 2013) mediierte die Hilflosigkeit von Fachkräften die Vorhersage ihrer unterstützenden Präsenz durch ihre Bindungsrepräsentation (partielle Mediation). Das bedeutet: Fachkräfte mit sicherer eigener Bindungsrepräsentation wurden weniger hilflos in der Interaktion mit Kindern und konnten dadurch unterstützender agieren. Auch der Verarbeitungsgrad von Verlusten bzw. Traumata (volle Mediation) hatte einen Einfluss auf die unterstützende Präsenz gegenüber den Kindern: Je mehr unverarbeitete Anteile eine pädagogische Fachkraft im AAI berichtete, desto hilfloser und in der Folge weniger unterstützend war sie gegenüber den betreuten Kindern (vgl. Mayer et al. 2019). Die eigene Bindungssicherheit bzw. der Grad der Integration eigener bindungsrelevanter Erlebnisse scheinen also die Art und Weise zu beeinflussen, wie Erzieherinnen aktuelle Beziehungssituationen mit den betreuten Kindern wahrnehmen, bewerten und interpretieren, was wiederum auch im (berichteten) Interaktionsverhalten zum Ausdruck kommt.

Implikationen für die Praxis

Die genannten Ergebnisse liefern der frühpädagogischen Forschung einen neuen methodischen Zugang auf der Ebene der (Beziehungs-)Repräsentationen von pädagogischen Fachkräften. Noch viel mehr jedoch ist dieses Wissen um die enorme Bedeutung der eigenen Bindungsgeschichte und -organisation der Fachkräfte für ihre Repräsentation der Beziehungen zu den Kindern und für ihr Interaktionsverhalten relevant für die Praxis. Zur Förderung der professionellen Gestaltung von vertrauensvollen Fachkraft-Kind-Beziehungen in der frühkindlichen Kindertagesbetreuung sollte in der Aus- und Weiterbildung von pädagogischem Personal ein Fokus sowohl auf das Wissen um die Bindungsorganisation in der frühen Kindheit und im Erwachsenenalter als auch auf die Reflexion der eigenen Bindungsgeschichte und des aktuellen Interaktionsverhaltens gelegt werden.

Durch die Arbeit mit biografischen Erinnerungen und Botschaften aus der Kindheit können bindungsrelevante Themen reflektiert und ein systematischer Zugang zu mentalen Repräsentationen und innerpsychischen Prozessen ermöglicht werden. So können eigene unsichere Anteile durch die Reflexion über die Gründe für das eigene Verhalten und das Verhalten anderer in Beziehungen integriert und feinfühliges Verhalten sowie die professionelle Haltung gefördert werden. Denn Bindungsunsicherheit kann insbesondere gegenüber herausfordernden Kindern und in belastenden (Stress-)Situationen im Alltag feinfühliges Verhalten beeinträchtigen und Gefühle von Hilflosigkeit bedingen (George und Solomon 1996; Grossmann et al. 2005; Slade et al. 1999; Sleed 2013; Sroufe et al. 2005). Bindungssicherheit bedeutet dagegen mehr Flexibilität und mehr Handlungsalternativen im Umgang mit emotional belastenden Lebenssituationen und mehr Sicherheit im Umgang mit negativen Gefühlen von Kindern und herausfordernden Situationen, dadurch ist meist auch in Stress-Situationen stabiles Fürsorgeverhalten möglich (George und Solomon 1996; Grossmann und Grossmann 2014; Spangler und Zimmermann 2015).

Ein weiterer Ansatzpunkt ist daher die individuell wahrgenommene Hilflosigkeit der Fachkräfte, die dazu führen kann, dass diese entweder feindselig gegenüber dem Kind agieren oder zumindest keine sichere Basis mehr für die Regulation der Gefühle der Kinder darstellen können. Insofern scheint es sinnvoll, in der Aus- und Weiterbildung/Supervision mit Fachkräften Strategien zum Umgang mit überfordernden Situationen zu entwickeln und somit unterstützendes Verhalten durch Ressourcenorientierung und die Erarbeitung von alternativen Handlungsstrategien zu stabilisieren. Beispielsweise können in frühpädagogischen Teams »KollegInnen-Tandems« gebildet werden, die sich gegenseitig ablösen, z. B. wenn eine der Fachkräfte merkt, dass sie ihre Grenzen erreicht und beginnt, sich hilflos zu fühlen.

Die Entwicklung von Reflexionskarten zum Thema Feinfühligkeit

Für diese genannten Zwecke haben wir am Staatsinstitut für Frühpädagogik und Medienkompetenz ein Praxismaterial zur Anwendung in der Aus-, Fort- und Weiterbildung entwickelt: die Reflexionskarten »*Feinfühlig reagieren – Verhalten reflektieren: in der Interaktion mit Kindern zwischen 0 und 10 Jahren*« (Mayer und Berkic 2020). Die Karten eignen sich dafür, pädagogische Fachkräfte für bestimmte Themen zu sensibilisieren sowie bestehendes Verhalten und Einstellungen zu analysieren und zu überdenken. Ziel der Selbstreflexion ist die weitere Professionalisierung (professionelle Haltung, Wissen, Fertigkeiten), insbesondere im Hinblick auf eine gelungene Interaktionsqualität.

Theoretischer Hintergrund der Reflexionskarten
Die Reflexionsfragen auf den Karten basieren auf ausgewählten Interviewleitfäden der Bindungsforschung: dem Adult Attachment Interview (George et al. 2001), dem Parent Development Interview (Slade et al. 2004) und dem Erzieherin-Entwicklungs-Interview (Beckh et al. 2015). Zudem fließen Erfahrungen der anwendungsbezogenen Arbeit in Fort- und Weiterbildung (Beckh et al. 2016; Berkic und Mayer 2019) und aus systemischen Beratungsprozessen mit pädagogischen Fachkräften und Eltern zum Thema Interaktions- und Beziehungsgestaltung in die Reflexionsfragen ein.

Inhalt der Reflexionskarten
Die 12 Karten zu 10 Themenbereichen umfassen Fragen zu den Bereichen: Eingewöhnung/Erster Schultag, Bringen und Abholen/Kommen und Gehen, Nicht-Wohlfühlen, Negative Gefühle, Konflikte, Sicherheit und Zugehörigkeit, Autonomie und Kompetenz, Struktur und Grenzen, Beruf als Erzieherin sowie Stress und Selbstfürsorge.

Anwendung der Reflexionskarten
Die Reflexionskarten können über alle Bildungsorte hinweg eingesetzt werden (Krippe, Kindergarten, Kindertagespflege, Grundschule, Hort, Mittagsbetreuung, Spielgruppe, Familienzentrum/Familienbildungsstätte etc.). Sie dienen der Selbstreflexion eigener Bindungserfahrungen, des feinfühligen Verhaltens in der Interaktion mit Kindern und des Erlebens und Handelns der pädagogischen Arbeit als Fachkraft. Es besteht keine Notwendigkeit, das Set in chronologischer Reihenfolge zu bearbeiten. Die Fragen auf den Karten sollten jedoch sehr wohl in der angegebenen Reihenfolge bearbeitet werden. Wichtig ist, eine bestimmte Zeitspanne für die Bearbeitung der Fragen anzugeben. Zwischen der Bearbeitung der Karten sollte ebenfalls Zeit für die Nachbearbeitung gegeben werden sowie zwischen den Themenbereichen, wenn mehrere angeboten werden. Das Kartenset kann in Einzelarbeit, in Tandems, in Kleingruppen oder in einer Großgruppe bearbeitet werden. Die Karten sollten fachlich eingebettet und begleitet werden, z. B. durch einen fachlichen Input vor oder nach der Auseinandersetzung im Rahmen von Aus-, Fort- und Weiterbildung sowie im Rahmen von Fachberatung, pädagogischer Qualitätsbegleitung und/oder Supervision (ein Begleitmanual zum theoretischen Hintergrund liegt bei).

KONFLIKTE

Achten Sie bewusst auf Situationen, in denen wiederholt Konflikte mit einem Kind auftreten, in denen sich das Kind „unangemessen" verhält oder Sie unverhältnismäßig abweisend, genervt, ärgerlich oder wütend reagieren.
Durchdenken Sie diese Situationen in Ruhe und versuchen Sie, sich in die Perspektive des Kindes hineinzuversetzen:

Was will Ihnen das Kind mit seinem Verhalten sagen?	Was wünscht sich das Kind in solchen Situationen von Ihnen?
Welche Bedürfnisse, Motivationen und Gefühle stehen hinter dem gezeigten Verhalten?	Wie gehen Sie mit Ihren eigenen Emotionen um?

Überlegen Sie, in welchen Situationen es zwischen Ihnen und dem Kind gut geklappt hat.

Wie haben Sie das damals genau gemacht?	Wie haben Sie sich gefühlt?
	Was denken Sie, wie hat sich das Kind gefühlt?

NEGATIVE GEFÜHLE GEGENÜBER DEM KIND

Wenn ein Kind bei Ihnen wiederholt starke negative Gefühle oder sogar körperliches Unwohlsein oder andere Irritationen auslöst, die die pädagogische Routine stören, kann es sich lohnen auf die dahinterstehende Beziehungsdynamik zu blicken und zu überlegen:

Kenne ich dieses Gefühl aus anderen Beziehungen?	Welchen Sinn macht das jeweilige Verhalten für das Kind? (z.B. Warum muss das Kind durch Aggression die Aufmerksamkeit auf sich ziehen? Wovon lenkt das Kind mit lustigem/albernem Verhalten ab?)
Bringt mich ein bestimmter Typ von Kind immer wieder an diesen Punkt? (z.B. aggressives Kind, verträumtes/langsames Kind, zickiges Kind...)	
Kenne ich dieses Verhalten aus meiner eigenen Lebensgeschichte?	Welche alternativen Möglichkeiten hätte ich, auf dieses Kind zu reagieren?
Wie wurde auf mich reagiert, wenn ich z.B. aggressiv, zu langsam, zickig war?	Wie kann ich dem Kind helfen, sich in unserer Beziehung anders zu regulieren, als mit diesem (störenden/dysfunktionalen) Verhalten?
	Kann ich einen Partner im Team zur Hilfe holen, wenn ich mit dem Kind an meine Grenzen stoße?

Der Einsatz der Karten kann dazu anregen, im Team, im Tandem oder in Einzelarbeit die Feinfühligkeit der eigenen Person, des Teams und/oder der Einrichtung in bindungsrelevanten Situationen des Kita-Alltags strukturiert zu reflektieren. Wie Forschungsergebnisse zeigen, stellt die Selbstreflexion im Rahmen von Professionalisierungsmaßnahmen einen bedeutsamen Faktor zur Verbesserung der Interaktionsqualität zwischen pädagogischen Fachkräften und Kindern dar (z. B. Egert et al. 2020). Die Karten können heruntergeladen werden unter:

https://www.ifp.bayern.de/veroeffentlichungen/publikationen/index.php (Stand Juli 2023)

Exemplarisch sind auf Seite 127 die Reflexionskarten zu den Bereichen »Negative Gefühle« und »Konflikte« abgebildet.

Literatur

Ahnert, L., Pinquart, M. & Lamb, M. E. (2006). Security of children's relationships with non-parental care providers: A meta-analysis. *Child Development*, 77(3), S. 664–679.

Ahnert, L., Milatz, A., Kappler, G., Schneiderwind, J. & Fischer, R. (2013). The impact of teacher-child relationships on child cognitive performance as explored by a priming paradigm. *Developmental Psychology*, 49, S. 554–567.

Ainsworth, M. D. S. (1974). Feinfühligkeit versus Unfeinfühligkeit gegenüber den Mitteilungen des Babys. In K. E. Grossmann & K. Grossmann (Hrsg.), *Bindung und menschliche Entwicklung. John Bowlby, Mary Ainsworth und die Grundlagen der Bindungstheorie* (S. 431–439). Stuttgart: Klett-Cotta 2003.

Anders, Y., Rossbach, H.-G., Weinert, S., Ebert, S., Kuger, S., Lehrl, S. & von Maurice, J. (2012). Home and preschool learning environments and their relations to the development of early numeracy skills. *Early Childhood Research Quarterly* 27(2), S. 231–244.

Bakermans-Kranenburg, M. J., van IJzendoorn, M. H. & Juffer, F. (2003). Less is more: meta-analyses of sensitivity and attachment interventions in early childhood. *Psychological Bulletin*. Mar; 129(2): S. 195–215.

Bakermans-Kranenburg M., van IJzendoorn M. (2009).The first 10,000 Adult Attachment Interviews: distributions of adult attachment representations in clinical and non-clinical groups. *Attachment and Human Development*. 11(3), S. 223–263.

Beckh, K., Mayer, D. & Berkic, J. (2015). *ErzieherIn-Entwicklungs-Interview* (in Anlehnung an PDI-R). Unveröffentlichtes Protokoll. München: Staatsinstitut für Frühpädagogik.

Beckh, K., Berkic, J. & Mayer, D. (2016). Feinfühligkeit von Eltern und ErzieherInnen. Beziehungen mit Kindern im Alter von 3 bis 6 Jahren gestalten. Broschüre verfügbar unter www.ifp.bayern.de

Berkic, J. (2006). *Bindung und Partnerschaft bei Langzeit-Ehepaaren*. Dissertation, Fakultät Psychologie und Pädagogik, München.

Berkic, J. & Mayer, D. (2019). *Feinfühligkeit von Eltern und PädagogInnen in Schulen und Horten*. Broschüre, verfügbar unter www.ifp.bayern.de

Bowlby, J. (1973). Attachment and loss. Vol. 2: Separation: anxiety and anger. New York, NY: Basic Books.

Cordes, A. K., Radan, J. & Wirts, C. (2019). Fachkraft-Kind-Dialoge im Freispiel: Wer hat das. Wort? *Frühe Bildung, 8*(4), S. 200–205.

Egert, F., Dederer, V., Fukkink, R. G., (2020). The impact of in-service professional development on the quality of teacher-child interactions in early education and care: A metaanalysis. *Educational Research Review*, 29, 100309.

Fonagy P., Steele, H. & Steele M. (1991a). Maternal representations of attachment during pregnancy predict the organization of infant-mother attachment at one year of age. *Child Development* 62(5), S. 891–905.

Fonagy, P., Steele, M., Steele, H., Moran, G. S., & Higgitt, A. C. (1991b). The capacity for understanding mental states: The reflective self in parent and child and its significance for security of attachment. *Infant Mental Health Journal, 12*(3), S. 201–218.

Fonagy, P., Target, M., Steele, H., & Steele, M. (1998). *Reflective-Functioning Manual, version 5.0, for Application to Adult Attachment Interviews*. London: University College London.

George, C., Kaplan, N. & Main, M. (2001). Adult Attachment Interview Protokoll. In: Gloger-Tippelt G. (Hrsg.), *Bindung im Erwachsenenalter* (S. 364–387). Bern: Huber.

Grienenberger, J., Kelley, K., & Slade, A. (2005). Maternal reflective functioning, mother–infant affective communication, and infant attachment: Exploring the link between mental states and observed caregiving behavior in the intergenerational transmission of attachment. *Attachment & Human Development*, 7, S. 299–311.

Grossmann, K. E., Grossmann, K. & Waters, E. (2005). *Attachment from infancy to adulthood: The major longitudinal studies*. New York, NY: Guilford Publications.

Grossmann, K., Grossmann, K. E. (2012): *Bindungen – das Gefüge psychischer Sicherheit*. Stuttgart: Klett-Cotta.

Howes, C., & Spieker, S. (2016). Attachment Relationships in the Context of Multiple Caregivers. In: Cassidy J. & Shaver P. R. (eds.) *Handbook of* Attachment: Theory, Research, and Clinical Applications (3rd ed., pp. 314–329). New York, NY: Guilford Press.

Klasen, J., Nolte, T., Möller, H. & Taubner, S. (2019). Aversive Kindheitserfahrungen, Bindungsrepräsentationen und Mentalisierungsfähigkeit von Psychotherapeuten in Ausbildung. *Zeitschrift für Psychosomatische Medizin und Psychotherapie*, 65, S. 353–371.

Mashburn A. J., Pianta, R. C., Hamre, B. K., Downer, J. T., Barbarin, O. A., Bryant, D., Burchinal, M., Early, D. M., Howes, C. (2008). Measures of classroom quality in prekindergarten and children's development of academic, language, and social skills. *Child Development*, 79(3), S. 732–749.

Mayer, D., Berkic, J., Danay, E. & Becker-Stoll, F. (2019). *Bindungsrepräsentationen von pädagogischen Fachkräften und ihre unterstützende Präsenz in der Kindertagesbetreuung*. Vortrag auf der gemeinsamen Tagung der Fachgruppen Entwicklungspsychologie und Pädagogische Psychologie PAEPSY, 9.–12. September 2019 in Leipzig.

Mayer, D. & Berkic, J. (2020) Reflexionskarten-Set *»Feinfühlig reagieren – Verhalten reflektieren: in der Interaktion mit Kindern zwischen 0 und 10 Jahren«*. Staatsinstitut für Frühpädagogik und Medienkompetenz, München.

Mayer, D., Berkic, J., & Beckh, K. (2020a). Mentalisieren als Voraussetzung für feinfühliges Verhalten von pädagogischen Fachkräften: Methodenentwicklung und Ergebnisse einer Pilotstudie. *Diskurs Kindheits- und Jugendforschung*, 3, S. 318–330.

Mayer, D., Berkic, J. & Becker-Stoll, F. (2020b). Bindungsrepräsentationen von pädagogischen Fachkräften in Kindertageseinrichtungen. *Frühe Bildung*, 9(4) S. 203–210.

Slade, A., Aber, J. L., Bresgi, I., Berger, B., & Kaplan, M. (2004). *The Parent Development Interview – Revised. Unpublished protocol.* The City University of New York.

Slade, A., Belsky, J., Aber, J. L., & Phelps, J. L. (1999). Mothers' representations of their relationships with their toddlers: Links to adult attachment and observed mothering. *Developmental Psychology*, 35(3), S. 611–619.

Slade, A., Bernbach, E., Grienenberger, J., Levy, D., & Locker, A. (2005a). Addendum to Fonagy, Target, Steele, & Steele reflective functioning scoring manual for use with the Parent Development Interview. Unpublished Manuscript.

Slade, A., Grienenberger, J., Bernbach, E., Levy, D. & Locker, A. (2005b). Maternal reflective functioning, attachment and the Transmission Gap: A preliminary study. *Attachment and Human Development*, 7, S. 283–298.

Sleed, M. (2013). *The Assessment of Relational Risk in Early Parent-Infant Relationships.* Unpublished dissertation. University College London.Sleed, M. & Wain, H. (2013). *Assessment of Representational Risk Coding Manual.* Unpublished Manuscript.

Solomon, J., & George, C. (1996). Defining the caregiving system: Toward a theory of caregiving. *Infant Mental Health Journal*, 17(3), S. 183–197.

Suchodoletz, A. von, Fäsche, A., Gunzenhauser, C. & Hamre, B. K. (2014). A typical morning in preschool: Observations of teacher-child interactions in German preschools. *Early Childhood Research Quarterly*, 29, S. 509–519.

Spangler, G. & Zimmermann, P. (2015). *Die Bindungstheorie: Grundlagen, Forschung und Anwendung.* Stuttgart: Klatt-Cotta.

Sroufe, A., Egeland, B., Carlson, E. A. & Collins, W. A. (2005). The Development of the Person: The Minnesota Study of Risk and Adaptation from Birth to Adulthood. New York: Guilford.

Ward, M. J. & Carlson, E. A. (1995). Associations among adult attachment representations, maternal sensitivity, and infant-mother attachment in a sample of adolescent mothers. *Child Development*, 66(1), S. 69–79.

Wensauer, M. & Grossmann, K. E. (1995). Qualität der Bindungsrepräsentation, soziale Integration und Umgang mit Netzwerkressourcen im höheren Erwachsenenalter. *Zeitschrift für Gerontologie und Geriatrie*, 28(6), S. 444–456.

Wensauer, M. (1995). Bindung, soziale Unterstützung und Zufriedenheit im höheren Erwachsenenalter. In: Spangler, G. & Zimmermann, P. (Hrsg.), Die Bindungstheorie. Grundlagen, Forschung und Anwendung (S. 209–223). Stuttgart: Klett Cotta.

Wertfein, M., Wirts, C. & Wildgruber, A. (2015). Bedingungsfaktoren für gelingende Interaktionen zwischen Erzieherinnen und Kindern. Ausgewählte Ergebnisse der BIKE-Studie. IFP-Projektbericht 27/2015: München.

KATHARINA HAGER

Planvolle Unterstützung von Familien mit Kleinkind(ern): Eine Aufgabe von Städten und Gemeinden?!

Vorstellung des kommunalpolitischen Handlungskonzeptes, basierend auf den Prinzipien von Early Life Care

Familien und Kinder zu unterstützen und zu fördern ist eine gesetzlich verankerte Aufgabe der Städte und Gemeinden in Deutschland. Diese ergibt sich grundsätzlich aus den Artikeln 6 und 28 GG sowie aus verschiedenen bundes- und landesweiten Zuweisungen. Wie zahlreiche wissenschaftliche Studien belegen, lohnt sich die Förderung von Familien und Kindern aus volkwirtschaftlicher Sicht besonders, wenn diese möglichst frühzeitig einsetzt (z. B. Heckmann, zit. nach Schober und Then 2015; Meier-Gräwe und Wagenknecht 2011; Hafen 2014; Juraszovich 2017). In vielen Städten und Gemeinden existieren auch seit vielen Jahrzehnten unterschiedliche Modelle und Projekte, durch die Schwangere und Familien mit Kleinkind(ern) unterstützt werden sollen (vgl. Theißig 2020, S. 19–33). Was bislang fehlte, war ein Handlungskonzept, in dem Kommunen eine Schlüsselrolle übernehmen und speziell Familien mit Kleinkind(ern) bis drei Jahre in den Mittelpunkt gerückt sind. Diese Lücke wurde mit dem kommunalpolitischen Handlungskonzept, basierend auf den Prinzipien von Early Life Care, zu schließen versucht. Dieses Konzept wird im Folgenden an dem Referenzbeispiel einer oberbayerischen Kommune näher erläutert. Mit dieser arbeitet die Verfasserin dieses Artikels seit Sommer 2018 eng zusammen.

Referenzbeispiel des kommunalpolitischen Handlungskonzeptes: oberbayerische Kleinstadt

Die oberbayerische Kommune wurde als Referenzbeispiel des kommunalpolitischen Handlungskonzeptes ausgewählt, weil die Verfasserin des Artikels diese im Rahmen der Ausarbeitung und Umsetzung des familienpolitischen und generationengerechten Rahmenkonzeptes unterstützt. Die Kommune hat im Zuge dessen im Sommer 2018 den politischen Entschluss gefasst, sich familienfreundlich und generationengerecht weiterzuentwickeln (vgl. Theißig 2020). Bei der Arbeit in der Kommune hat sich herauskristallisiert, dass für das praktische Handeln vor Ort neben dem familienpolitischen Rahmenkonzept ergänzende und tiefer gehende Informationen zur Lebenssituation der einzelnen Altersgruppen hilfreich wären. Deshalb hat sich die Kommune im Frühjahr 2020 dazu entschieden, für Familien mit Kleinkind(ern) bis drei Jahre ein Teilkonzept ausarbeiten zu lassen: das kommunalpolitische Handlungskonzept, basierend auf den Prinzipien von Early Life Care. Dieses wurde im Sommer 2020 als Masterarbeit im Rahmen des Universitätslehrganges Early Life Care an der Paracelsus Universität Salzburg von der Verfasserin dieses Artikels eingereicht (vgl. Theißig 2020).

In der Kommune werden seit Spätsommer 2020 ausgewählte Aspekte des kommunalpolitischen Handlungskonzeptes umgesetzt, z. B.

- das Etablieren verschiedener offener Treffpunkte für Familien mit Kleinkind(ern) in der Stadt (Familiencafé alle 2 Monate, Elternwerkstatt 2-mal pro Jahr, Familien-Aktivnachmittage 1-mal pro Monat, Familienfest alle 2 Jahre),
- das Erstellen von Informationsbroschüren für Familien mit Kleinkind(ern) (Begrüßungsmappe für Neugeborene, Angebote für Jung und Alt)
- die kontinuierliche Erhebung der lokalen Bedarfe und Angebotsabstimmung (2-mal pro Jahr Arbeitstreffen aller KITA-Träger).

Eine vollständige Implementierung des kommunalpolitischen Handlungskonzeptes ist bislang in der Kommune noch nicht gelungen. Hauptgrund dafür ist die aktuell sehr starke Auslastung der Kommunalpolitik und Stadtverwaltung infolge der gesamtgesellschaftlichen Lage in Deutschland (z. B. Corona-Nachwirkungen, Klimakrise, Ukraine-Krieg).

> **Kurzsteckbrief der Kommune**
>
> - Kleinstadt in Oberbayern
> - 7373 Einwohner:Innen (Stand 12/2021)
> - Bevölkerungsstruktur: 60–80 Geburten/Jahr; 16% unter 18 Jahre, 21% über 65 Jahre und 11% über 75 Jahre
> - 20% Alleinerziehende
> - seit Frühjahr 2020: eigene Stelle in der Stadtverwaltung für Familien, Kinder, Jugendliche, Senioren (Stelle der Familienbeauftragten, besetzt mit 25 Wochenstunden)
>
> (vgl. Tekles 2018, 2020, 2022)

Idee und Nutzen des kommunalpolitischen Handlungskonzeptes

Das kommunalpolitische Handlungskonzept ist als Handlungsleitfaden für Städte und Gemeinden zu verstehen, wie sie Familien mit Kleinkind(ern) zielgerichtet, abgestimmt und koordiniert unterstützen können. Dadurch kann unmittelbar auf die lokalen Bedarfslagen von Familien mit Kleinkind(ern) eingegangen werden und die Angebote und Leistungen können gezielt gesteuert werden.

Städte und Gemeinden, die das kommunalpolitische Handlungskonzept erfolgreich implementiert haben, profitieren in vielfacher Hinsicht:

1. Es wird eine kommunale Präventionskette entlang der Lebensphasen der Kleinkinder und deren Familien aufgebaut.
2. Es wird ein starkes Netzwerk für Familien vor Ort geknüpft. Zu diesem gehören Vertreter aus Institutionen, gewerbliche Anbieter und ehrenamtlich Engagierte.
3. Es werden verbindliche, verlässliche und kontinuierliche Beteiligungsprozesse von Familien vor Ort initiiert.
4. Es werden die Weichen gestellt für eine kontinuierliche Qualitätssicherung und für nachhaltige Strukturen vor Ort.
5. Es werden Informationen über die Lebenssituation von Familien mit Kleinkind(ern) bis drei Jahre in der Kommune gewonnen.
6. Es werden vorhandene Hilfs-, Unterstützungs- und Entlastungsangebote, die es für Familien mit Kleinkind(ern) direkt in der Kommune gibt, identifiziert und eventuelle Lücken in der lokalen Versorgungslandschaft herausarbeitet.

7. Es werden Wege aufgezeigt, wie interkommunal zusammengearbeitet werden kann, sodass Aufgaben, welche sich in der Zusammenarbeit mit Familien mit Kleinkind(ern) ergeben, leichter und besser erfüllt werden und einzelne Akteur:Innen entlastet, Konkurrenzdenken abgebaut, Arbeitsabläufe und -strukturen vorausschauend optimiert und Engpässe vermieden werden kann.

Das kommunalpolitische Handlungskonzept, basierend auf den Prinzipien von Early Life Care, trägt somit zur Steigerung der Familienfreundlichkeit vor Ort bei.

Das kommunalpolitische Handlungskonzept in seinen Eckpfeilern

Das kommunalpolitische Handlungskonzept orientiert sich an acht Prinzipien, besteht aus 13 aufeinander aufbauenden Bausteinen, die sich durch die Sondierungs-, Eröffnungs-, Analyse- und Umsetzungs- und Evaluationsphase strukturieren lassen. Jede dieser vier Konzeptphasen endet mit einem Meilenstein. Die Implementierung dauert bei optimalem Ablauf zwischen 24 bis 33 Monate. Es besteht grundsätzlich nach jedem Baustein die Möglichkeit, die Implementierung zeitweise zu unterbrechen oder ganz zu beenden. Eine erfolgreiche Implementierung erfordert jedoch die Umsetzung aller Bausteine.

Die Prinzipien des kommunalpolitischen Handlungskonzeptes

1. **Die Kommunalpolitik gibt den Startschuss:** Es ist von essenzieller Bedeutung, sich gleich zu Beginn das politische Agreement der Kommunalpolitik einzuholen. Eine offizielle Beschlussfassung vom Stadt-/Gemeinderat schafft Verbindlichkeit und signalisiert den politischen Willen für das Vorhaben.
2. **Die Kommunalverwaltung ist der Motor des Gesamtprozesses:** Zur Ausarbeitung und späteren Umsetzung des Handlungskonzeptes ist eine feste Ansprechperson der Kommunalverwaltung nötig, welche die Erarbeitung und spätere Umsetzung des Handlungskonzeptes steuert. Zudem ist langfristig eine ressortübergreifende Zusammenarbeit innerhalb der Kommunalverwaltung entscheidend, um die Themen von Familien mit Kleinkind(ern) adäquat angehen zu können.
3. **Der Gesamtprozess wird durch eine(n) externe(n) Prozessbegleiter:in begleitet:** Der unvoreingenommene und unabhängige Blick von außen sowie zusätzliche Zeit- und Personal-Ressourcen sind entscheidend, um solch ein umfangreiches

Vorhaben wie das Handlungskonzept neben dem kommunalen Alltagsgeschäft anzugehen.

4. **Die lokalen Akteur:innen werden von Anfang an mit ins Boot geholt:** Es ist wichtig, dass sich gemeinsame Haltungen und Handlungsweisen entwickeln, um zu gemeinsamen kommunalen Abstimmungen und Zielfindungen zu gelangen. Nur so können die Bedürfnisse der Familien mit Kleinkind(ern) konkret erkannt und das kommunale Handeln entsprechend daran ausgerichtet werden.

5. **Im Mittelpunkt stehen Familien mit Kleinkind(ern) aus der Kommune:** Alle Familien mit Kleinkind(ern) sollen wertschätzend, achtsam, kulturspezifisch und kompetenzfördernd durch niedrigschwellige Angebote der Familienbildung und -begleitung unterstützt werden. Besonders im Blick sind bildungsferne Familien und besonders geforderte und in hohem Maß belastete Familien, also beispielsweise Teenager-Eltern, Familien mit Frühchen, Alleinerziehende, Familien mit einem behinderten Kind, benachteiligte Familien, Familien mit Migrationshintergrund.

6. **Familien mit Kleinkind(ern) werden kontinuierlich beteiligt:** Familien sind Experten in eigener Sache und es ist nur von Vorteil, wenn deren »Insiderwissen« im Gesamtprozess berücksichtigt wird.

7. **Familien mit Kleinkind(ern) werden bio-psycho-sozial-spirituell betrachtet:** Im Blick sind biologische Faktoren (z. B. pränatale, perinatale Vorerkrankungen, familiäre Erkrankungen), psychologische Faktoren (z. B. Temperament, individuelle Bewältigungsstrategien, Bindungsentwicklung, sensible Entwicklungsphasen), soziale Faktoren (z. B. soziale Verhältnisse ab der Schwangerschaft, familiäre Belastungs- und Schutzfaktoren, sozialer Status) sowie spirituelle Faktoren (z. B. Glaube, persönlicher »Sinn des Lebens«). Mit dieser ganzheitlichen Betrachtungsweise kann eine Unter- oder Überversorgung vermieden werden.

8. **In allen Phasen des Gesamtprozesses zur inhaltlichen Erarbeitung des kommunalpolitischen Handlungskonzeptes werden ethische Überlegungen berücksichtigt:** Es werden die verschiedenen Normen, Werthaltungen, Bedürfnisse und ethischen Dilemmata bei den Familien mit Kleinkind(ern), den lokalen Akteur:innen, der Kommunalverwaltung sowie des Gesetzgebers näher betrachtet und gegeneinander abgewogen. Alle Ziele und Maßnahmen, die im Rahmen des Handlungskonzeptes entwickelt und umgesetzt werden, sind somit ethisch begründet und im Dialog entstanden.

Bausteine und Meilensteine des kommunalpolitischen Handlungskonzeptes

Nachfolgende Übersicht stellt die grundsätzliche Struktur des kommunalpolitischen Handlungskonzeptes dar.

Konzeptphase	Bausteine	Kurze Erläuterung
Sondierungsphase	Initialzündung	Es geht darum, die konzeptionelle Idee grundsätzlich innerhalb des Entscheidungsgremiums der Kommune zu platzieren. Gegebenenfalls ist Überzeugungsarbeit erforderlich, wo Fürsprecher hilfreich sein können. Offizieller Ratsbeschluss als Signal für politischen Willen unbedingt erforderlich.
	Einholen eines Ratsbeschlusses	
Eröffnungsphase	Klärung der Zuständigkeit in der Stadtverwaltung	In dieser Konzeptphase geht es darum, relevante Akteur:innen und Stakeholder zu identifizieren. Es muss die Zuständigkeit innerhalb der Stadtverwaltung geklärt und ein(e) externe(r) Prozessbegleiter/-in beauftragt werden.
	Beauftragung und Auftragsklärung mit externen/r Prozessbegleiter/-in	
	Einrichten eines Lenkungsgremiums	
	Auftaktveranstaltung in der Kommune	
Analysephase	Umfassende Analyse der Ausgangslage und Erarbeitung von Handlungsbedarfen	In dieser Konzeptphase geht es darum, sich vertiefend mit den Bedingungen für Familien mit Kleinkind(ern) in der Kommune auseinanderzusetzen und relevante Faktoren zu erfassen und zu bewerten.
	Erarbeiten von Leitbildern und strategischen Entwicklungszielen	
	Erarbeiten von auf Konsens beruhenden Zielen, Maßnahmen und Indikatoren	
	Erteilen eines Umsetzungsauftrages durch Stadtrat	
Umsetzungs- und Evaluationsphase	Durchführung der Planungsevaluation	Diese Konzeptphase verfolgt das Ziel, eine Planungs- und Ergebnisevaluation durchzuführen und nachhaltige Strukturen für Initiativen zu entwickeln. Dies erfolgt unter der Federführung des Lenkungsgremiums. Die ausgearbeiteten nachhaltigen Strukturen werden schriftlich fixiert und damit verbindlich in der Kommune gemacht.
	Durchführung einer systematischen und fundierten Ergebnisevaluation	
	Erarbeiten von Möglichkeiten zur Verstetigung von Projekten und Entwickeln von nachhaltigen Strukturen	

Für das kommunalpolitische Handlungskonzept sind sechs Meilensteine festgelegt worden. Das Erreichen dieser ist von besonderer Bedeutung für den Gesamtprozess.

1. Meilenstein: Projektanstoß
2. Meilenstein: Offizieller Ratsbeschluss zur Implementierung des Handlungskonzeptes
3. Meilenstein: Auftaktveranstaltung
4. Meilenstein: Erteilung eines offiziellen Umsetzungsauftrages durch den Stadtrat
5. Meilenstein: Strategiepapier zur Nachhaltigkeit
6. Meilenstein: Evaluationsbericht

Themenfelder des kommunalpolitischen Handlungskonzeptes

Im kommunalpolitischen Handlungskonzept stehen folgende vier Themenfelder im Mittelpunkt:

1. **Es wird ein lokales Netzwerk frühe Kindheit aufgebaut.** Dieses ist das Gerüst des kommunalpolitischen Handlungskonzeptes. Bürgermeister und Stadt-/Gemeinderat geben dabei den Grundsatzbeschluss zum Handlungskonzept. Die Steuerung und Koordination des Gesamtprozesses liegen in der Stadtverwaltung. Eine eingerichtete Lenkungsgruppe leitet Ziele und Maßnahmen auf kommunaler Ebene auf Basis der Analyse der Ausgangssituation ab und plant deren Prioritäten und die einzusetzenden bzw. verfügbaren personellen und finanziellen Ressourcen. Eine externe Prozessbegleitung begleitet das Lenkungsgremium durch Methoden der Moderation effektiv und zielführend, ohne dabei inhaltlich einzugreifen und zu steuern.
2. **Das Herzstück des Handlungskonzeptes ist die Präventionskette.** Mithilfe dieser ist es möglich, lokale und regionale Akteur:innen sowie die Schnittstellen zwischen diesen sichtbar zu machen und eine gezielte Vernetzung an den Übergängen herbeizuführen. Dabei wird an bestehende Strukturen angeknüpft, um zu verhindern, dass Parallel-Strukturen entstehen. Ziel ist es, bindungsorientiert die biografischen Übergänge zu gestalten (z.B. von KIGA in Schule) und durch spezifische Ansätze der Förderung und Unterstützung besonders kritische Übergänge im Familienzyklus und kritische Lebensereignisse (z.B. Tod, Trennung, Scheidung) abzufedern.
3. **Wichtiges Arbeitsprinzip ist die partnerschaftliche Zusammenarbeit.** Das bedeutet, dass Entscheidungen stets im Dialog mit allen Beteiligten abgestimmt, alle

Beteiligten wertschätzend und konstruktiv miteinander kommunizieren, Transparenz hinsichtlich der Entscheidungsvorgänge herrscht und die getroffenen Entscheidungen auch tatsächlich umgesetzt werden.

4. **Qualitätssicherung und Nachhaltigkeit.** Grundanliegen beim kommunalpolitischen Handlungskonzept ist es, Maßnahmen auf den Weg zu bringen und auch langfristig aufrechtzuerhalten. Deshalb findet eine kontinuierliche Evaluation der einzelnen Maßnahmen und auch des Gesamtprozesses statt. Zudem werden Möglichkeiten zur Verstetigung von Projekten und Initiativen gemeinsam erarbeitet, um nachhaltige Strukturen zu entwickeln.

Zeitplan des kommunalpolitischen Handlungskonzeptes

Für das kommunalpolitische Handlungskonzept wurde folgender Zeitplan bei optimalem Verlauf angedacht:

(c) Katharina Hager

Eine Pufferzeit wurde im Zeitplan bereits einkalkuliert, da immer unvorhergesehene Hindernisse auftauchen können, die zu Verzögerungen oder gar zu einem vorzeitigen Abbruch des Gesamtprozesses führen können[22].

---

22 Eine ausführliche Risikoanalyse für die Implementierung des Handlungskonzeptes Early Life Care am Referenzbeispiel ist bei Theißig (2020) zu finden.

Implementierung in anderen Regionen – Tipps und Tricks aus der Praxis

Das kommunalpolitische Handlungskonzept kann auf andere Städte und Gemeinden übertragen werden. Die oberbayerische Kommune diente lediglich als Referenzmodell bei der Ausarbeitung des Handlungskonzeptes. Generell übertragbar auf andere Kommunen sind die Vision, der Nutzen, die vier Themenfelder und auch die grundsätzliche Struktur des Handlungskonzeptes. Eine Anpassung kann je nach regionalen Gegebenheiten notwendig sein, beispielsweise bei der Reihenfolge der Bausteine, beim Zeitplan oder bei der Zusammensetzung des Lenkungsgremiums. Eventuell ist neben dem/r externen Prozessbegleiter/-in auch eine externe Fachberatung notwendig, die punktuell fachliche Inputs gibt. Interessante Themen könnten dabei beispielsweise sein: »Chancen und Herausforderungen der Kommunen bei der Familienförderung und im Kinderschutz«, »kommunale Familienförderungs- und Kinderschutzkonzepte«, »ressortübergreifende Kooperation in der Verwaltung«, »Gestaltung von Beteiligungsprozessen«, »zielgruppenangemessene Information und Marketing« und »Aufbau kommunaler Präventionsketten«. Sinnvoll in der Zukunft werden sicher auch Transferwerkstätten sein, an denen interessierte Kommunen teilnehmen können und vom Wissen der Kommunen profitieren, die das kommunalpolitische Handlungskonzept erfolgreich bereits implementiert haben.

Ausgehend von den Erfahrungswerten der Verfasserin mit der Erarbeitung und Umsetzung des familienpolitischen und generationengerechten Gesamtkonzeptes in der oberbayerischen Kommune können nachfolgende Empfehlungen für eine erfolgreiche reale Implementierung des kommunalpolitischen Handlungskonzeptes gegeben werden:

Politisches Agreement von Anfang an einholen: Ohne die Willensbekundung der Kommunalpolitik wird es schwer bzw. sogar unmöglich sein, solch einen umfangreichen Gesamtprozess wie das kommunalpolitische Handlungskonzept in Gang zu setzen. Deshalb sollten unbedingt die kommunalen politischen Gremien von Anfang an einbezogen werden. Bei der Präsentation der Idee muss klar der Nutzen für die Kommune herausgearbeitet und angesprochen werden. Um Zweifeln an der Notwendigkeit früher Hilfen für Familien mit Kleinkind(ern) zu begegnen, kann auf die Befunde einer Vielzahl empirischer Studien aus unterschiedlichen Forschungsdisziplinen zurückgegriffen werden (eine Zusammenschau findet sich in Theißig 2020).

Mitstreiter:innen suchen: Gemeinsam ist man immer stärker, vor allem, wenn man größere Veränderungen in Gang setzen möchte. Deshalb sollte man am besten von Beginn an überlegen, wer Stakeholder (Unterstützer) für die Implementierung des kommunalpolitischen Handlungskonzeptes könnten. Eine sogenannte Stakeholder-Analyse, ein Handwerkszeug aus dem Projektmanagement, kann dabei hilfreich sein. Aus dieser geht hervor, wer potenzieller Stakeholder sein kann, wie bedeutsam dieser für den Projekterfolg ist, welche Unterstützung von diesem im Projekt erwartet werden kann und welche Gegenleistung dieser dafür erwartet.

Es braucht Zeit, Geduld und Biss: Die Implementierung des kommunalpolitischen Handlungskonzeptes bringt in den Städten und Gemeinden einen weitreichenden Gesamtprozess in Gang. Alle, die daran beteiligt sind, werden gefordert. Das Positive am kommunalpolitischen Handlungskonzept ist, dass es nicht – wie andere Konzepte – nach der theoretischen Ausarbeitung von Visionen, Leitlinien, Zielen und Maßnahmen endet, sondern auch die Umsetzung und Evaluation essenzielle Bestandteile sind. Dadurch ist gewährleistet, dass die erarbeiteten Vorhaben auch tatsächlich in die Praxis umgesetzt werden. Ein weiterer Vorteil des Handlungskonzeptes ist, dass sich dieses in vier Konzeptphasen (Sondierungs-, Eröffnungs-, Analyse- und Umsetzungs-/Evaluationsphase) aufgliedert, die in sich abgeschlossen und auch jeweils mit konkreten Ergebnisberichten enden. Dadurch ist es grundsätzlich möglich, dass sich die Kommune nach jeder Konzeptphase wieder neu für, aber auch gegen die Fortführung des kommunalpolitischen Handlungskonzeptes entscheiden kann. Die Aufgliederung in die vier Phasen bietet die Chance, im laufenden Prozess Adaptierungen vorzunehmen, sollten diese aufgrund sich veränderter Rahmenbedingungen in der Kommune notwendig sein.

Finanzierung klären: Es versteht sich von selbst, dass die erfolgreiche Implementierung des kommunalpolitischen Handlungskonzeptes nur mit dem Einsatz finanzieller Ressourcen möglich sein wird. Zur Implementierung des Handlungskonzeptes ist grundsätzlich der Einsatz kommunaler Haushaltsgelder vorgesehen. Optimalerweise gelingt es, dass die kommunalen Entscheidungsträger in den Städten und Gemeinden einen Budgetbeschluss fällen. Durch diesen sind dann die Finanzierung des Handlungskonzeptes und alle damit verbundenen Initiativen kurz-, mittel- bzw. längerfristig oder sogar dauerhaft gesichert. Sollte dies nicht gelingen aufgrund anderweitiger hoher Investitionskosten der Städte und Gemeinden, kann ein Durchforsten der Förderlandschaft sinnvoll sein. Bezüglich der frühen Kindheit existieren einige Förderprogramme, auf die freie Träger der Jugendhilfe bzw. der Erwachsenenbildung,

Vereine und Verbände sowie Landkreise zurückgreifen können. Oftmals handelt es sich dabei aber um Anschubfinanzierungen, um die Vorhaben auf die Beine zu bringen. Es ist deshalb von essenzieller Bedeutung, sich rechtzeitig Gedanken um die Anschlussfinanzierung zu machen.

Projekte und Initiativen auf mehrere Schultern verteilen: Projekte und Initiativen sind beständiger, wenn die Verantwortung dafür auf mehrere Köpfe verteilt ist. Zum einen verkleinert dies die Last für jeden Einzelnen deutlich und nimmt auch den Druck, der sonst auf einer Person allein ruht. Zum anderen eröffnet die Verteilung von Verantwortung auch Potenziale. Denn mehrere Köpfe führen auch zu mehr Ideen, Vorschlägen, Verbesserungen und Innovationen. Bei der Implementierung des kommunalpolitischen Handlungskonzeptes stehen nachhaltige Strukturen und qualitätsvolle Initiativen im Vordergrund. Wie diese in der Kommune geschaffen werden können, sind Themenfelder, mit denen sich das Lenkungsgremium intensiv beschäftigen sollte.

Potenzial freiberuflicher Anbieter und Ehrenamtlicher neben den Institutionen im lokalen Netzwerk nutzen: In jeder Region gibt es engagierte Akteur:innen aus dem Bildungs-, Sozial- und Gesundheitsbereich. Diese sind oftmals institutionell verankert oder sie engagieren sich freiberuflich oder ehrenamtlich. Um Familien mit Kleinkind(ern) umfassend zu fördern und zu unterstützen, arbeiten all diese Akteur:innen optimalerweise zusammen. Bei der Implementierung des kommunalpolitischen Handlungskonzeptes sorgt das Netzwerk frühe Kindheit dafür, dass die lokalen Akteur:innen an einen Tisch kommen und sich miteinander darum bemühen, eine gemeinsame Haltung und fachliche Standards für die Arbeit mit Familien mit Kleinkind(ern) zu erarbeiten.

Adressaten kontinuierlich beteiligen: Die Adressaten, also Familien mit Kleinkind(ern), kennen ihre tagtäglichen Herausforderungen in der Kommune am besten. Deshalb sind sie optimalerweise kontinuierlich beteiligt an der Bedarfserhebung und Angebotsentwicklung. Im Rahmen des kommunalpolitischen Handlungskonzeptes ist eine verbindliche, verlässliche und kontinuierliche Beteiligung der Adressaten vorgesehen. Da es nicht möglich ist, jede einzelne Familie mit Kleinkind(ern) aus der Kommune zu involvieren, sollten Vertreter:innen ausgewählt werden, die punktuell im Lenkungsgremium aktiv sind. Bei der Auswahl der Vertreter:innen sollte darauf geachtet werden, dass diese die Vielfalt der in der Kommune lebenden Familien widerspiegeln, damit möglichst alle Interessen und Belange berücksichtigt werden können.

Mitarbeiter:innen der Gemeinde-/Stadtverwaltung nicht vergessen: Die Stadt-/Gemeindeverwaltungen sind oftmals erste Anlaufstelle bei Anliegen oder konkreten Fragestellungen der Bürger:innen. Optimalerweise wird innerhalb der Kommunalverwaltungen ressortübergreifend zusammengearbeitet, da die Themen von Familien mit Kleinkind(ern) viele verschiedene Fachbereiche und Ämter berühren. Mithilfe des kommunalpolitischen Handlungskonzeptes gelingt es, die verschiedenen Arbeitsbereiche innerhalb der Kommunalverwaltung zusammenzuführen und sie kontinuierlich am Gesamtprozess zu beteiligen.

Transfermöglichkeiten des kommunalpolitischen Handlungskonzeptes auf andere Altersgruppen und Bereiche

Beim kommunalpolitischen Handlungskonzept stehen Familien mit Kleinkind(ern) im Mittelpunkt. Paare mit Kinderwunsch, Schwangere und Familien mit Kindern über drei Jahren werden nicht näher beleuchtet. Eine intensive Auseinandersetzung auch mit diesen Adressatengruppen wäre eine lohnende Aufgabe, denn auch diese Lebensphasen sind mit vielfältigen Aufgaben und Herausforderungen verknüpft.

Das kommunalpolitische Handlungskonzept ist bei der Förderung von Familien mit Kleinkind(ern) zudem begrenzt auf den Wirkungsbereich von Städten und Gemeinden. Ein Ausarbeiten der Möglichkeiten der Landkreise, der Bundesländer und des Bundes sowie der Vergleich mit anderen europäischen Ländern könnte zu neuen Lösungsansätzen der Frage führen, wie Familien mit Kleinkind(ern) effektiv und effizient wirksam gefördert und unterstützt werden können.

Essenziell dabei ist, dass die Handlungskonzepte für die einzelnen Adressatengruppen und Wirkungsbereiche gut miteinander abgestimmt angewandt werden und aufeinander aufbauen. Nur so können sie ihre volle Wirksamkeit entfalten und langfristig eine funktionierende kommunale Präventionskette entstehen.

Glossar

Familienfreundlichkeit: Es gibt keine allgemein gültige Definition. Gemeint ist damit grundsätzlich, dass Familien am kommunalpolitischen Geschehen beteiligt werden. Wie dies konkret ausschauen kann und durch welche Maßnahmen, ist abhängig von den regionalen Gegebenheiten in den Kommunen.

Frühe Förderung: Unter dem Begriff »Frühe Förderung« werden nach Hafen (2014) alle Maßnahmen zusammengefasst, »*die darauf ausgerichtet sind, für die bio-psychosoziale Entwicklung von Kindern bis zum Schuleintritt möglichst optimale Rahmenbedingungen zu gewährleisten – angefangen von der Betreuung während der Schwangerschaft, über Ausrichtung von Kindergeld und Elternschaftsurlaub bis hin zur ärztlichen Versorgung, Elternbildung und -beratung, Angeboten der Frühförderung und der integrativen Förderung sowie familienergänzenden Betreuungs- und Erziehungsangeboten etc.*« (Hafen 2014, S. 10f, S. 88).

Frühe Kindheit: Damit ist in diesem Artikel die Lebensphase von der Geburt bis zum vollendeten dritten Lebensjahr gemeint.

Interkommunale Zusammenarbeit: Damit ist die freiwillige Zusammenarbeit zwischen Städten und Gemeinden, den kommunalen Einrichtungen, den privaten Unternehmen, Organisationen und zivilgesellschaftlichen Akteur:innen gemeint (vgl. Trapp et al. 2019).

Kommune: Der Begriff bezieht sich auf Gemeinden sowie kreisfreie oder kreisangehörige Städte.

Kommunale Präventionsketten: Ein Orientierungsschema, das dabei behilflich ist, Zuständigkeiten abzugrenzen, Schnittstellen zwischen den Akteur:innen sichtbar zu machen und gezielte Vernetzung an den Übergängen herbeizuführen (vgl. Landschaftsverband Rheinland 2017, S. 26).

Kritische Lebensereignisse und -phasen: Gemeint sind damit jene Ereignisse oder Phasen im Lebenslauf, die die Entwicklung eines Menschen beeinflussen. Diese können zu positiven oder negativen Veränderungen führen (vgl. Hackfort 2003).

Literatur

Hackfort, D. (2003). Studientext Entwicklungspsychologie 1. Theoretisches Bezugssystem, Funktionsbereiche, Interventionsmöglichkeiten. Göttingen: Vandenhoeck & Ruprecht.

Hafen, N. (2014). »Better together« – Prävention durch Frühe Förderung. Präventionstheoretische Verortung der Förderung von Kindern zwischen 0 und 4 Jahren. Überarbeitete und erweiterte Version des Schlussberichtes zuhanden des Bundesamtes für Gesundheit. Luzern: Hochschule Luzern – Soziale Arbeit, Verfügbar unter: better_together_pr_ vention_durch_fr_he_f_rderung_2_erweiterte_auflage_druckfassung.pdf (kip-pic.ch) [09.06.2023]

Juraszovich, B. (2017). Zur Wirkung und Wirksamkeit von Frühen Hilfen – Darstellung von Kosten und Nutzen anhand exemplarischer Fallvignetten. Gesundheit Österreich, Wien: o.V.

Landschaftsverband Rheinland (Hrsg.) (2017). Präventionsnetzwerke und Präventionsketten erfolgreich koordinieren. Eine Arbeitshilfe aus dem LVR-Programm »Teilhabe ermöglichen – Kommunale Netzwerke gegen Kinderarmut« im Rheinland. Verfügbar unter: https://www.praeventionsketten-nds.de/fileadmin/media/downloads/LVR-Arbeitshilfe_Kinderarmut_2017_ONLINE.pdf [15.02.2020]

Meier-Gräwe, U. & Wagenknecht, I. (2011). Kosten und Nutzen früher Hilfen. Eine Kosten-Nutzen-Analyse im Projekt »Guter Start ins Kinderleben«. In: Nationales Zentrum Frühe Hilfen (Hrsg.). Expertise. Materialien zu Frühe Hilfen, Köln: o.V.

Schober, C. & Then, V. (Hrsg.) (2015). Praxishandbuch Social Return on Investment: Wirkung sozialer Investitionen messen. Bad Langensalza: Stuttgart: Schäffer-Poeschel Verlag.

Theißig, K. (2018a). Familienbericht für die Stadt Laufen. 1. Zwischenbericht im familienpolitischen Gesamtkonzept. Verfügbar unter: https://service.stadtlaufen.de/ortsrecht.html?file=files/stadtservice/ortsrecht/Familienbericht%20Stadt%20Laufen%202018.pdf&cid=2752 [13.06.2019]

Theißig, K. (2018b). Ergebnispräsentation aus dem Familienbericht der Stadt Laufen. Verfügbar unter: 100 https://service.stadtlaufen.de/ortsrecht.html?file=files/stadtservice/ortsrecht/Familienbericht%20der%20Stadt%20Laufen%20Ergebnis.pdf&cid=3578 [18.10.2019]

Theißig, K. (2019). Familienförderplan für die Stadt Laufen. 2. Zwischenbericht im familienpolitischen Gesamtkonzept. Verfügbar unter: https://service.stadtlaufen.de/ortsrecht.html?file=files/stadtservice/ortsrecht/Familienberi cht%20Stadt%20Laufen%202019.pdf&cid=3578 [05.01.2020]

Theißig, K. (2020). MasterThesis. Willkommenskultur für Neugeborene: Theoretische Erarbeitung eines kommunalen Handlungskonzeptes Early Life Care am Beispiel der Stadt Laufen.

Tekles, H. (2017). Sozialraumanalyse, soziale Faktoren der Bauleitplanung, Bedarf im Bereich des sozialen Wohnungsbaus und Kindertagesstättenplanung für die Stadt Laufen. Verfügbar unter: https://service.stadtlaufen.de/ortsrecht.html?file=files/stadtservice/downloads/Sozialrauman alyse%20-%20Endfassung%20-%20Textfassung.pdf&cid=2479 [18.08.2019]

Tekles, H. (2019). Sozialraumanalyse, Kindertagesstättenplanung, Schülerzahlenprognosen und Bedarf an alternativem Wohnen für die Stadt Laufen. Gutachten erstellt im Auftrag der Stadt Laufen. Verfügbar unter: https://service.stadtlaufen.de/ortsrecht.html?file=files/stadtservice/downloads/Sozialrauman alyse%20Fortschreibung%202019.pdf&cid=2479 [18.08.2019]

Tekles, H. (2022). Sozialraumanalyse. Aktualisiertes und erweitertes Gutachten erstellt im Auftrag der Stadt Laufen. Verfügbar unter: https://stadtlaufen.de/ortsrecht.html?file=files/stadtservice/downloads/Sozialraumanalyse%20-%20Aktualisierung%20-%20Endfassung%20-%20Textfassung%202022.pdf&cid=3596 [09.06.2023]

Trapp, H., Hanke, S., Riechel, R., Deffner, J, Zimmermann, M., Stein, M., Felmelden, J. & Franz, A. (2019). Lebensqualität und Daseinsvorsorge durch interkommunale Kooperation. Verfügbar unter: https://repository.difu.de/handle/difu/255690 [30.12.2019]

TEIL III

Übergänge begleiten und Möglichkeitsräume öffnen

DR.IN PHIL. MARIA TERESA DIEZ GRIESER

Mentalisierungsorientierte Elternarbeit: »to mind is to care«

Einleitung

Insbesondere in der frühen Kindheit ist der Einfluss der elterlichen Gedanken, Phantasien und Gefühle, die die Art und Qualität der Beziehungsangebote an das Kind prägen, für die kindliche Entwicklung von herausragender Bedeutung. Des Weiteren sind die Intensität und Art der Belastung aufseiten der Eltern ein zentraler Einflussfaktor in Bezug auf ein gesundes Aufwachsen und die Teilhabe an gesellschaftlichen Prozessen seitens ihrer Kinder. Entsprechend ist die Elternarbeit in verschiedenen professionellen Settings und Kontexten das Kernstück gelingender pädagogischer und psychotherapeutischer Interventionen bei belasteten Kindern.

Bestehende Hilfssysteme (Kinder- und Jugendhilfe, Bildungssystem, Gesundheitssystem) legen den Fokus – und verteilen die finanziellen und zeitlichen Ressourcen – häufig so, dass die Kinder betreut, begleitet und behandelt werden. Die Arbeit mit dem Herkunftssystem bzw. dem weiteren Umfeld wird hingegen weniger gewichtet. Dabei dürfte aufgrund der Forschungsergebnisse der letzten Jahre (u. a. Weisz et al. 2017 für den psychotherapeutischen Bereich, Beelmann et al. 2014 für den Präventionsbereich) hinlänglich bekannt sein, dass insbesondere bei komplexeren familiären Verstrickungen (beispielsweise bei transgenerationalen Traumatisierungsprozessen) oder bei hoher sozioökonomischer Belastung (Multiproblemfamilien) eine individuelle, zu exklusiv auf das Kind ausgerichtete Verstehens- und Vorgehensweise zu wenig effektiv ist.

Trotz dieser Ergebnisse und der negativen Erfahrungen mit misslingenden Interventionen bleiben die Hilfssysteme – bis hin zu den Tarifen und Abrechnungsmodi – kindfokussiert, was die Umsetzung systemischer, familienorientierter Ansätze deutlich erschwert. Zudem ist die Elternarbeit aufgrund vielseitiger Übertragungs- und Gegenübertragungsverstrickungen für Fachpersonen eine große Herausforderung. Deshalb ist es nicht erstaunlich, dass die Praxis nach Modellen und Interventionsformen sucht, die möglichst einfach umgesetzt werden können.

Vor diesem Hintergrund sind in den letzten Jahrzehnten verschiedene Gruppensettings, Programme und manualisierte Vorgehensweisen entwickelt und verfügbar gemacht worden, die diesen Bedarf zu decken versuchen. Verschiedene Zielgruppen von belasteten Eltern (psychisch kranke Eltern, traumatisierte Eltern, hochstrittige Eltern etc.) werden durch Angebote wie beispielsweise das für spezifische Belastungen angepasste, bindungsorientierte Präventionsangebot »SAFE® – Sichere Ausbildung für Eltern« (Brisch et al. 2016) oder auch Multifamilienangebote (Asen 2017) aufgrund ihrer Niederschwelligkeit gut erreicht und Lern- und Veränderungsprozesse bei den Eltern werden angestoßen und verankert. Die Effektivität solcher Angebote ist untersucht und weitgehend bestätigt.

Da erstens solche präventiven Angebote nicht flächendeckend implementiert werden, zweitens Gruppensettings nicht für alle belasteten Eltern als passend erscheinen und drittens bei hoher Belastung zusätzlich oder stattdessen eine intensive Elternarbeit im Einzelsetting notwendig ist, muss Elternarbeit sowohl konzeptuell als auch technisch entsprechend differenziert werden.

Die vorliegende Arbeit möchte einen Beitrag leisten, indem sie hilfreiche und bewährte psychoanalytische Konzepte und Vorgehensweisen in der Elternarbeit mit dem reichen Wissenskorpus und den Vorgehensweisen der Theorie und Praxis des Mentalisierens verknüpft und aufzeigt, dass elterliches Mentalisieren die Beziehungsqualität zwischen Eltern und Kindern und gelingende Entwicklungen auf beiden Seiten prägt: »to mind is to care«.

Elternschaft und Elternarbeit[23]

Die Elternarbeit hat innerhalb der Psychoanalyse eine lange Geschichte; in deren Anfängen die »Einmischung« (Grieser 2018, S. 15) der Eltern im Rahmen von psychotherapeutischen Interventionen mit ihren Kindern eher als nachteilig beschrieben wurde.

Im Laufe der weiteren Entwicklungen haben sich verschiedene Positionen hinsichtlich der Einbeziehung der Eltern in die Kinder- und Jugendlichenpsychotherapie gebildet. Dorothy Burlingham (1935/1988) und Anna Freud (1987) lenkten ihr Augenmerk auf die Einflüsse der Umwelt, auf die Notwendigkeit, ein Arbeitsbündnis mit

---

23 Der vorliegende Beitrag wendet sich an Mitglieder verschiedener Fachbereiche (Psychotherapeut:innen, Sozialarbeiterinnen und -arbeiter, Sozialpädagog:innen), die in verschiedenen Kontexten mit belasteten Eltern arbeiten.

den Eltern zu entwickeln, welche die psychotherapeutische Behandlung ihrer Kinder möglich machen, sowie auf die Wirkung dieser Behandlung auf die Gefühlswelt und Identität der Kinder.

Verschiedene psychoanalytische Autor:innen haben sich seit den 1960er-Jahren mit der Elternarbeit beschäftigt und wichtige und auch heute noch relevante Impulse für deren Umsetzung gegeben. Insbesondere kann das Buch von Novick und Novick (2009) als ein Grundlagenwerk für die Elternarbeit in der Kinderpsychoanalyse betrachtet werden, welches großen Wert für die praktische Arbeit hat. Die Arbeit mit den Eltern wird hier als ein Kernstück verstanden; sie bedarf einer vertieften Evaluationsphase, die auch dazu führen kann, dass dem Beginn der Behandlung eines Kindes eine längere Phase der Elternarbeit vorangestellt wird. In dieser ersten Phase werden die inneren und äußeren Interaktionen, die es in der Entwicklung des Kindes zwischen ihm und seinen Bezugspersonen gab, und die daraus entstehende Dynamik bearbeitet. Des Weiteren wird der Fokus auf die Übertragungs-Gegenübertragungsdynamik zwischen den Eltern und den Psychotherapeut:innen gelegt, was für ein Gelingen der Elternarbeit als entscheidend betrachtet wird.

Aus psychoanalytischer Sicht hat die Arbeit mit den Eltern die gleiche Zielsetzung wie diejenige mit den Kindern: die Wiederaufnahme der blockierten Entwicklung (A. Freud 1987). Dabei wird die Elternschaft als eine grundsätzlich normale Entwicklung erwachsener Menschen betrachtet, welche durch die Fähigkeit charakterisiert ist, »etwas oder jemanden zu erschaffen oder zu zeugen, zu umsorgen, zu schützen, zu nähren, zu lieben und zu respektieren und daran Freude zu finden« (Novick und Novick 2009, S. 31). Eltern und Kinder stehen in einer lebenslangen komplexen Interaktion und beeinflussen einander bewusst und unbewusst lebenslang, positiv wie auch destruktiv (ebd., S. 32). Der Übergang zur Elternschaft führt stets zu einer Reorganisation psychischer Strukturen, die nicht selten eine krisenhafte Form annimmt. Diese Reorganisation wird als weitgehend normativ verstanden und erfordert Lern- und Veränderungsprozesse seitens der Eltern (Diez Grieser und Müller 2024). Daniel Stern (1998, S. 209) führte das Konzept der »Mutterschaftskonstellation« ein; er beschrieb, wie die Geburt eines Kindes bei der Mutter zum Aufbau einer psychischen Organisation führt, welche die Auseinandersetzung mit der eigenen Mutter, mit sich selbst und mit dem Säugling aktiviert, was neben Mutter–Vater–Kind eine weitere Triade entstehen lässt: Mutter der Mutter–Mutter–Baby. Das Neugeborene konfrontiert die Mutter außerdem mit seiner großen Schutzbedürftigkeit und Abhängigkeit, was gleichzeitig den persönlichen Autonomie-Abhängigkeits-Konflikt mit der eigenen Mutter reaktiviert (Pedrina 2005, S. 153). Die frühen Bemutterungserfahrungen und die alten Schemata der Beziehung zur eigenen Mutter beeinflussen die Gefühle und die Beziehung zum eigenen Kind immer (Stern 1998, S. 223).

Die manchmal zu ausschließliche Betonung der Mutter-Kind-Dyade der früheren psychoanalytisch orientierten Forscher:innen und Praktiker:innen sowie der Vertreter:innen der Bindungstheorie ist in den letzten Jahrzehnten korrigiert worden. Grieser hat in seinem ersten Buch 1998 die Wichtigkeit der realen und imaginierten Väter für die Entwicklung der Söhne sowohl konzeptuell wie auch klinisch aufgezeigt und in weiteren Publikationen herausgearbeitet, wie Triangulierungsprozesse die Entwicklung und psychische Gesundheit von Kindern beeinflussen (u. a. Grieser 2003, 2010). In Bezug auf Männer ist deutlich geworden, dass sich diese analog zu Frauen im Rahmen der Elternschaft mit der Aktualisierung eigener Erfahrungen mit den eigenen Eltern sowie eigener Entwicklungsthemen auseinandersetzen müssen. Garstick (2013) spricht in diesem Zusammenhang, in Anlehnung an Stern (1998), von der »Vaterschaftskonstellation«, die im klinischen Alltag gebührend beachtet und – falls notwendig – therapeutisch begleitet werden muss.

Elternschaft ist als Teil der erwachsenen Identität stets auch durch gesellschaftliche Veränderungen geprägt. Die medizinisch assistierte Fortpflanzung macht es seit einigen Jahrzehnten möglich, dass Paare mit Fruchtbarkeitsproblemen sowie gleichgeschlechtliche Paare ihren Wunsch nach Generativität in Form von Fortpflanzung und Elternschaft realisieren können. Dies hat dazu geführt, dass bestehende Vorstellungen bezüglich biologischer und sozialer Elternschaft und deren Einfluss auf die Konstruktion von Familienbildern, insbesondere aber auf die Identitätsentwürfe von betroffenen Kindern, vermehrt in den Fokus gerückt sind und kontrovers diskutiert werden. Die zusätzliche Sensibilisierung für soziökologische und kulturelle Aspekte und die damit einhergehende Vielfalt an Beziehungskonstellationen im Zusammenhang mit der Elternschaft haben ebenfalls zu konzeptuellen Neukalibrierungen (Fonagy und Campbell 2016) und notwendigen Reflexionsprozessen in der Praxis geführt. Das dyadische und auf Reflexionsprozesse hin orientierte westliche WEIRD-Modell (Western, Educated, Industrialized, Rich, Democratic – Henrich 2020) kann nicht als allgemeingültig bezeichnet werden, denn in vielen Kulturen weltweit überwiegen sogenannte multiple Fürsorgesysteme, in denen Mütter weder die einzigen noch die primären Bezugspersonen ihrer Kinder sind (Diez Grieser und Müller 2024). Insofern stellt eine kultursensible und -informierte Haltung in der Begleitung und Behandlung von Familien aus anderen Kulturkreisen (Keller 2022) eine wichtige Voraussetzung für gelingende Prozesse der Zusammenarbeit mit diesen Eltern dar.

Aufgrund der psychoanalytischen Perspektive auf Elternschaft und des Wissens, dass die Gestaltung und Ausformung der Eltern-Kind-Beziehung stets durch Bedürfnisse, Phantasien, Wünsche sowie eigene familiäre Erfahrungen der Eltern beeinflusst wird, die zu spezifischen Delegationsprozessen und Rollenzuschreibungen an die Kinder führen, liegt der Fokus in der Elternarbeit auf den inneren Welten der Eltern. Um als Fachpersonen mit diesen elterlichen inneren Landschaften in Kontakt zu kommen, ist der Aufbau und die Entwicklung eines therapeutischen Arbeitsbündnisses, das die Eltern-Kind-Dynamik mit den Eltern ansprech- und bearbeitbar macht, unabdingbar. Nur dann können die Grundlagen für die Zusammenarbeit mit dem Kind und den Eltern geschaffen und aufrechterhalten und notwendige Veränderungsprozesse angestoßen werden. Das Verknüpfen der Erfahrungen der Eltern mit dem Erleben und Verhalten ihrer Kinder ist immer ein wichtiger Bestandteil wirksamer Elternarbeit (Malberg et al. 2023).

Vor diesem Hintergrund hat die Elternarbeit folgende Ziele (in abgeänderter Form nach Grieser 2018, S. 18 f.):

- Entwicklung eines Arbeitsbündnisses (Beziehungsaufbau, Vertrauen, gemeinsame Erarbeitung des Problemverständnisses, des Settings und der Vorgehensweisen, Umgang mit krisenhaften Zuspitzungen, Motivation für die Inanspruchnahme weiterer Unterstützungsangebote)
- Erleben und Verstehen der Familiendynamik vor dem Hintergrund der familiären Narrative und der elterlichen Belastungen/Psychopathologien
- Elterliches Mentalisieren fördern: »Die Eltern in die ihnen fremde Gefühlswelt des Kindes einführen« (A. Freud 1987, S. 2178)
- Förderung der allgemeinen elterlichen Kompetenzen (Wissen um Entwicklungsaufgaben, Reflexion über stärkende/schwächende Erfahrungen der Kinder, u. a. im Umgang mit Gleichaltrigen und mit Medien)
- Mit und im Zusammenhang mit Traumatisierungen der Eltern arbeiten (benennen, klären, verknüpfen); falls es sich um ein therapeutisches Setting im engeren Sinn handelt, auch Bearbeitung der Traumatisierungen (Diez Grieser 2022)

Die Basis einer gelingenden Elternarbeit bleibt die Entwicklung einer Beziehung zwischen den Eltern und den Fachpersonen, die durch Vertrauen, Offenheit und Respekt charakterisiert ist, die Perspektive der Eltern miteinbezieht und ihre Gefühle validiert. Novick und Novick (2009, S. 78 ff.) weisen darauf hin, dass es in der Elternarbeit darum gehe, dass die Angst und die Schuldgefühle der Eltern in konstruktive Anteilnahme und Sorge umgewandelt werden können.

Die Elternarbeit – bzw. die Arbeit mit den Bezugspersonen und dem Umfeld – ist insbesondere in (familiären) Systemen, die mehrfach belastet sind, von herausragender Bedeutung. So zeigt beispielsweise die Metastudie von Weisz et al. (2017), dass die Effekte von einzelpsychotherapeutischen Interventionen bei dieser Gruppe ungenügend sind. Auch die Präventionsforschung, die sich mit verschiedenen niederschwelligen Interventionen in der Lebenswelt von belasteten Kindern beschäftigt, zeigt in konsistenter Form, dass eltern- bzw. familienorientierte Interventionen, die früh einsetzen und mehrere Ebenen angehen, effektiv und nachhaltig sind (Lösel et al. 2006).

Diese Erkenntnisse sind durch die Praxis rezipiert worden und haben dazu geführt, dass die Einbeziehung der Eltern bzw. Familiensysteme selbstverständlicher geworden ist und in den verschiedenen Institutionen konzeptualisiert wurde – auch wenn nicht immer die entsprechenden zeitlichen und personellen Ressourcen dafür bereitgestellt werden. Dennoch sind bei Fachpersonen, die mit Kindern und Jugendlichen in verschiedenen Settings arbeiten, im Zusammenhang mit der Elternarbeit häufig eine große Hilflosigkeit (siehe auch Malberg et al. 2023), manchmal viel Ärger und nicht selten eine ausgeprägte Lustlosigkeit festzustellen.[24] Die Erfahrung, dass die Kinder und Jugendlichen, mit denen sie arbeiten, aufgrund ihrer Interventionen positive Entwicklungsschritte machen, während es ihnen nicht gelingt, bei den Eltern Veränderungsprozesse zu bewirken, führt in der Praxis zum Wunsch nach wirksamen und umsetzbaren Ansätzen.

Die mentalisierungsorientierte, auf psychoanalytischen Konzepten basierende Elternarbeit bietet einen Orientierungsrahmen sowie konkrete Interaktions- und Interventionsformen, die belastete Eltern erreichen und Entwicklungsprozesse ermöglichen kann.

Elterliches Mentalisieren

Mentalisieren ist eine menschliche Fähigkeit, die in erster Linie im Rahmen von genügend guten Beziehungserfahrungen im Laufe der frühen Kindheit entwickelt wird und die es ermöglicht, Gefühle, Denken und Verhalten bei sich selbst und bei anderen zu verstehen und zu verknüpfen. Mentalisieren ist also ein Prozess, der, metaphorisch gedacht, als der Aufbau einer Art Brücke zwischen den psychischen Erfahrungen von zwei oder mehr Menschen beschrieben werden kann.

---

24 Die Autorin ist seit 20 Jahren in verschiedenen Organisationen und Institutionen der Kinder- und Jugendhilfe als Supervisorin tätig.

Die Fähigkeit zu mentalisieren kann in belastenden Situationen einbrechen und ist abhängig von verschiedenen Faktoren wie beispielsweise Müdigkeit oder insbesondere Anspannung und Stress. Das Mentalisieren ist bei vielen psychischen Erkrankungen (Luyten et al. 2017) und insbesondere bei Traumatisierungen (Bateman und Fonagy 2019) beeinträchtigt. In den letzten zwei Jahrzehnten haben sich verschiedene Forschungsgruppen mit der Operationalisierung der elterlichen Mentalisierungsfähigkeit und der Messung von Mentalisierungsstörungen auseinandergesetzt. Es wurde u. a. untersucht, wie elterliche Belastungen – beispielsweise eigene Misshandlungserfahrungen – die Bindungs- und Mentalisierungsentwicklung ihrer Kinder beeinflussen (u. a. Ensink et al. 2015). Dabei ist deutlich geworden, dass nicht nur eine sichere Bindung, sondern insbesondere die elterliche Fähigkeit zu mentalisieren einer der wesentlichen protektiven Faktoren für die psychische Gesundheit und gelingende Entwicklung eines Kindes darstellt (Bateman und Fonagy 2019; Luyten et al. 2017).

Dabei geht es um die Fähigkeit von Eltern, das Verhalten ihres Kindes hinsichtlich innerer, mentaler Zustände zu verstehen (Sharp und Fonagy 2008). Diese Fähigkeit des Mentalisierens wird im elterlichen Narrativ erfasst und als Parental Reflective Functioning bezeichnet (PRF, Fonagy et al. 2004). Als Hinweise für gelingendes elterliches Mentalisieren werden aufgrund von Untersuchungen zusammenfassend folgende Aspekte angeführt (Diez Grieser und Müller 2024):

- Fähigkeit, sich auf eigene Gedanken und Gefühle zu beziehen;
- sich auf Gedanken und Gefühle anderer beziehen können;
- Einbeziehung der Perspektive anderer;
- sich dessen bewusst sein, dass man nie (sicher) wissen kann, wie es bei einem anderen Menschen aussieht (dies sollte eine Haltung sein);
- Verknüpfung zwischen Verhalten und inneren Zuständen;
- Spielfähigkeit/Humor;
- Bereitschaft, Missverständnisse anzuerkennen, und Motivation und Interesse, diese zu »reparieren«;
- Resonanz in der Kommunikation.

Elterliche Mentalisierungsstörungen erkennen

Eine stärkere psychische Anspannung der Eltern und chronische Belastungszustände können ein Nicht-Mentalisieren und Mentalisierungsstörungen begünstigen (Luyten et al. 2017). Die in solchen Situationen messbare niedrige elterliche reflexive Fähigkeit (PRF) wird mit verschiedenen negativen Folgen in Verbindung gebracht, wie unsicherer Bindung und negativem Erziehungsverhalten, d. h. etwa feindseligem, aufdringlichem oder zurückgezogenem Verhalten (Ensink et al. 2017; Grienenberger und Slade 2005). Einschränkungen in der elterlichen reflexiven Fähigkeit sind außerdem mit geringerer emotionaler Verfügbarkeit in der Interaktion (McMahon und Meins 2012) und weniger ausdauerndem Trostverhalten bei Schreiverhalten des Kindes (Rutherford et al. 2015) verbunden.

Mehrere Faktoren können zu einer Störung der Mentalisierungsfähigkeit der Eltern führen, darunter schwere und langjährige psychische Probleme und eine Vorgeschichte traumatischer Erfahrungen (Chiesa und Fonagy 2014; Luyten et al. 2017; Midgley und Vrouva 2012). Eltern mit Persönlichkeitsstörungen können ihre Kinder weniger gut mentalisieren (Hestbæk et al. 2023). Studien haben außerdem gezeigt, dass Eltern mit Substanz- und/oder Drogenmissbrauch (Suchman und DeCoste 2018) und Mütter mit postpartaler Depression (Krink et al. 2018) Schwierigkeiten haben, ihre Kinder zu mentalisieren.

Untersuchungen zeigen weiter, dass Eltern, die ihre Kinder misshandeln, über eine sehr geringe Reflexionsfähigkeit verfügen; ihre Narrative weisen kaum Bezüge zu Innenwelten oder mentalen Zuständen (eigene und von den Kindern) auf. Häufig findet sich bei dieser Gruppe sogar ein systematischer Widerstand dagegen, eine mentalisierende Haltung einzunehmen. Eltern, die ihre Kinder besonders stark misshandelt haben, weisen verzerrte und selbstbezogene Passagen in ihren ereignisbezogenen Narrativen auf (Rosso 2022).

Eltern, die, wie oben zusammengefasst, verschiedene psychiatrische Diagnosen aufweisen, sind gehäuft aufgrund eigener Extrembelastungen in ihrer Kindheit und/oder über die Lebensspanne traumatisiert, was dazu führt, dass Traumaprozesse und traumakompensatorische Muster (Diez Grieser 2022) ihre Fürsorgefähigkeiten und elterlichen Kompetenzen beeinträchtigen. In der Übersicht sind verschiedene Gefühle und Verhaltensweisen, welche diesen elterlichen »Überlebensmodus« charakterisieren, stichwortartig zusammengestellt.

> **Eltern im »Überlebensmodus«: blockierte Fürsorge und misslingendes Mentalisieren**
>
> - Defensiv, nicht offen, nicht erreichbar
> - Sozio-emotional apathisch
> - Fokus auf Verhalten und nicht auf Bedeutungen
> - Reaktiv anstatt pro-aktiv oder responsiv
> - Dinge wiederholend, die nicht funktionieren
> - Schwerpunkt auf Kontrolle und nicht auf Verbinden/In-Beziehung-Treten
> - Gebrauch von Worten, die nicht differenzieren, sondern gleich verallgemeinern bzw. einer Schwarz-weiß-Sicht entsprechen wie »immer« oder »nie«
> - Empfindlichkeit in Bezug auf Zurückweisung
> - Rollenumkehr
> - Sehr sicher im Hinblick auf Gefühle, Gedanken und Absichten anderer Menschen
> - Unfähig, Entwicklungsfähigkeiten beim Kind wahrzunehmen und sich mit ihm abzustimmen
> - Feindseligkeit, bedrohliche Verhaltensweisen oder Ausführungen/Erzählungen

Für belastete, teilweise traumatisierte Eltern hat eine Elternschaft häufig eine besondere Bedeutung. Vielfältige Erwartungen und Übertragungen, die mit den eigenen traumatischen Erfahrungen in Beziehung stehen, füllen und verzerren den Beziehungsraum zwischen ihnen und ihren Kindern. Neben resilienten Mustern finden sich beispielsweise bei traumatisierten Müttern (Scheeringa und Zeanah 2001; Van Ee et al. 2015) Beziehungsmuster, die von abweisend bis überprotektiv reichen. Besonders wichtig im Kontext der Elternarbeit sind Muster, die dazu führen, dass es zu reinszenierenden, beängstigenden Interaktionen zwischen Eltern und Kindern kommt. Aber auch Muster im Zusammenhang mit übermäßigen Erwartungen, weil der Elternteil für sich selbst alle Hoffnung verloren hat, sowie ein Zu-viel-Gebens als kompensatorischer Mechanismus, weil der Elternteil für sich nichts mehr will, zeigen die große Schwierigkeit dieser Eltern, ihre Kinder als Subjekte mit eigenen Bedürfnissen zu mentalisieren.

Im Alltag kommt es deshalb immer wieder zu Teufelskreisen, welchen bei der Initiierung transgenerationaler Prozesse große Bedeutung zukommt. In Abbildung 1 ist ein solcher Zyklus des Nicht-Mentalisierens dargestellt.

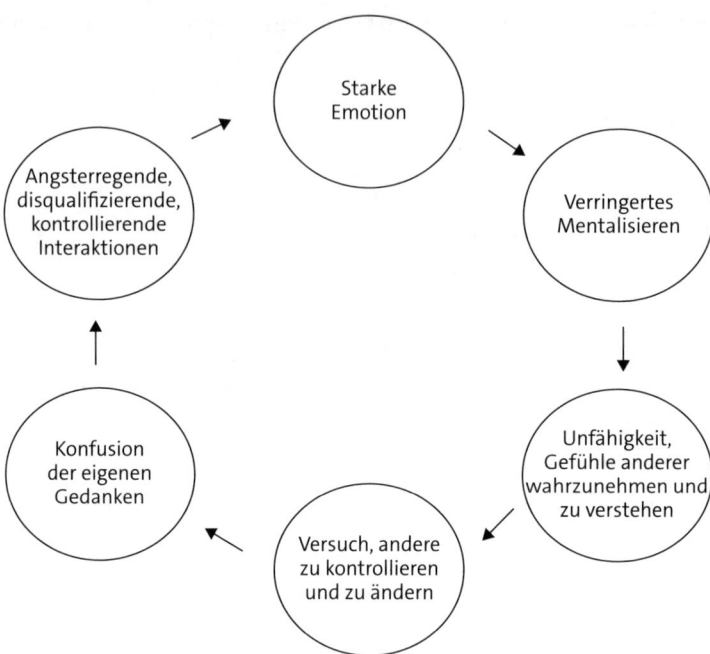

Abb. 1: Zyklus des Nicht-Mentalisierens

Die angeführten Überlegungen sollen im Folgenden mithilfe einer kurzen Fallvignette illustriert werden.

> Frau Stern (Namen geändert) ist die Mutter des 5 ½-jährigen Robert. Sie ist seit einigen Jahren vom Vater des Jungen getrennt. Die Beziehung zwischen den Eltern war vor der Trennung von verbaler und körperlicher Gewalt geprägt; nach der Trennung tobt ein unerbittlicher Kampf um Robert. Die Mutter bezichtigt den Vater, den Jungen gegen sie aufzuhetzen. Sie ist in einer großen Familie in ärmlichen Verhältnissen aufgewachsen. Sie beschreibt ihre Kindheit als »normal«, hat aber seit dem Jugendalter keine Beziehung zu ihrer Herkunftsfamilie, die sie als »gestört« beschreibt. Ihre Großmutter mütterlicherseits sei im Zweiten Weltkrieg quer durch Europa geflüchtet und habe schreckliche Dinge erlebt. Von denen wisse sie aber eigentlich nichts. Diese Großmutter, zu der sie ein enges Verhältnis hatte, habe sich umgebracht. Das habe sie aber gar nicht richtig mitbekommen.
> Es war schwierig, die Familiengeschichte der Mutter zu erheben, da sie ihre Vergangenheit als für die aktuelle Situation irrelevant betrachtete. Versuche der Therapeutin, zwischen Bedrohungsgefühlen in der Herkunftsfamilie und in der

Beziehung zu Roberts Vater eine Verbindung herzustellen und dies zu thematisieren, bezeichnete sie als »Psychoquark«, und sie drohte, die Behandlung von Robert, die bei einer Kollegin stattfand, und die Elternarbeit abzubrechen. Immer wieder mussten solche Brüche in der Beziehung »repariert« werden, damit Frau Stern trotz ihres Misstrauens im therapeutischen Setting bleiben und weiterarbeiten konnte.

Nach ungefähr einem Jahr Elternarbeit (mit dem Vater fanden in der Zeit parallele Gespräche statt) meldete sich Frau Stern aufgeregt mit der Bitte um einem Notfalltermin. In diesem Gespräch schilderte sie emotional sehr aufgebracht, dass Robert am Wochenende einen Fußball so platziert habe, dass sie, wenn sie diesen nicht rechtzeitig gesehen hätte, darüber gestolpert, die Treppe heruntergestürzt und wohl nun tot wäre. In dieser Sequenz ist für die Therapeutin spürbar, wie intensiv die Bedrohungsgefühle und die Angst von Frau Stern waren, die in einer solchen Situation als starke Emotionen zum Ausdruck kamen. Das empathische Validieren dieses Gefühls durch die Therapeutin beruhigte Frau Stern, die laut eigenen Schilderungen seit zwei Tagen kaum habe schlafen und essen können, ein wenig. Sie wirkte jedoch verzweifelt – sie könne nicht verstehen, weshalb Robert so etwas tue. Versuche der Therapeutin, mit ihr gemeinsam darüber nachzudenken, ob die Annahme zutraf, dass Robert dies bewusst gemacht habe und sie eigentlich habe töten wollen, führten zunächst zu einer erhöhten Erregung in der Sitzung und zu der Aussage, dass auch die Therapeutin gegen sie sei.

Das Eingehen auf dieses Gefühl klärte die Beziehung und Frau Stern berichtete weiter, dass sie sich etwas überlegen müsse, damit Robert in Zukunft keine solchen »Aktionen« starten könne. Dabei begann sie ein regelrechtes Kriegsszenario zu entwerfen und strategische Überlegungen anzustellen, wie sie Robert kontrollieren und so verändern könne, dass sie es »schön miteinander haben könnten«, was ja eigentlich meist der Fall wäre – sie wisse ja, dass Robert sie sehr liebe. Am Ende dieser Gesprächssequenz, die etwa zehn Minuten dauerte, war Frau Stern emotional ruhiger, wirkte aber konfus und in ihrem körperlichen Ausdruck bedrohlich, sodass die Therapeutin sich erstmals fragte, ob sie Robert wohl in solchen Momenten schlug.

Mentalisieren bei belasteten Eltern fördern

Eine kürzlich durchgeführte Meta-Analyse ergab Belege für positive Auswirkungen von Interventionen auf der Elternebene, die auf die Verbesserung der elterlichen reflexiven Fähigkeit zielten, und zwar sowohl in nicht-klinischen als auch in klinischen Stichproben (Lo und Wong 2022). Diese Ergebnisse werden außerdem durch zwei weitere Untersuchungen gestützt, die zeigten, dass mentalisierungsbasierte Behandlungen nicht nur die elterliche Mentalisierungsfähigkeit verbesserten, sondern auch zu einer sensibleren Elternschaft und zu einer Verringerung der Psychopathologie des Kindes führten (Byrne et al. 2020; Camoirano 2017).

Die Forschungsergebnisse und die mentalisierungsorientierte Praxis zeigen, dass zentrale Bausteine der Mentalisierungstheorie für die Arbeit mit belasteten Eltern hilfreich sind, wenn sie aufseiten der Fachpersonen die Haltung und zudem die Form der Interaktions- und Interventionsgestaltung mit spezifischen Techniken prägen.

Die Haltung in der mentalisierungsorientierten Elternarbeit ist durch folgende Elemente charakterisiert:

- Resonanz und empathische Validierung;
- sich die Perspektive der Eltern vergegenwärtigen;
- klare, markierte Kommunikation;
- Flexibilität und (kulturelle) Neugier;
- Fokus auf innere Welten, nicht auf Verhalten;
- Beachtung und Bearbeitung von Missverständnissen/Brüchen/Konflikten zwischen Eltern und Fachpersonen.

Im Fall von Frau Stern bedeutete dies, immer wieder ihre Perspektive einzunehmen und gleichsam »Wange an Wange« mit ihr (also mit der gleichen Blickrichtung; Diez Grieser und Müller 2024) die Welt mit ihren Augen zu sehen und die dabei auftauchenden Gefühle empathisch zu validieren. Dies führte nach und nach dazu, dass Frau Stern sich in der Beziehung zur Fachperson sicher fühlte und für neue Perspektiven auf andere Menschen und Situationen eher bereit war. Es gelang der Therapeutin zu erreichen, dass sie sich für innere Welten zu interessieren begann und sich mit den entwicklungsspezifischen Fähigkeiten und Bedürfnissen ihres Sohnes auseinandersetzen konnte. Gegen Ende der Elternarbeit begann sie eine eigene Psychotherapie, weil ihr »in den Gesprächen klar geworden war, dass in ihrem Inneren vieles durcheinanderschwappe und ungefiltert nach außen dringe«, und sie die Erfahrung gemacht habe, dass das Anschauen und Verstehen hilfreich sein könne.

Zentral während der gesamten Behandlungszeit waren die Momente, in denen Brüche entstanden und sich Frau Stern durch die Therapeutin angegriffen und unverstanden fühlte. Die dosierten Selbstoffenbarungen der Therapeutin (»Ich merke gerade, dass es mir wirklich schwerfällt, genau zu verstehen, wie Sie das meinen. Ich glaube, wir müssen noch genauer darüber reden, und ich muss Ihnen noch ein paar Fragen stellen können.« »Es tut mir leid, dass ich Ihnen offenbar letztes Mal nicht gut genug zugehört habe.«) vergrößerten das Grundvertrauen von Frau Stern und führten dazu, dass sie die Therapeutin als glaubwürdiges Gegenüber wahrnehmen konnte, das Gedanken und Überlegungen zur Verfügung stellte, die für sie hilfreich und nützlich waren: Ihr epistemisches Misstrauen verringerte sich (Fonagy und Nolte 2023) und sie konnte, was in der Elternarbeit verstanden und erarbeitet wurde, für sich nutzen.

Es ist davon auszugehen, dass die positiven Erfahrungen in der Elternarbeit (Resonanz, Empathie, kontingente Botschaften etc.) dazu beitrugen, dass sich ihr epistemisches Vertrauen entfalten konnte und dadurch der Weg zu einem eigenen Prozess bei einer anderen Psychotherapeutin geebnet wurde. Die Entwicklung ihres epistemischen Vertrauens zeigte sich auch darin, dass Frau Stern häufiger auf Besprochenes zurückgriff und manchmal formulieren konnte, dass sie etwas umgesetzt hatte, und darüber berichten konnte.

Das Vorgehen in der mentalisierungsorientierten Elternarbeit umfasst folgende Elemente:

- sich auf den psychischen Zustand der Eltern einstimmen;
- bestätigen und validieren;
- mit den Stärken arbeiten, beobachten, unterstützen, Spielen fördern;
- Trigger identifizieren für intensive Gefühle; »bumpy roads« (Malberg 2020) oder »hot spots« (Slade 2008);
- »mentalizing hand« (Asen und Fonagy 2011);
- Trigger und schwierige Situationen sequenziell und auf einer Mikroebene analysieren (Stop-rewind-Technik);
- Kalibrierung der Interventionen entlang der drei Ebenen: Aufmerksamkeitsregulation, Affektregulation und explizites Mentalisieren (Malberg et al. 2023).

Mentalisieren als Technik verlangt nach einem aktiven, aber neutralen Gegenüber: engagiert, neugierig und interessiert, freundlich zugewandt und – in besonderen Situationen – zur Selbstoffenbarung bereit.

In der Elternarbeit mit Frau Stern war es auf der einen Seite wichtig, ihre Stärken wahrzunehmen und wertzuschätzen, die sich u. a. in ihrer Fähigkeit zeigten, stundenlang mit Robert Rollenspiele zu spielen. Diese Erfahrungen halfen ihr im Laufe der Elternarbeit, ihre negativen Bilder von Robert als »Gespenster im Kinderzimmer« (Fraiberg et al. 1975) zu erkennen. Auf der anderen Seite mussten die Auslöser für ihre intensiven Gefühle, die sie daran hinderten, Robert als Subjekt mit eigenen (kindlichen) Bedürfnissen zu sehen, identifiziert und bearbeitet werden.

Der oben beschriebenen Sequenz folgten einige Gespräche, in denen das Thema der Trigger, die Gegenwart und Vergangenheit wie in einem Zeittunnel (Kestenberg 1995) zusammenfallen lassen, besprochen werden konnte. Dabei kam es immer wieder zu schwierigen Situationen in den Elterngesprächen, die die Therapeutin durch klares Intervenieren und gestisches Stoppen (»mentalizing hand«) aktiv gestalten musste. Es bedurfte sehr großer Geduld und vieler Momente des genauen Schritt-für-Schritt-Rekonstruierens einer Situation und der dazugehörigen Gefühle und Perspektiven, damit ein adäquates und hilfreiches Mentalisieren gelingen konnte.

Eine spezifische Technik lässt sich als »stop and rewind« beschreiben: Der sonst nicht zu stoppende Gedanken- und emotionale Fluss wird unterbrochen und der Bericht »zurückgespult« und erneut, in einem langsameren Rhythmus, gemeinsam bearbeitet (Diez Grieser und Müller 2024).

Konkret geschah dies im Verlauf der Elternarbeit mit Frau Stern beispielsweise so:

> Frau Stern: Gestern fragte mich Robert, weshalb sein Vater und ich getrennt seien.
> Therapeutin: Was haben Sie gefühlt, als er Sie dies gefragt hat?
> Frau Stern: Mmmh, lassen Sie mich überlegen ... Ich habe einen enormen Druck im Magen gespürt. Ja, Magenschmerzen.
> Therapeutin: Wie unangenehm.
> Frau Stern: Was soll ich sagen, Robert macht Dinge und stellt Fragen, die mich irgendwie überfordern ...
> Therapeutin: Manchmal können Sie Robert wichtige Dinge aber gut erklären, z. B. als Ihre Mutter Anfang des Jahres starb und er sich wunderte, dass Sie nicht traurig waren. Erinnern Sie sich, wie Sie das gemacht haben?

Frau Stern: Das war einfacher, da ging es nicht um seinen Vater. Bei diesem Thema wird er ganz schwierig, Robert hört nicht auf zu fragen, verfolgt mich damit. Wenn er etwas will, dann will er es (ärgerlich).

Therapeutin: Dieses Thema löst starke Gefühle bei Ihnen aus und vielleicht geht etwas bei Ihnen los, was nicht mit Robert zu tun hat. Könnte das sein?

Frau Stern: Er verhält sich so wie sein Vater – ich hasse das!

Therapeutin: Und dieses Gefühl, welches mit dem Vater zu tun hat, lässt Sie einen Moment lang vielleicht vergessen, wie gerne Sie Robert haben und wie gut Sie es finden, dass er so interessiert und neugierig ist.

Frau Stern: Ja, diese alten Geschichten sind ständig im Weg …

Therapeutin: Seit ich Sie kenne, habe ich den Eindruck, dass Sie darum kämpfen, trotz Ihrer eigenen schlechten Erfahrungen für Robert eine liebevolle und unterstützende Mutter zu sein. Über Roberts Vater mit ihm zu reden scheint für Sie besonders schwierig und schmerzhaft zu sein?

Frau Stern: Ich fühle mich schuldig, weil ich so häufig schlecht über seinen Vater geredet habe. Aber ich denke, dass er die Wahrheit kennen muss – oder? Was kann ein Kind in seinem Alter überhaupt verstehen?

Therapeutin: Ich denke, dass dies eine wichtige Frage ist – wir können gemeinsam versuchen, sie zu beantworten, indem wir versuchen, wie er zu denken. Was meinen Sie dazu?

Frau Stern: Ja, das würde vielleicht helfen.

Therapeutin: Dann schlage ich vor, dass wir uns die Situation, die Sie gestern mit Robert erlebt haben, Schritt für Schritt anschauen und darüber sprechen, was Sie gedacht und gefühlt haben, aber auch, was Robert gedacht und gefühlt haben könnte. Einverstanden?

Frau Stern: Ok, wir können es versuchen – es ist ja das letzte Mal, als es um die Panik in der Nacht ging, auch hilfreich gewesen, dieses »Stoppen und Zurückspulen«.

Zusammenfassend gesagt, kann der Prozess, der in der mentalisierungsorientierten Elternarbeit in Gang gebracht werden soll, als ein zirkuläres Zusammenspiel zwischen dem sorgfältigen Bearbeiten elterlicher Erfahrungen mit ihren Kindern und den konkreten Beziehungserfahrungen der Eltern mit der Fachperson verstanden werden, die dadurch charakterisiert sein sollten, dass die Eltern sich mentalisiert fühlen. In Abbildung 2 ist dieser Prozess grafisch dargestellt.

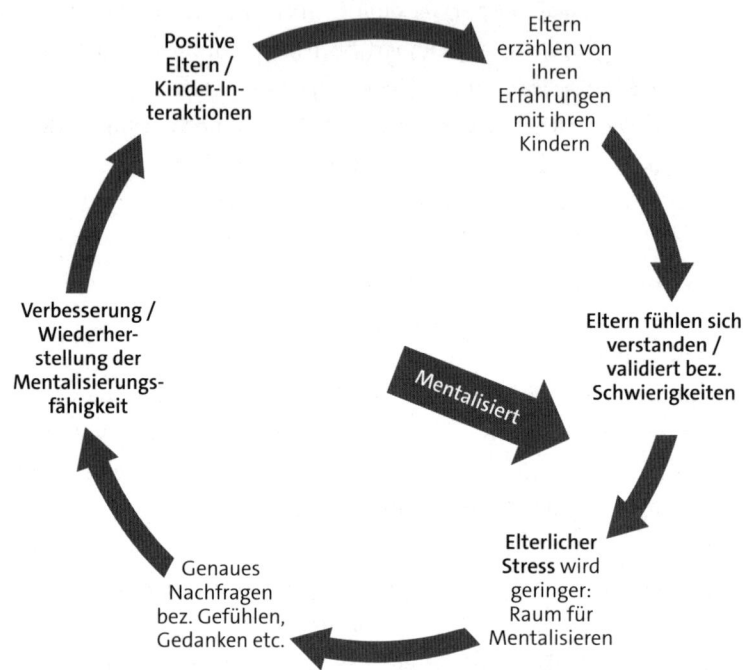

Abb. 2 : Förderung des Mentalisierens in der Elternarbeit

In ihrem Buch *Reflective Parenting* beschreiben Cooper und Redfern (2016) anschaulich und praxisnah, wie Eltern in ihrer Mentalisierungsfähigkeit gefördert werden können. Dieses Buch eignet sich als Lektüre zum einen sehr gut für die Eltern selbst, da es viele anregende und direkte Fragen stellt, die das Reflektieren in Gang setzen können. Außerdem begleiten mehrere Fallbeispiele die Leser:innen durch die verschiedenen Themen, was diese gut nachvollziehbar macht. Es kann insbesondere aber von Fachpersonen genutzt werden, die darin viele Anregungen und Materialien finden, um Eltern mit Mentalisierungsschwierigkeiten auf dem Weg zu einem besseren Verständnis von sich selbst und vom eigenen Kind zu begleiten. Die Idee einer »parent map« (S. 30) mit verschiedenen Referenzpunkten, wie »aktuelles Befinden« (S. 32), »vergangene Erfahrungen und Beziehungen« (S. 36) sowie »aktuelle Einflüsse« (S. 49), kann bei den Eltern einen Reflexionsprozess darüber auslösen, wie sie ihre Elternschaft gestalten und welche Beziehungserfahrungen ihre Kinder mit ihnen machen.

Im beschriebenen Fall von Frau Stern und ihrem Sohn Robert wurde diese Vorgehensweise zu Beginn der Elternarbeit eingesetzt, um dem chaotischen, zwischen eigener innerer Welt und äußerer Welt nicht unterscheidenden prämentalistischen Modus der Mutter durch konkrete, strukturierte Aufgabenstellungen zu begegnen. Frau Stern empfand dies als hilfreich und bastelte sich mit verschiedenen Stichworten (s. o.) einen kleinen »Kompass«, den sie in Stress-Situationen aus der Tasche nehmen konnte.

Abschließende Bemerkungen

Elternschaft ist eine anspruchsvolle soziale Aufgabe, die von den Eltern beständige emotionale Resonanz und eine hohe Bereitschaft verlangt, sich mit der Befindlichkeit, den Bedürfnissen und den Ressourcen ihrer Kinder kontinuierlich auseinanderzusetzen. Damit Beziehungserfahrungen im familiären Alltag einen stärkenden Beitrag für die gelingende Entwicklung der Kinder leisten können, ist eine gute Reflexionsfähigkeit der Eltern nötig, die sich mit ihren eigenen Erfahrungen, ihrer Befindlichkeit, aber auch ihren Erwartungen und Phantasien gegenüber den Kindern beschäftigen sollten. Wenn Kinder die Erfahrung machen, dass sie als Subjekte wahrgenommen, validiert und verstanden werden, entwickeln sie die Fähigkeit zu mentalisieren. Deshalb ist es so wichtig, dass Eltern in ihrer Fähigkeit, ihre Kinder zu mentalisieren, gefördert werden; insbesondere belastete Eltern brauchen professionelle Angebote, die helfen, positive Zirkel und Prozesse zwischen ihnen und ihren Kindern zu entwickeln und transgenerationale Transmissionen zu unterbrechen. Eine durch emotionale Resonanz und Neugierde getragene Elternarbeit, die es Eltern ermöglicht, selbst die Erfahrung des Mentalisiertwerdens zu machen und so besser für ihre Kinder zu sorgen, spielt aus dieser Perspektive eine herausragende Rolle.

Literatur

Asen, E. (2017) Das Mentalisierungsmodell und seine praktische Umsetzung in der Multifamilientherapie. In: Asen, E. & Scholz, M. (Hrsg.). *Handbuch der Multifamilientherapie* (S. 40–57). Heidelberg: Carl-Auer-Verlag.
Asen, E. & Fonagy, P. (2011). Mentalization-based therapeutic interventions for families. *Family Therapy* 34 (4), S. 347–370.
Asen, E. & Scholz, M. (2017) (Hrsg.). *Handbuch der Multifamilientherapie*. Heidelberg: Carl-Auer Verlag.
Bateman, A. W. & Fonagy, P. (Hrsg.) (2019). *Handbook of mentalizing in mental health practice*. 2nd ed. Washington, DC: American Psychiatric Association Publishing.

Beelmann, A., Pfost, M. & Schmitt, C. (2014) Prävention von Verhaltens- und Erlebensproblemen bei Kindern und Jugendlichen. Eine Meta-Analyse deutschsprachiger Evaluationsstudien. *Zeitschrift für Gesundheitspsychologie,* 22, S. 1–14.

Brisch, K. H., Landers, S., Forstner, B., Beck, A. & Quehenberger, J. (2016). Bindung zwischen Eltern und Kind. Förderung der Entwicklung einer sicheren Bindung mit dem SAFE®-Programm. *Pädiatrie,* 3 (16), S. 29–36.

Burlingham, D. T. (1935/1988). Kinderanalyse und Mutter. In: Biermann, G. (Hrsg.) *Handbuch der Kinderpsychotherapie* (S. 272–279), Frankfurt a. M.: Fischer.

Byrne, G., Murphy, S. & Connon, G. (2020). Mentalization-based treatments with children and families: A systematic review of the literature. *Clinical Child Psychology and Psychiatry,* 25 (4), S. 1022–1048; doi: 10.1177/1359104520920689.

Camoirano, A. (2017). Mentalizing makes parenting work: A review about parental reflective functioning and clinical interventions to improve it. *Frontiers in Psychology,* 8: 14; doi: 10.3389/fpsyg.2017.00014.

Chiesa, M. & Fonagy, P. (2014). Reflective function as a mediator between childhood adversity, personality disorder and symptom distress. *Personality and Mental Health,* 8 (1), S. 52–66.

Cooper, A. & Redfern, S. (2016). Reflective parenting. A guide to understanding what's going on in your child's mind. London, New York: Routledge.

Diez Grieser, M. T. (2022). *Mentalisieren bei Traumatisierungen.* Stuttgart: Klett-Cotta.

Diez Grieser, M. T. & Müller, R. (2024) *Mentalisieren mit Kindern und Jugendlichen.* 4., überarb. u. erw. Aufl. Stuttgart: Klett-Cotta.

Ensink, K., Normandin, L., Target, M., Fonagy, P., Sabourin, S. & Berthelot, N. (2015). Mentalization in children and mothers in the context of trauma: An initial study of the validity of the Child Reflective Functioning Scale. *British Journal of Developmental Psychology,* 33 (2), S. 203–217.

Ensink, K., Rousseau, M.-E., Biberzdic, M. & Normandin, L. (2017) Reflective functioning and personality organization. Associations with maternal behaviors in interaction with infants. *Infant Mental Health Journal,* 38 (3), S. 351–362. doi: 10.1002/imhj.21643.

Fonagy, P. & Campbell, C. (2016). Attachment theory and mentalization. In: Elliott, A. & Prager, J. (eds) *The Routledge handbook of psychoanalysis in the social sciences and humanities* (pp 115–131). London: Routledge.

Fonagy, P. & Nolte, T. (Hrsg.) (2023). Epistemisches Vertrauen. Vom Konzept zur Anwendung in Psychotherapie und psychosozialen Arbeitsfeldern. Stuttgart: Klett-Cotta.

Fonagy, P., Gergely, G., Jurist, E. L. & Target, M. (2004). *Affektregulierung, Mentalisierung und die Entwicklung des Selbst.* (6. Aufl. 2018). Stuttgart: Klett-Cotta.

Fraiberg, S., Adelson, E. & Shapiro, V. (1975). Ghosts in the nursery: A psychoanalytic approach to the problem of impaired infant-mother relationships. *Journal of the American Academy of Child Psychiatry,* 14 (3), S. 387–422.

Garstick, E. (2013). Junge Väter in seelischen Krisen. Wege zur Stärkung der männlichen Identität. Stuttgart: Klett-Cotta.

Grienenberger, J. & Slade, A. (2005). Maternal reflective functioning, mother-infant affective communication, and infant attachment: Exploring the link between mental states and observed care giving behavior. *Attachment and Human Development,* 7 (3), S. 299–311.

Grieser, J. (1998). *Der phantasierte Vater. Zur Entstehung und Funktion des Vaterbildes beim Sohn.* Tübingen: edition diskord. (3., überarb. Aufl. 2021, Frankfurt a. M.: Brandes & Apsel.)

Grieser, J. (2003). Von der Triade zum triangulären Raum. *Forum der Psychoanalyse,* 19, S. 99–115.
Grieser, J. (2010). Der Körper als Dritter. Psychosomatische Triangulierungsprozesse am Beispiel der Adoleszenz. *Praxis der Kinderpsychiatrie und Kinderpsychotherapie,* 59, S. 140–158.
Grieser, J. (2018). Elternarbeit in der Psychotherapie von Kindern und Jugendlichen. Göttingen: Vandenhoeck & Ruprecht.
Henrich, J. P. (2020). The WEIRDest people in the world: How the West became psychologically peculiar and particularly prosperous. New York: Farrar, Straus and Giroux. (Dt. [2022]: Die seltsamsten Menschen der Welt: Wie der Westen reichlich sonderbar und besonders reich wurde. Berlin: Suhrkamp.)
Hestbæk, E., Kretzschmar, O., Krasnik, H., Smith-Nielsen, J., Juul, S., Simonsen, S. & Vaever, M. (2023). Parental reflective functioning in adult outpatients with personality disorders: Associations with symptoms of psychopathology and interpersonal problems. *Nordic Psychology;* doi: 10.1080/19012276.2023.2192397.
Keller, H. (2022). Mentalisierung aus kulturvergleichender Perspektive. In: Kirsch, H., Nolte, T. & Gingelmaier, S. (Hrsg.) *Soziales Lernen, Beziehung und Mentalisieren* (S. 62–76). Göttingen: Vandenhoeck & Ruprecht.
Kestenberg, J. S. (1995). Die Analyse des Kindes eines Überlebenden: Eine metapsychologische Beurteilung. In: Bergmann, M. S., Jucovy, M. E. & Kestenberg, J. S. (Hrsg.) *Kinder der Opfer – Kinder der Täter* (S. 173–206). Frankfurt a. M.: Fischer.
Krink, S., Muehlhan, C., Romer, G., Luyten, P. & Ramsauer, B. (2018). Parental reflective functioning affects sensitivity to distress in mothers with postpartum depression. *Journal of Child and Family Studies,* 27, S. 1671–1681.
Lo, C. K. M. & Wong, S. Y. (2022). The effectiveness of parenting programs in regard to improving parental reflective functioning: A meta-analysis, *Attachment & Human Development,* 24 (1), S. 76–92. doi: 10.1080/14616734.2020.1844247.
Lösel, F., Beelmann, A., Stemmler, M. & Jaursch, S. (2006). Prävention von Problemen des Sozialverhaltens im Vorschulalter. *Zeitschrift für Klinische Psychologie und Psychotherapie,* 35 (2), S. 127–139. https://doi.org/10.1026/1616-3443.35.2.127.
Luyten P., Mayes L. C., Nijssens, L. & Fonagy, P. (2017). The Parental Reflective Functioning Questionnaire: Development and preliminary validation. *Plos One,* 12 (5), e0176218. https://doi.org/10.1371/journal.pone.0176218.
Malberg, N. (2020). Mentalization-based psychotherapy with children (MBT-C). Präsentation »Mentalizing with parents«, 16.11.2020, Webseminar Anna Freud Centre, London.
Malberg, N., Jurist, E., Bate, J. & Dangerfield, M. (2023). *Working with parents in therapy. A mentalization-based approach.* Washington, DC: American Psychological Association.
McMahon, C. A. & Meins, E. (2012). Mind-mindedness, parenting stress, and emotional availability in mothers of preschoolers. *Early Childhood Research Quarterly,* 27 (2), S. 245–252. https://doi.org/10.1016/j.ecresq.2011.08.002.
Midgley, N. & Vrouva, I. (Hrsg.) (2012). Minding the child: Mentalization-based interventions with children, young people and their families. London: Routledge.
Novick, J. & Novick K. K. (2009). *Elternarbeit in der Kinderpsychoanalyse.* Frankfurt a. M.: Brandes & Apsel.
Pedrina, F. (2005). Mütter und Babys in psychischen Krisen. Forschungsstudie zu einer therapeutisch geleiteten Mutter-Säugling-Gruppe am Beispiel postpartaler Depression. Frankfurt a. M: Brandes & Apsel.

Rosso, A. (2022). When parents fail to mind the child: Lower mentalizing in parents who maltreat their children. *Frontiers in Psychology*, 13: 853343; doi: 10.3389/fpsyg.2022.853343.

Rutherford, H. J., Booth, C. R., Luyten, P., Bridgett, D. J. & Mayes, L. C. (2015). Investigating the association between parental reflective functioning and distress tolerance in motherhood. *Infant Behavior and Development*, 40, S. 54–63.

Scheeringa, M. S. & Zeanah, C. H. (2001). A relational perspective on PTSD in early childhood. *Journal of Traumatic Stress*, 14 (4), S. 799–815.

Sharp, C. & Fonagy, P. (2008). The parent's capacity to treat the child as a psychological agent: Constructs, measures and implications for developmental psychopathology. *Social Development*, 17 (3), S. 737–754. https://doi.org/10.1111/j.1467-9507.2007.00457.x.

Slade, A. (2008). Working with parents in child psychotherapy. Engaging the reflective function. In: Busch, FN (Hrsg.), *Mentalization: Theoretical considerations, research, findings, and clinical implications*. Mahwah, NJ: Analytic Press, S. 207–234.

Stern, D. (1998). Die Mutterschaftskonstellation. Eine vergleichende Darstellung verschiedener Formen der Mutter-Kind-Psychotherapie. (3. Aufl. 2020) Stuttgart: Klett-Cotta.

Suchman, N. E. & DeCoste, C. L. (2018). Substance abuse and addiction: Implications for early relationships and interventions. *Zero to Three*, 38 (5), S. 17–22.

Van Ee, E., Kleber, R. J. & Jongmans, M. J. (2015). Relational patterns between caregivers with PTSD and their nonexposed children. A review. *Trauma, Violence and Abuse*, 17 (2), S. 186–203.

Weisz J. R., Kuppens, S., Ng, M. Y., Eckshtain, D., Ugueto, A. M., Vaughn-Coaxum, R., Jensen-Doss, A., Hawley, K. M., Krumholz Marchette, L. S., Chu, B. C., Weersing, V. R. & Fordwood, S. R. (2017). What five decades of research tells us about the effects of youth psychological therapy: A multilevel meta-analysis and implications for science and practice. *The American Psychologist*, 72 (2), S. 79–117. doi: 10.1037/a0040360.

NINA GAWEHN, NADINE HONG, TANJA BESIER UND ANNE KATRIN KÜNSTER

Erfassung und Förderung der Eltern-Kind-Interaktion mit der Entwicklungspsychologischen Beratung: EPB® und EBT$^{4\text{-}10}$® – Anwendung, Evaluation, Forschung

Zusammenfassung

Da die physische wie psychische Befindlichkeit und Entwicklung insbesondere von Säuglingen und Kleinkindern elementar mit der Qualität der Fürsorge durch ihre Beziehungspersonen verwoben ist, setzen präventive und interventive Ansätze häufig an der Förderung elterlicher Beziehungs- und Erziehungskompetenzen an. Auch in der mittleren Kindheit hat feinfühliges Elternverhalten einen gewichtigen Einfluss auf die kindliche Entwicklung und das Erreichen von Entwicklungsmeilensteinen.

Mit der Entwicklungspsychologischen Beratung für Familien mit Säuglingen und Kleinkindern (EPB®) und der Entwicklungspsychologischen Beratung und Therapie für Familien mit Kindern von 4 bis 10 Jahren (EBT$^{4\text{-}10}$®) liegen zwei verwandte Konzepte zur Förderung der Eltern-Kind-Interaktion vor. Sowohl EPB® als auch EBT$^{4\text{-}10}$® sind ressourcenorientierte, systemisch orientierte Angebote zur Förderung elterlicher Kompetenzen und zur Verbesserung der Eltern-Kind-Beziehung. Zentrale diagnostische und beraterische Kernelemente stellen in beiden Verfahren die Videoanalyse und das – durch die Beraterin/den Berater geleitete – Entdecken kindlicher Feinzeichen und Bedürfnisse sowie passender (bzw. noch nicht passender) elterlicher Verhaltensantworten im Video-Rückmeldegespräch dar.

Die EBT$^{4\text{-}10}$® greift in ihrer Grundkonzeption die wesentlichen Elemente der EPB® auf und stellt eine Weiterentwicklung der EPB® für die mittlere Kindheit dar. Sie ermöglicht eine bindungsbasierte, videogestützte Eltern-Kind-Beratung bzw. -Therapie im Vor- und Grundschulalter. Angepasst an den Altersbereich der mittleren Kindheit und den damit einhergehenden kindlichen Kompetenzen, Entwicklungsaufgaben und Interaktionsthemen, wurden die Methoden für die EBT$^{4\text{-}10}$® so erweitert, dass neben der standardisierten Videographie und Auswertung der Eltern-Kind-Interaktion auch die innere Welt des Kindes durch das Geschichtenergänzungsverfahren zur Bindung (GEV-B) in die Beratung mit einbezogen wird.

Kindliche Entwicklung im Kontext der Eltern-Kind-Beziehung

Bindung, die universell angelegte emotionale Beziehung zwischen Kind und Fürsorgeperson, wird heute nicht mehr nur im Kleinkindalter, sondern auch im Vorschul- und Schulalter und darüber hinaus konzipiert und empirisch untersucht. Dabei gelten sichere Bindung als Schutz- und (hoch-)unsichere Bindung als Risikofaktor für die Bewältigung von Belastungen und Entwicklungsaufgaben. Sichere Bindung ist langfristig assoziiert mit höheren sozial-emotionalen Kompetenzen und geringeren externalisierenden und internalisierenden Problemen (Groh et al. 2017; Madigan et al. 2016). Eine Stärkung der Erziehungs- und Beziehungskompetenzen von Eltern, wie Empathie und feinfühliges Verhalten, stellen zentrale Ansatzpunkte dar, um die Bindungssicherheit des Kindes zu verbessern (Gloger-Tippelt et al. 2022).

Diese wiederum fördert Entwicklung von sozial-kognitiven Kompetenzen wie z. B. zielorientiertes Verhalten oder Flexibilität, Ausdauer und Frustrationstoleranz bzw. die Fähigkeit, Bedürfnisse aufzuschieben, oder auch Impulskontrolle (vgl. Ziegenhain 2008; Ziegenhain und Gloger-Tippelt 2013). Umgekehrt ist die gelingende Entwicklung von Säuglingen und Kleinkindern dann gefährdet, wenn Eltern ihrer »Entwicklungsaufgabe« nicht nachkommen und die biologischen Grundbedürfnisse ihres Kindes nach verlässlicher Fürsorge und (emotionaler) Sicherheit nicht erfüllen (Ziegenhain und Künster 2018).

Insofern ist es naheliegend, präventive und interventive Ansätze zur Förderung elterlicher Beziehungs- und Erziehungskompetenzen abzuleiten. Mittlerweile gibt es zahlreiche Interventionsprogramme, die zunehmend in der beraterischen und therapeutischen Praxis erprobt und evaluiert wurden (Berlin et al. 2008; Ziegenhain et al. 2012). Die Qualität der elterlichen Erziehungs- und Beziehungskompetenzen dient dabei als zentrale Informationsquelle für die Einschätzung der Beziehungsqualität zwischen Eltern und ihren Kindern. So können bereits früh sowohl im elterlichen als auch im kindlichen Interaktionsverhalten Anhaltspunkte für Belastungen in der Eltern-Kind-Beziehung oder gar auf Risiken von Verhaltensproblemen oder -störungen bei Kindern bzw. in kritischen Fällen auch für eine drohende oder bestehende Kindeswohlgefährdung beobachtet werden. Eine derartige Früherkennung bietet die Chance, Eltern frühzeitig zu unterstützen und zur gelingenden Entwicklung von Kindern beizutragen (Ziegenhain 2011; Ziegenhain und Künster 2018).

Im Vergleich zu Säuglingen und Kleinkindern zeigen Kinder zwischen vier und zehn Jahren bereits große Entwicklungsfortschritte. Erfahrungen mit Bezugspersonen (Eltern, Großeltern, aber auch Erzieher/Erzieherinnen, Lehrer/Lehrerinnen u. a.) sowie erlebte Gefühle und Bewertungen im Zusammenhang mit diesen Personen, münden als unbewusstes und bewusstes Wissen in innere Arbeitsmodelle und Repräsentationen von Bindungserfahrungen, welche es dem Kind ermöglichen, das Verhalten nahestehender Personen zu antizipieren (Bowlby 1973). Belastungen können nicht mehr direkt aus Feinzeichen und kindlichem Verhalten abgeleitet werden, sodass in der mittleren Kindheit andere Untersuchungsmethoden anzuwenden sind, um auf der Repräsentationsebene Beziehungserfahrungen zu explorieren.

Entwicklungspsychologische Beratung für Familien mit Säuglingen und Kleinkindern (EPB®)

Die EPB® wurde auf Grundlage der ethologischen Bindungstheorie mit dem Konzept der elterlichen Feinfühligkeit (Ainsworth et al. 1978) sowie dem Entwicklungsmodell von Als und Brazelton (Als 1982; Brazelton und Nugent 1995) konzipiert. Sie ist ein ressourcenorientiertes Beratungsangebot für Eltern mit Säuglingen und Kleinkindern, welches elterliche Feinfühligkeit, Empathie und Perspektivübernahme fördert und dabei Kenntnisse über die Ausdrucks-, Belastungs- und Bewältigungsverhaltensweisen von Säuglingen und Kleinkindern vermittelt. Damit setzt die EPB® konkret an den Ausdrucks- und Regulationsverhaltensweisen des jeweiligen Kindes an, was spezifische und individuell angepasste Beratungsprozesse ermöglicht (Ziegenhain et al. 2002a, 2002b; Ziegenhain und Künster 2018)[25].

Das Grundprinzip dieses Beratungsansatzes basiert auf einer wertschätzenden und ressourcenorientierten Haltung den Eltern gegenüber. Als Methode werden die videogestützte Beobachtung und das Beschreiben von kindlichem und elterlichem Verhalten eingesetzt. Gemeinsam mit den Eltern werden Handlungsstrategien erarbeitet, die eine positive Eltern-Kind-Interaktion begünstigen.

Die EPB® richtet sich gleichermaßen an Familien mit entwicklungspsychologischem Interesse, an unsichere und belastete Eltern, an Familien mit Säuglingen und Kleinkindern in besonderen Lebenssituationen (z. B. Frühgeborene, Säuglinge mit Behinderungen und/oder chronischen Erkrankungen, Kinder jugendlicher oder psy-

---

25 Weitere Informationen zur EPB® unter www.epb-verein.de

chisch kranker Eltern) sowie an Familien, mit denen die Jugendhilfe im Rahmen stationärer oder ambulanter Hilfen bereits Kontakt hat.

In allen Phasen der Beratung stehen die Perspektive des Kindes und seine Erlebens- und Verarbeitungsweisen im Mittelpunkt. Die Eltern erfahren mehr über die Entwicklung von Säuglingen und Kleinkindern und beobachten die Fähigkeiten und Stärken ihres eigenen Kindes. Die Familie wird ganzheitlich betrachtet, die Bedürfnisse der Eltern und des Kindes werden gleichermaßen in der Beratung berücksichtigt und zusammengeführt. Dadurch werden die Eltern in ihrer Elternrolle gestärkt. Zentrales diagnostisches und therapeutisches Instrument stellt dabei die Analyse kurzer Interaktionsvideos dar. Die Beratung erfolgt über Video-Rückmeldungen in Anwesenheit des Säuglings bzw. Kleinkindes und ermöglicht damit eine unmittelbare Erprobung des am Video Gelernten (Ziegenhain und Künster 2018).

Der Ansatz ist mit fünf bis sieben Sitzungen als Kurzzeitintervention konzipiert und wurde explizit für die Einbindung in bestehende Regelstrukturen der Jugend- und Gesundheitshilfe in Deutschland entwickelt. Die EPB® wurde als Bestandteil des Modellprojekts »Guter Start ins Kinderleben« an Modellstandorten in Baden-Württemberg, Bayern, Rheinland-Pfalz und Thüringen über Weiterbildungen von Fachkräften als ergänzender methodischer Baustein in die bestehenden Angebotspaletten integriert (Ziegenhain et al. 2010). Zudem gibt es mittlerweile deutschlandweit Erfahrungen über die systematische Einbindung und Finanzierung der EPB® in bestehenden Systemen der Regelversorgung, wie z. B. in der Frühförderung, in der Erziehungsberatung, der Schwangerenberatung, in Mutter-Kind-Einrichtungen, in der Sozialpädagogischen Familienhilfe oder auch in kinderpsychiatrischen Ambulanzen. Auch im österreichischen Vorarlberg ist sie mittlerweile im System der Frühen Hilfen etabliert.

Entwicklungspsychologische Beratung und Therapie für Familien mit Kindern von 4 bis 10 Jahren (EBT$^{4-10®}$)

Aufgrund zunehmender Prävalenz psychischer Störungen im Vorschul- und Schulalter (Hölling et al. 2007, 2014) und gleichzeitigem Mangel beziehungs- und bindungsorientierter Ansätze für Eltern-Kind-Interventionen ab dem Vorschulalter wurde unter Nutzung des Paradigmas und der Erfahrung aus der EPB® das Konzept weiterentwickelt und an die Erfordernisse der mittleren Kindheit angepasst, um eine bindungsbasierte Intervention auch für Familien mit Kindern im Vorschul- und Grundschulalter anbieten zu können. Ziel dieser Entwicklungspsychologischen

Beratung und Therapie für Familien mit Kindern im Alter von vier bis zehn Jahren (EBT4-10®, Gloger-Tippelt et al. 2014)[26] ist es, durch die Sensibilisierung der primären Bezugspersonen für die kindliche Erlebnisperspektive und durch eine Verbesserung der Fähigkeit zur Übernahme der kindlichen Perspektive die Beziehungsqualität zwischen Eltern und Kind zu verbessern. Gegebenenfalls kann bei Vorliegen einer primären Kernsymptomatik auch eine Reduktion von (interaktionsassoziierter) Symptomatik erreicht werden. Dies scheint indiziert, wenn entweder die Eltern-Kind-Beziehung durch eine Erkrankung oder Störung des Kindes belastet ist oder wenn die gestörte Eltern-Kind-Beziehung eine ätiologische Bedeutung für die Belastung des Kindes hat. Die EBT4-10® kann als Einzelintervention eingesetzt werden oder ein begleitendes Modul der jeweiligen individuellen therapeutischen Behandlung der Kernsymptomatik sein, z. B. bei ADHS, Ängsten oder aggressivem Verhalten.

Zentrale Bestandteile der Interventionsmethode EBT4-10® sind nach Auftragsklärung und Anamneseerhebung die Durchführung, Videographie und Auswertung des Geschichtenergänzungsverfahren zur Bindung (GEV-B, Gloger-Tippelt und König 2016) sowie die Durchführung, Videographie und Einschätzung der Eltern-Kind-Interaktion durch die EBT4-10®-Interaktionsskala (Künster et al. 2022). Die EBT4-10®-Interventionsmethode beruht – wie die EPB® – auf einem systematischen, ressourcenorientierten Rückmeldegespräch zu vorab sorgfältig ausgewählten Videosequenzen aus GEV-B und Interaktionsbeobachtung (Ziegenhain und Künster 2018).

Das GEV-B (Gloger-Tippelt und König 2016) ist ein exploratives Verfahren zur Erfassung der Bindungsrepräsentation für 5- bis 8-jährige Kinder und geht als deutsche Adaptation auf den Attachment Story Completion Task zurück (Bretherton et al. 1990). Aus kindlichen Spielmerkmalen und den begleitenden Narrativen in fünf, das Bindungssystem zunehmend aktivierenden Bindungsgeschichten können die Bindungsrepräsentationen des Kindes erschlossen werden. Da im Rahmen der EBT4-10® das Erkennen der wesentlichen Elemente und Muster der Bindungsstrategie des Kindes als Ausgangspunkt für die Beratung zentraler schien als die diagnostisch reliable Klassifikation des GEV-B, entwickelten Gloger-Tippelt und Mitarbeitende (2014) ein vereinfachtes, praxisbezogenes Ampelmodell (GEV-Ampel, Gloger-Tippelt et al. 2022), anhand dessen der Interventionsbedarf eingeschätzt werden kann.

Die EBT4-10®-Interaktionsskala ermöglicht es, die globale Feinfühligkeit der Bezugspersonen und das Vorhandensein atypischen Elternverhaltens praktikabel und ökonomisch einzuschätzen und detailliert beschreiben zu können. Sie verbindet Elemente unterschiedlicher bereits bestehender Beobachtungsskalen wie der Emotio-

---

26 Weitere Informationen zur EBT4-10® unter https://www.institut-ke.de/weiterbildung/ebtsup4-10-sup/ (10.05.2017)

nal Availability Scale (EAS) (Biringen 2008), dem CARE-Index (Crittenden 2006), AMBIANCE (Bronfman, Madigan und Lyons-Ruth 2009–2014; Bronfman, Parsons und Lyons-Ruth 1992–2004) und der Skala elterlicher Feinfühligkeit (SeF) (Ziegenhain et al. 2010). Der Ablauf der videographierten EBT$^{4\text{-}10®}$-Interaktionsbeobachtung besteht aus drei Phasen zu je fünf Minuten (1. gemeinsames Regelspiel, 2. gemeinsames Bearbeiten einer Aufgabe, 3. gemeinsames Planen des nächsten freien Nachmittags/Wochenendes). Die Einschätzung elterlicher Feinfühligkeit erfolgt wiederum auf einer Ampelskala, die zwischen feinfühligem und noch angemessen feinfühligem Verhalten, grenzwertigem Verhalten und auffälligem Verhalten unterscheidet. Bedeutsam ist hierbei, dass die Einschätzung ausschließlich unter der Berücksichtigung der Bedürfnisse des Kindes erfolgt, d. h., es wird aus Sicht des Kindes eingeschätzt, inwieweit die Bezugsperson feinfühlig handelt. Ebenso können kindliche Verhaltensweisen, wie stark negative Affekte, kindliche Dysregulation und fehlende Kooperation, beobachtet werden. Falls die elterliche Feinfühligkeit auf der EBT$^{4\text{-}10®}$-Interaktionsskala im gelben oder roten Bereich eingeschätzt wird, soll das Elternverhalten zusätzlich auf fünf Subdimensionen atypischen Elternverhaltens bewertet werden, um genauer zu beschreiben, worin das nicht feinfühlige Verhalten der Bezugsperson besteht.

Nach Anamneseerhebung, Auftragsklärung, GEV-B und Interaktionsbeobachtung stellt das Rückmeldegespräch zu Videosequenzen aus beiden Verfahren das Kernelement der Intervention dar. In der gemeinsamen Reflexion werden die Erlebensperspektive und die Bedürfnisse des Kindes unter Zuhilfenahme des geleiteten Entdeckens in den Vordergrund gestellt und erarbeitet, welche Veränderungen in der Interaktion zur Verminderung der aktuellen Problematik führen könnten. Gemeinsam werden passendere Möglichkeiten zur Co-Regulation der kindlichen Bedürfnisse erkundet und ein Transfer auf den Alltag hergestellt. Gleichzeitig wird ressourcenorientiert auf funktionale Aspekte der Eltern-Kind-Beziehung fokussiert und die Eltern werden in ihrer Elternrolle gestärkt. Im Verlauf kann die Eltern-Kind-Interaktion erneut gefilmt und ausgewertet werden, um Veränderungen im Prozess erkennen zu können und diese den Eltern zu spiegeln.

Wirksamkeit von EPB® und EBT$^{4\text{-}10®}$

Die Wirksamkeit der EPB® wurde bislang in zwei Evaluationsuntersuchungen für spezifische Risikogruppen überprüft (Ziegenhain 2007; Pillhofer et al. 2015). Die erste Untersuchung wurde mit 30 jugendlichen Müttern – einer in der Literatur sehr gut beschriebenen Hochrisikogruppe – und ihren Säuglingen in den ersten sechs Lebensmonaten der Kinder durchgeführt. Hier zeigte sich, dass die Mütter, die mit ihren Säuglingen EPB® erhielten, zunehmend feinfühliger mit ihren Kindern umgingen als die Mütter, die lediglich »treatment as usual«, d. h. reguläre Unterstützung im Rahmen der Jugendhilfe erhielten. Dieser Unterschied konnte auch noch drei Monate nach dem Ende der Beratung nachgewiesen werden (Ziegenhain 2007). In der zweiten Studie wurden 96 Mutter-Kind-Paare mit unterschiedlichen Belastungsfaktoren untersucht, die bekanntermaßen Risikoindikatoren für eine potenzielle Kindeswohlgefährdung darstellen (z. B. jugendliches Alter, eigene Misshandlungsvorerfahrungen, psychosoziale Belastungsfaktoren, deutliche Schwierigkeiten bei der Annahme und Versorgung des Kindes). Die Kinder waren zu Beginn der Untersuchung maximal drei Monate alt. Auch hier wurde eine Gruppe von Müttern, die EPB® erhielt, mit einer Gruppe von Müttern verglichen, die lediglich eine reguläre Unterstützung im Rahmen der Jugendhilfe (»treatment as usual«) erhielt. Im Hinblick auf die Mütter, die nur ein moderates Risiko für eine potenzielle Kindeswohlgefährdung aufwiesen, zeigte sich im Verlauf der Untersuchung kein Unterschied. In der Gruppe der Mütter, die aufgrund ihrer Belastungsfaktoren ein hohes Risiko für eine potenzielle Kindeswohlgefährdung aufwiesen, zeigte sich hingegen im Vorher-Nachher-Vergleich ein signifikanter Anstieg der mütterlichen Feinfühligkeit bei den Müttern, die EPB® erhalten hatten. Die hochbelasteten Mütter, die nicht an der EPB® teilgenommen hatten, verschlechterten sich hingegen auf ein kritisches Maß an nicht-feinfühligem Elternverhalten (Pillhofer et al. 2015). In einer derzeit laufenden Untersuchung in Österreich findet die Wirksamkeitsprüfung der EPB® mittels eines randomisierten Wartekontrollgruppendesigns in einer Inanspruchnahmepopulation im Rahmen der Frühen Hilfen (Netzwerk Familie Vorarlberg) statt.

Die Wirksamkeit der EBT$^{4\text{-}10}$® wird derzeit in Kooperation am Vivantes Klinikum Berlin im Rahmen der (teil-)stationären kinderpsychiatrischen Behandlung untersucht. Eine erste wissenschaftliche Auswertung zur Reliabilität und Validität der GEV-Ampel liegt vor und dokumentiert zufriedenstellend hohe Ergebnisse (Gloger-Tippelt et al. 2022). Die Prüfung der Interraterreliabilität der EBT®-Interaktionsskala lieferte in einer Stichprobe früh- und reifgeborener Vorschulkinder mit ihren primären Bezugspersonen (N=55) für die Skala globaler Feinfühligkeit in der Interpretation nach Koo und Li (2016) eine sehr gute Übereinstimmung. Die Übereinstimmung für die Skala »Widersprüchliches Verhalten« stellte sich durchschnittlich dar, für alle anderen Skalen zeigten sich gute Übereinstimmungen (Gawehn et al. 2022).

Anwendung von EPB® und EBT⁴⁻¹⁰® mit Familien Frühgeborener

Wie bereits erläutert, kann sich die Entwicklungspsychologische Beratung u. a. an Familien mit Säuglingen und Kleinkindern in besonderen Lebenssituationen richten (z. B. Frühgeborene, Säuglinge mit Behinderungen und/oder chronischen Erkrankungen, Kinder jugendlicher oder psychisch kranker Eltern). Die Anschlussfähigkeit von EPB® und EBT⁴⁻¹⁰® für die Arbeit mit Familien und Frühgeborenen lässt sich daraus ableiten, dass die Frühgeburt für Eltern und Kind gleichermaßen eine Herausforderung im Eltern-Kind-Interaktionssystem darstellen kann. Auf elterlicher Seite birgt die Frühgeburt vielfältige Belastungen und Ängste. So sorgen Eltern sich nach der mitunter als »Trauma« erlebten Erfahrung der frühen Geburt um die körperliche und kognitive Entwicklung ihres Kindes oder ängstigen sich sogar um dessen Überleben. Notwendige medizinische Interventionen und intensivmedizinische Pflege erschweren den ungestörten Beziehungsaufbau zwischen Eltern und Kind, kollidieren mit den Mutterschaftskonstellationen des »Lebens und Wachstums« sowie der »primären Bezogenheit« (Stern 1998) und können so das Selbstwirksamkeitserleben der Eltern schwer erschüttern und ihr intuitives Elternverhalten blockieren. Ein erhöhtes Risiko für elterliche psychische Auffälligkeiten, wie Depressionen (Vigod et al. 2010), Posttraumatische Belastungsstörung oder Anpassungsstörungen (Karatzias et al. 2007) nach Frühgeburt, sind in diesem Zusammengang beschrieben.

Doch auch auf der Seite des Frühgeborenen selbst zeigen sich als Konsequenzen der Frühgeburt Entwicklungs- und Verhaltensbesonderheiten, welche Auswirkungen auf die Interaktion nehmen können. So kann man bei Frühgeborenen beispielsweise ein »paradox reaktives« Interaktionsverhalten beobachten: Frühgeborene weisen zumindest in den ersten Lebensmonaten offenbar eine sehr hohe Reiz-Reaktionsschwelle (»hyposensitiv«) auf und wirken in Interaktionen passiver und weniger aufmerksam als Reifgeborene (Korja et al. 2012). Wenn die Reiz-Reaktionsschwelle jedoch überschritten wird, reichen aufgrund der Unreife die Adaptationsmechanismen noch nicht aus, sodass es sehr schnell zu einer Überlastung der Verarbeitungs- und Verhaltenssysteme kommen kann. Dieser Logik folgend ist es nachvollziehbar, dass bei Frühgeborenen nur sehr kurze – von Stress-Signalen begleitete – aktive Wachphasen zu beobachten sind und die Kinder z. B. mitunter sehr abrupt in den Schlaf zurückfallen. Tronick et al. (1990) interpretierten dies als Schutzmechanismus vor Überlastung, bevor die Fähigkeit zur Habituation (Gewöhnung) an externe Reize entwickelt ist.

Zusammenfassend gesagt, erfordert die Unreife eines Kindes ein besonderes Maß an elterlicher intuitiver Kompetenz, Feinfühligkeit und Frustrationstoleranz bei gleichzeitig erhöhter eigener elterlicher Belastung. Hieraus ergibt sich eine besondere Risikokonstellation für Frühgeborene und ihre Familien.

Trotz dieses herausfordernden Starts kommen Untersuchungen zu Auswirkungen auf die Eltern-Kind-Beziehung nach Frühgeburtlichkeit zu uneinheitlichen Ergebnissen. So gibt es solche, die eine geringere elterliche Feinfühligkeit bei frühgeborenen Kindern im Vergleich zu Eltern reifgeborener Kinder fanden (Muller-Nix et al. 2004; Feldman und Eidelman 2007; Jaekel et al. 2012, 2015), während andere keine Unterschiede in der elterlichen Feinfühligkeit ergaben (Bilgin und Wolke 2015; Korja et al. 2008; Salvatori et al. 2016). Im Hinblick auf atypische elterliche Verhaltensweisen scheinen Eltern von Frühgeborenen sich in der Interaktion mit ihren Kindern intrusiver, kontrollierender und direktiver/strukturierender als die Eltern reifgeborener Kinder zu verhalten (Dietzel et al. 2023; Korja et al. 2012; Agostini et al. 2014; Feldman und Eidelman 2007; Forcada-Guex et al. 2006; Muller-Nix et al. 2004), was einerseits eine Folge von postpartalem Angst- und Stresserleben und andererseits Folge der Wahrnehmung kindlicher Vulnerabilität sein kann (Forcada-Guex et al. 2006; Allen et al. 2004).

Auch wenn für Eltern Frühgeborener also nicht per se eine verminderte Feinfühligkeit nachgewiesen ist, stellt die Förderung der Feinfühligkeit in dieser Kohorte dennoch eine bedeutsame Zielvariable für Interventionen dar. So wurde nicht nur der positive Einfluss gelingender Eltern-Kind-Interaktionen und feinfühligen Elternverhaltens auf die kognitive Entwicklung bei früh- und reifgeborenen Kindern wiederholt gefunden (Treyvaud et al. 2016; Hoff et al. 2004), sondern interessanterweise auch Hinweise darauf, dass dieser Effekt bei Frühgeborenen deutlicher ausgeprägt ist als bei Reifgeborenen. Wolke und Mitarbeitende (2013) konnten zeigen, dass der Effekt elterlicher Feinfühligkeit auf den Schulerfolg maßgeblich durch den Geburtsstatus moderiert war. Vor allem bei sehr kleinen Frühgeborenen zeigte sich eine Beeinträchtigung des Schulerfolgs bei wenig feinfühligen Eltern, wohingegen sehr kleine Frühgeborene mit feinfühligen Eltern vergleichbare akademische Leistungen wie reifgeborene Kinder erbrachten. Zwar sind die Eltern von frühgeborenen Kindern im Mittel nicht weniger feinfühlig als die von reifgeborenen Kindern, aber es scheint für das Entwicklungsoutcome der Frühgeborenen besonders bedeutsam zu sein, feinfühlige Eltern zu haben.

Somit kann die Stärkung elterlicher Feinfühligkeit, z. B. durch EPB® und EBT$^{4-10}$®, als Bestandteil eines umfassenden Versorgungskonzepts Frühgeborener ein bedeutsamer Anknüpfungspunkt für die Entwicklungsbegleitung Frühgeborener und ihrer Familien sein. Diesem Aspekt wird in der EPB® und EBT$^{4-10}$®-Weiterbildung mit einem dreitägigen Aufbaumodul, welches spezifisch auf die Beratung von Familien mit frühgeborenen Kindern zugeschnitten ist, Rechnung getragen.

Fazit/Zusammenfassung

Die Konzepte EPB® und EBT⁴⁻¹⁰® bieten eine Chance zur Stärkung der Eltern-Kind-Interaktion. Beide Konzepte können präventiv und interventiv mit Familien mit Kindern von 0–3 Jahren bzw. 4–10 Jahren in verschiedenen Lebenslagen durch Fachkräfte in unterschiedlichen Settings eingesetzt werden. In der Nachsorge Frühgeborener können EPB® und EBT⁴⁻¹⁰® eingesetzt werden, um die Auswirkungen der Frühgeburt auf die Eltern-Kind-Interaktion abzufedern, Informationen zu den Interaktionsbesonderheiten des frühgeborenen Kindes gemeinsam zu entdecken und die elterliche Feinfühligkeit in dieser belasteten Gruppe zu stärken.

Literatur

Agostini, F., Neri, E., Dellabartola, S., Biasini, A. & Monti, F. (2014). Early interactive behaviours in preterm infants and their mothers: influence of maternal depressive sympomatology and neonatal birth weight. *Infant Behavior Development, 37*(1), S. 86–93.

Ainsworth, M. D. S., Blehar, M. C., Waters, E. & Wall, S. (1978). *Patterns of attachment: A psychological study of the strange situation*. Hillsdale, NJ: Erlbaum.

Allen, E. C., Manuel, J. C., Legault, C., Naughton, M. J., Pivor, C. & O'Shea, T. M. (2004). Perception of Child Vulnerability Among Mothers of Former Premature Infants. Pediatrics, 113, S. 267–273.

Als, H. (1982). Towards a synactive theory of development: Promise for the assessment of infant individuality. Infant Mental Health Journal, 3, S. 228–243.

Berlin, L. J., Zeanah, C. H. & Lieberman, A. F. (2008). Prevention and intervention programs for supporting early attachment security. In: Cassidy, J. & Shaver, P. R. (eds.), Handbook of Attachment 2 (S. 745–761). New York: Guilford Press.

Bilgin, A. & Wolke, D. (2015). Maternal Sensitivity in Parenting Preterm Children: a meta-analysis. Pediatrics, 136(1): e177–193. doi: 10.1542/peds.2014-3570

Biringen, Z. (2008). The Emotional Availability (EA) Scales. 4th ed. Published by emotionalavailability.com, PO Box, 3625, Boulder, Colorado 80307.

Bowlby, J. (1973). Attachment and loss. Vol. II. Separation, anxiety and anger. London: The Tavistock Institute of Human Relations. (Dt.: 2006, Trennung, Angst und Zorn. München: Reinhardt Verlag.)

Brazelton, T. B. & Nugent, J. K. (1995). Neonatal Behavioral Assessment Scale. 3rd ed. Clinics in Development Medicine, No 137. London: MacKeith Press.

Bretherton, I., Ridgeway, D. & Cassidy, J. (1990). Assessing working models of the attachment relationship: An attachment story completion task for 3-year-olds. In: Greenberg, M.T, Cicchetti, D. & Cummings, E. M. (eds.), Attachment in the preschool years (pp. 273–310). Chicago: The University of Chicago Press.

Bronfman, E. T., Parsons, E. & Lyons-Ruth, K. (1992–2004). Disrupted Maternal Behavior Instrument for Assessment and Classification (AMBIANCE), Version 2.1. Unpublished manuscript, Harvard Medical School.

Bronfman, E., Madigan, S. & Lyons-Ruth, K. (2009–2014). Disrupted Maternal Behavior Instrument for Assessment and Classification (AMBIANCE): Manual for coding disrupted affective communication (2nd ed.). Unpublished manuscript, Harvard University Medical School.

Crittenden, P. M. (1979–2006). CARE-index: coding manual. Unpublished manuscript, Miami, FL. Available from the author.

Dietzel, J., Röer, J. P., Vetterlein, S., Schölmerich, A., Schneider, D. T. & Gawehn, N. (2023). Parenting Preterm Children: Emotional Availability At Preschool Age. SAGE Open 13(2). doi: 10.1177/21582440231174169

Feldman, R. & Eidelman, A. I. (2007). Maternal postpartum behavior and the emergence of infant-mother and infant-father synchrony in preterm and full-term infants: the role of neonatal vagal tone. Developmental Psychobiology, 49(3), S. 290–302. doi: 10.1002/dev.20220

Forcada-Guex, M., Pierrehumbert, B., Borghini, A., Moessinger, A. & Muller-Nix, C. (2006). Early dyadic patterns of mother–infant interactions and outcomes of prematurity at 18 months. Pediatrics, 118(1), S. 107–114. doi: 10.1542/peds.2005-1145

Gawehn, N., Fuhrmann, F., Schneider, D. T. & Künster, A. K. (2022). Eltern-Kind-Interaktion nach Frühgeburt im Vorschulalter. Abstracts der DGSPJ, Monatsschrift für Kinderheilkunde (DGSPJ-PO-06) 170 (S4): S349. doi: 10.1007/s00112-022-01593-7.

Gloger-Tippelt, G., Ziegenhain, U., Künster, A. K. & Izat, Y. (2014). Entwicklungspsychologische Beziehungstherapie (EPB) 4-10 – Ein bindungsorientiertes psychotherapeutisches Modul zur Förderung der Beziehung zwischen Eltern und ihren Kindern im Vor- und Grundschulalter. Psychotherapie Forum, 19, S. 50–59.

Gloger-Tippelt, G. & König, L. (2016). Bindung in der mittleren Kindheit. Das Geschichtenergänzungsverfahren zur Bindung 5- bis 8-jähriger Kinder (GEV-B). Weinheim: Beltz.

Gloger-Tippelt, G., Ziegenhain, U., Riess, B., Bestle, C., Künster, A. K. & Izat, Y. (2022). Stärkung bindungsdiagnostischer Kompetenz von Praktiker/innen in der Psychotherapie: Güte eines therapiebezogenen Bindungsinstrumentes für die mittlere Kindheit. Praxis der Kinderpsychologie und Kinderpsychiatrie, 71, S. 688–704.

Groh, A. M., Fearon, R. P., van IJzendoorn, M., Bakermans-Kranenburg, M. J. & Roisman, G. I. (2017). Attachment in the early life course: meta-analytic evidence for its role in socioemotional development. Child Development Perspectives, 11, S. 70–76.

Hoff, B., Munck, H. & Greisen, G. (2004). Assessment of parental sensitivity towards preschool children born with very low birthweight. Scandinavian Journal of Psychology, 45(1), S. 85–89. doi: 10.1111/j.1467-9450.2004.00382.x

Hölling, H., Erhart, M., Ravens-Sieberer, U. & Schlack, R. (2007). Verhaltensauffälligkeiten bei Kindern und Jugendlichen. Erste Ergebnisse aus dem Kinder- und Jugendgesundheitssurvey (KiGGS). Bundesgesundheitsblatt – Gesundheitsforschung – Gesundheitsschutz, 50, S. 784–793

Hölling, H., Schlack, R., Petermann, F., Ravens-Sieberer, U., Mauz, E. & KiGGS Study Group (2014). Psychische Auffälligkeiten und psychosoziale Beeinträchtigungen bei Kindern und Jugendlichen im Alter von 3 bis 17 Jahren in Deutschland – Prävalenz und zeitliche Trends zu 2 Erhebungszeitpunkten (2003–2006 und 2009–2012). Ergebnisse der KiGGS-Studie – Erste Folgebefragung (KiGGS Welle 1). Bundesgesundheitsblatt 2014, 57, S. 807–819. doi: 10.1007/s00103-014-1979-3

Jaekel, J., Wolke, D. & Chernova, J. (2012). Mother and child behavior in very preterm and term dyads at 6 and 8 years. Developmental Medicine & Child Neurology, 54(8), S. 716–721. doi: 10.1111/j.1469-8749.2012.04323.x

Jaekel, J., Pluess, M., Belsky, J. & Wolke, D. (2015). Effects of maternal sensitivity on low birth weight children's academic achievement: a test of differenzial susceptibility versus diathesis stress. Journal of Child Psychology and Psychiatry, 56, S. 693–701. doi: 10.1111/jcpp.12331

Karatzias, T., Chouliara, Z., Maxton, F., Freer, Y. & Power, K. (2007). Post-traumatic Symptmatology in Parents with Premature Infants: A Systematic Review of the Literature. Journal of Prenatal and Perinatal Psychology and Health, 21(3), S. 249–260.

Koo, T. & Li, M. Y. (2016). A guideline of selecting and reporting intraclass correlation coefficients for reliability research. Journal of Chiropractic Medicine, 15 (2), S. 155–163. doi: 10.1016/j.jcm.2016.02.012

Korja, R., Maunu, J., Kirjavainen, J., Savonlahti, E., Haataja, L., Lapinleimu, H. et al. (2008). Mother-infant interaction is influenced by the amount of holding in preterm infants. Early Human Development, 84(4), S. 257–267. doi: 10.1016/j.earlhumdev.2007.06.006

Korja, R., Latva, R. & Lehtonen, L. (2012). The effects of preterm birth on mother–infant interaction and attachment during the infant's first two years. Acta Obstetrica et Gynecolgica Scandinavica, 91, S. 164–173. doi: 10.1111/j.1600-0412.2011.01304.x

Künster, A. K., Gloger-Tippelt, G., Ziegenhain, U., Bestle, C., Zwönitzer, A., Riess, B., Klopfer, U., Weber, J. & Izat, Y. (2022). Manual zur Durchführung und Auswertung von Eltern-Kind-Interaktionen im Rahmen der Entwicklungspsychologischen Beratung und Therapie für Familien mit Kindern von 4 bis 10 Jahren (EBT4-10): EBT4-10-Interaktionsskala. [Unveröffentliches Manual]. Entwicklungspsychologische Beratung, Therapie und Weiterbildung e. V. – www.epb-verein.de.

Madigan, S., Brumariu, L. E., Villani, V., Atkinson, L. & Lyons-Ruth, K. (2016). Representational and questionnaire measures of attachment: A meta-analysis of relations to child internalizing and externalizing problems. Psychological Bulletin, 142, S. 367–399.

Muller-Nix, C., Forcada-Guex, M., Pierrehumbert, B., Jaunin, L., Borghini, A. & Ansermet, F. (2004). Prematurity, maternal stress and mother-child interactions. Early Human Development, 79(2), S. 145–158. doi: 10.1016/j.earlhumdev.2004.05.002

Pillhofer, M. C., Spangler, G., Bovenschen, I., Kuenster, A., Gabler, S., Fallon, B., Fegert, J. M. & Ziegenhain, U. (2015). Pilot study of a program delivered within the regular service system in Germany: Effect of a short-term attachment-based intervention on maternal sensitivity in mothers at risk for child abuse and neglect. Child Abuse and Neglect, 42, S. 163–73.

Salvatori, P., Neri, E., Chirico, I., Andrei, F., Agostini, F. & Trombini, E. (2016). Mother-toddler play interaction in extremely, very low birth weight, and full-term children: a longitudinal study. Frontiers in Psychology, 7, S. 1511. doi: 10.3389/fpsyg.2016.01511.

Stern, D. N. (1998). Die Mutterschaftskonstellation: eine vergleichende Darstellung verschiedener Formen der Mutter-Kind-Psychotherapie. Stuttgart: Klett-Cotta.

Treyvaud, K., Doyle, L. W., Lee, K. J., Ure, A., Inder, T. E., Hunt, R. W. & Anderson, P. J. (2016). Parenting behavior at 2 years predicts school-age performance at 7 years in very preterm children. Journal of Child Psychology and Psychiatry, 57(7), S. 814–821. doi: 10.1111/jcpp.12489

Tronick, E. Z., Scanlon, K. B. & Scanlon, J. W. (1990). Protective apathy, a hypothesis about the behavioral organization and its relation to clinical and physiologic status of the preterm infant during the newborn period. Clinical Perinatology, 17, S. 125–154.

Vigod, S., Villegas, L., Dennis, C.-L. & Ross, L. (2010). Prevalence and risk factors for postpartum depression among women with preterm and low-birth-weight infants: a systematic review. An International Journal of Obstetrics and Gynaecology, 117(5), S. 540–50. doi: 10.1111/j.1471-0528.2009.02493.x

Wolke, D., Eryigit-Madzwamuse, S. & Gutbrod, T. (2013). Very preterm/very low birthweight infants' attachment: infant and maternal characteristics. Archives of Disease in Childhood. Fetal and Neonatal Edition, 99(1), F70–75. doi: 10.1136/archdischild-2013-303788.

Ziegenhain, U. (2007). Förderung der Beziehungs- und Erziehungskompetenzen bei jugendlichen Müttern. Praxis der Kinderpsychologie und Kinderpsychiatrie, 56, S. 660–675.

Ziegenhain, U. (2008). Entwicklungs- und Erziehungsberatung für die frühe Kindheit. In: Petermann, F. & Schneider, W. (Hrsg.), Angewandte Entwicklungspsychologie (Bd. 7). Enzyklopädie der Psychologie (S. 163–204). Göttingen: Hogrefe.

Ziegenhain, U. (2011). Die Früherkennung von Belastungen und Störungen der Eltern-Kind-Kommunikation als Ansatz für präventive beziehungstherapeutische Hilfen. In: Hellbrügge, T. & Schneeweiß, B. (Hrsg.), Frühe Störungen behandeln, Elternkompetenz stärken, Grundlagen der frühen Rehabilitation (S. 49–68). Stuttgart: Klett-Cotta.

Ziegenhain, U., Derksen, B. & Dreisörner, R. (2004a). Frühe Förderung von Resilienz bei jungen Müttern und ihren Säuglingen. Kindheit und Entwicklung, 13, S. 226–234.

Ziegenhain, U., Fries, M., Bütow, B. & Derksen, B. (2004b). Entwicklungspsychologische Beratung für junge Eltern. Ein Handlungsmodell für die Jugendhilfe. Weinheim: Juventa.

Ziegenhain, U., Schöllhorn, A., Künster, A. K., Hofer, A., König, C. & Fegert, J. M. (2010). Modellprojekt Guter Start ins Kinderleben. Werkbuch Vernetzung. Chancen und Stolpersteine interdisziplinärer Kooperation und Vernetzung im Bereich Früher Hilfen und im Kinderschutz. Köln: Nationales Zentrum Frühe Hilfen.

Ziegenhain, U., Fegert, J. M. & Möhler, E. (2012). Infant Psychiatry – Frühe Eltern-Kind-Interaktion. In: Fegert, J. M., Eggers, C & Resch, F. (Hrsg.), Psychiatrie des Kindes- und Jugendalters (S. 950–957) 2. Auflage. Berlin: Springer.

Ziegenhain, U. & Gloger-Tippelt, G. (2013). Bindung und Handlungssteuerung als frühe emotionale und kognitive Voraussetzungen von Bildung. Zeitschrift für Pädagogik 59: (6) 793–802.

Ziegenhain, U. & Künster, A. K. (2018). Entwicklungspsychologische Beratung bei Familien in Hochrisikosituationen. In: Mall, V., Voigt, F., Jung, N. H. & Ziegler, M. (Hrsg.), Frühe Entwicklung und Kommunikation – Aktuelle Beiträge zu Grundlagen, Beratung und Therapie (S. 69–80). Lübeck: Max Schmidt-Romhild GmbH & Co. KG.

GABRIELE KOCH UND DIANA DRUDE
Zu Gast im therapeutischen Raum

Erfahrungen mit aufsuchender fokusbasierter psychodynamischer Eltern-Säugling-Kleinkind-Psychotherapie (ESKP-f)

Einleitung

Psychotherapeutisches Arbeiten im häuslichen Umfeld der Familie bedeutet einen »Szenenwechsel« für Eltern-Säugling-Kleinkind-Psychotherapeutinnen und -Psychotherapeuten. Sie geben den vertrauten Rahmen der eigenen vier Wände ihrer Praxis oder Ambulanz auf, um im Hausbesuch die Atmosphäre des Familienlebens aus aller Nähe zu erspüren. Sie erleben, wie sich Unsicherheiten und Spannungen im Miteinander und aufkommende Konflikte zwischen sehr kleinen Kindern und ihren Eltern manifestieren, die eine Behandlungsindikation begründen können: Unruhe oder exzessives Schreien, Nicht-Einschlafen-Wollen oder Wieder-Erwachen, wählerisches oder ablehnendes Essverhalten des Kindes, aber auch Erschöpfung, Verunsicherung oder Hilflosigkeit der Eltern. Sie lernen die Möglichkeiten und Grenzen und die oft schwer erträglichen Gefühle und Gedanken der Eltern an Ort und Stelle kennen. Da, wo sie entstehen und ihre Wirkung zeigen. Sie nehmen Beziehung auf, wo sie selbst nicht hingehören und noch fremd sind. Für Eltern und Kind kann es von Vorteil sein, ihre Entwicklungsthemen und Möglichkeiten zur Stressregulation im eigenen Lebensraum genauer in den Blick zu nehmen. Doch wie lässt sich in der Privatheit der Familie die professionelle Rolle finden und beibehalten? Und wo ist im »Elternhaus« ein passender Ort für die therapeutische Arbeit?

Von 2018 bis 2022 haben Eltern-Säugling-Kleinkind-Therapeutinnen und -Therapeuten im Rahmen der SKKIPPI-Studie (Ludwig-Körner et al. 2018) in Berlin, Leipzig und Potsdam ihre ersten Erfahrungen im »home-treatment« gesammelt. Ausgestattet mit Leitgedanken sowie Reflexions- und Dokumentationshilfen, die ihnen das Studienmanual der fokusbasierten psychodynamischen Eltern-Säugling-Kleinkind-Psychotherapie (ESKP-f, Schlensog-Schuster et al. 2023) mit an die Hand gab, machten sie sich quer durch die jeweilige Stadt auf den Weg, um die Familien mit ihren individuell äußerst unterschiedlichen Problemen aufzusuchen und die psychotherapeutische Behandlung mit Eltern und Kind in deren Zuhause durchzuführen. In auswertenden Expert:innen-Interviews (Drude 2021) berichten einige von ihnen Näheres über ihre Erfahrungen in diesem speziellen Kontext. Dieser Beitrag fasst einige Kernpunkte daraus zusammen. Die fokusbasierte Kurzzeittherapie umfasst, sofern sie manualgetreu umgesetzt werden kann, einen Behandlungsprozess von zwölf Sitzungen innerhalb von sechs Wochen. Die Nachbetrachtungen zeigen: Auch erfahrene Therapeutinnen und Therapeuten erleben die neuen Erfahrungen im Hausbesuch als Herausforderung. Hinter der Haustür, in der häuslichen Intimität der Familie, zeigen sich frühe Beziehungskonflikte, Ängste, quälende Gedanken und Gefühle dem Kind gegenüber auf ganz besondere Art. Vor, während und nach den Stunden ist besondere Übung im Nachdenken und Nachspüren und im Finden eines Fokus für die Behandlung notwendig. Dabei helfen Supervision, Fokuskonferenzen oder kollegialer Austausch, in deren Rahmen auch die neue, ungewohnte Rolle der Behandelnden reflektiert wird, denn die Therapeutinnen und Therapeuten sind im Hausbesuch anders als in ihren eigenen Therapieräumen zu Gast im therapeutischen Raum.

Rollenbesonderheit im aufsuchenden Behandlungssetting

In der Hausbesuchstherapie verändern sich die gewohnten Rollen. Der reale Raum ist in erster Linie durch die Lebenswelt der Familie gekennzeichnet, was die Herstellung und Aufrechterhaltung des mentalen therapeutischen Raums beeinflusst. Die von Zwiebel (2013) für die therapeutische Arbeit im analytischen Setting genutzte Metapher von Gastgeber und Gast verkehrt sich: Therapeutinnen und Therapeuten betreten das Zuhause von Eltern und Kind, nehmen die realen Gegebenheiten des Wohnumfeldes wahr, stellen sich darauf ein und grenzen sich dazu ab. Die Wahl von Zeit, Ort und Rahmenbedingungen der Behandlung werden stark durch die Mütter, Väter und Babys bestimmt. In der Rolle des Gastes bringen Therapeutinnen und Therapeuten die eigene Mentalität in den realen Raum ein und eröffnen dadurch für Mütter und Väter mit ihren Babys einen Spielraum, um die eigenen mentalen Vorgänge zu erforschen und zu verändern. Sie stellen eine reflektierende, auf das Innenleben der Patientinnen und Patienten ausgerichtete Haltung her und müssen diese in belasteten Alltagssituationen bewahren oder wiedererlangen. So entsteht ein Übungsraum für die Eltern und ein analytischer Übungsweg für die Therapeutinnen und Therapeuten, der durch das persönliche Inventar und die familiäre Intimität gefärbt ist. So berichtet beispielsweise eine Therapeutin aus ihrer Erfahrung:

»Eine Familie in ihrem Lebensumfeld zu erfahren, zu erleben, macht einen großen Unterschied. Ich kann die Umgebung miteinbeziehen in den Beziehungsprozess, ich bin vorsichtiger, weil ich mich nicht zu Hause fühle, taste mich heran. Irgendwie haben Eltern Heimvorteil. Sie sind bei sich zu Hause und können sich so zeigen wie sie sind. Aber sie sind auch schutzloser, weil sie sich nicht verstecken können. Alles wird offensichtlicher, sie offenbaren sich noch mehr. Bei Familien mit so kleinen Kindern, da läuft alles drunter und drüber. Eine Mutter hätte gerne alles in Ordnung gehabt, das ging aber nicht. Sie war verletzbar, weil es nicht so perfekt war, und jemand anderer sieht das. Es wird schnell dicht im Hausbesuch. Ich bin da vorsichtig und schaue, wie das so ist miteinander.«

Therapeutinnen und Therapeuten müssen im Hausbesuch aber auch ganz praktisch ausloten, wie sie ihr Verhalten an die Gegebenheiten anpassen, ob sie ihre Schuhe ausziehen, angebotene Getränke oder Speisen annehmen oder ablehnen, wann sie auf das Kind zugehen oder wo sie ihre Sachen ablegen. Dabei versuchen sie, die Balance zwischen Gastfreundlichkeit und psychodynamischem Verstehen herzustellen, beispielsweise Versorgungswünsche und Grenzen zu intrusivem Verhalten zu reflektieren. Für Eltern kann die Therapiestunde in den eigenen vier Wänden sehr ungewohnt und paradox sein. Eine Therapeutin beschreibt dies aus Elternperspektive: »Da sitzt eine wildfremde Person plötzlich im Kinderzimmer auf dem Fußboden und ist irgendwie ganz schnell mittendrin. Das Fremde ist plötzlich im vermeintlich komplett intimen Vertrauten.« In der Wohnung der Familie muss erst einmal ein guter Platz für gemeinsames Erleben und Bearbeiten von Entwicklungsthemen oder schmerzhaften Erfahrungen gefunden werden. Diesen zu finden kann bereits Teil der Intervention sein:

»Auf einmal wurde mir klar, dass ja ich zu Gast war und die Mutter Gastgeberin! Zu Beginn saßen wir zu zweit am Tisch. Dann auf dem Boden. Die beiden Ebenen hatten wir. Die Mutter hat mir nie einen Platz angeboten, sie hat sich gesetzt und ich habe mich dazugesetzt. Wenn ich merkte, dass uns das Kind wegrutscht, habe ich den Spieß umgedreht und mich auf den Boden gesetzt. Sie kam dann dazu. Das war ähnlich wie das Führen und Folgen in ihrer Interaktion zum Kind. Wann gebe ich etwas vor und wann ziehe ich mich zurück? Ich habe die Mutter bestärkt, mehr ins Führen zu gehen. Welchen Rhythmus möchte sie? Nicht nur dem Kind folgen und sich ohnmächtig fühlen. Was sich in der Platzwahl inszeniert hat, war entscheidend auch für die Eltern-Kind-Interaktion.«

Therapeutische Arbeit in der häuslichen Intimität

Viel schneller als im üblichen ambulanten Setting entstehen intime Momente, durch die eine besondere Qualität hinzukommt. Manche Eltern offenbaren sich im Hausbesuch schneller. So meint eine Therapeutin: »Wenn die Eltern mich reinlassen, sich mir wirklich in ihrer Gesamtsituation zeigen, ist das schon ein großer Vertrauensvorschuss und ein sehr sensibler und intimer Moment«. Die ersten drei Sitzungen der Hausbesuchsbehandlung stehen im Zeichen von Diagnostik und Exploration, wobei szenisches Verstehen und die Analyse des Übertragungs- und Gegenübertragungsgeschehen zentral sind, aber auch erste Einblicke in die Schwangerschafts-, Geburts- und Familienanamnese möglich werden: »Im Hausbesuch habe ich erlebt, dass ich ganz schnell in die Geschichte der Eltern eintauche. Das ist anders als im neutralen Raum einer Praxis. Da übermitteln sich natürlich auch Gefühle, Atmosphären, Räume, wie die Familie ist. Man ist näher, dichter. Man kann die Atmosphäre viel deutlicher spüren und bekommt auch ein Gefühl dafür, wie die Mutter der Mutter ist, wie der Vater des Vaters. Es ist wirklich ein Eintauchen in die Familie. Dem kann man sich gar nicht entziehen. Sich da einzufühlen, das geht sehr schnell.« Die große Nähe und Unmittelbarkeit gehören zu den Besonderheiten der Hausbesuchstherapie und können vor allem bei sehr intensiver Erfahrungen eine Herausforderung darstellen: »Man bekommt schon sehr intime Einblicke. Häufig war die Wohnung nicht aufgeräumt oder es gab keine Schamgrenze. Es ist gar nicht einfach auszuhalten, wenn Verwahrlosung oder auch Aggression im Raum stehen. Wenn die Eltern feindselig oder grob mit dem Kind sind, muss ich mich ganz bewusst mit einem positiven Teil in ihnen verbinden, sonst geht das nicht. Aber es gibt auch Momente, in denen ich meine therapeutische Rolle verlassen muss.« Was einen hinter der Haustür erwartet, ist oft ungewiss oder ungewohnt. Eine Therapeutin schildert, dass sie sich vor jeder Stunde sehr bewusst von allen Erwartungen freimacht und sich so einstimmt, dass sie »innerlich total frei und flexibel« ist, denn: »Sobald die Tür aufgeht, beginnt die Therapie«.

Die besonderen ersten Momente der Begegnung

Vor der ersten Begegnung sind wahrscheinlich sowohl die Therapeutinnen oder Therapeuten als auch die Eltern neugierig und aufgeregt, was sie erwartet. Schon in der Begrüßungsszene kann sich inszenieren, was für die weitere therapeutische Arbeit bedeutsam ist: »Bei der Familie, bei der ich war, waren Vater, Mutter und Kind zusammen und ich merkte: Den dreien ist es wichtig, zusammen zu sein! Dieses Zusammensein, eine Familie sein wollen, das ist wichtig, auch wenn es Schwierigkeiten gibt und alles nicht so rund läuft. Da ist ein großes Bedürfnis, das zusammen zu schaffen. Das war das Erste, was ich gemerkt habe. Und was sich dann auch inszeniert hat, war diese Geschwindigkeit, dass die Eltern ganz schnell reagiert haben auf das Kind. Alles, was das Kind gemacht hat, wurde sofort kommentiert, es wurde sofort eingegriffen, aus diesem Willen heraus, alles wunderbar zu machen. Aber dadurch passierte genau das Gegenteil. Es entstand ein wahnsinniges Tempo, das die Familie eigentlich gar nicht halten konnte. Und die Eltern haben von sich gesagt: ›Eigentlich passt dieses Kind gar nicht zu uns, weil wir sind beide so ruhig und dieses Kind ist so schnell.‹ Ich aber spürte, dass das Kind genau zu den Eltern passt, denn das Kind braucht auch die Ruhe der Eltern. Eigentlich war schon in der ersten Stunde klar, worum es geht. Das Kind lag auf dem Boden, hat gestrampelt und sich bewegt. Der Vater hat dann auch immer wieder probiert, das Kind zu bremsen. Er hat die Beine festgehalten, um eine Pause zu haben, und sie dann erst wieder losgelassen. Das führt aber zu wahnsinnigen Einschränkungen, zu wenig Freiheit. Und diese Freiheit habe ich mir für die Familie gewünscht. Dass sie wieder frei miteinander umgehen können, mit dem Empfinden, dass sie die Ruhe finden, ohne dass sie sozusagen Pausen erzwingen, denn das hatte auch etwas Brutales. Da hat sich mir in den ersten Momenten gezeigt, wohin es mit dieser Familie gehen kann und was die Familie sich eigentlich wünscht.«

Tempo der therapeutischen Arbeit im Kurzzeitsetting

In der aufsuchenden ESKP-f spielt der Faktor Zeit für Therapeutinnen und Therapeuten eine besondere Rolle. Zum einen brauchen die Familien schnelle Hilfe und Entlastung, denn Säuglinge und Kleinkinder wie auch Eltern müssen in besonderem Maße vor emotionalem Stress und intrusiven Affekten geschützt werden. Zum anderen besteht bei dem begrenzten Zeitrahmen der 12-stündigen Behandlung bei zwei Sitzungen pro Woche die Frage, wie rasch sich Übertragung und Gegenübertragung entfalten und Grundlage der Intervention werden können. Die Herausforderung der ESKP-f besteht darin, ganz früh festzulegen, worum es in der Behandlung geht, und anders als im klassisch analytischen Setting sehr präzise einen Behandlungsfokus zu setzen (von Klitzing 2019). Die Arbeit erfolgt im Mehrpersonensetting, und Beziehungsmuster, die der Symptomatik der Eltern oder des Kindes zugrunde liegen, müssen schnell erkannt und bearbeitet werden. Dies erfordert ein rasches und spontanes Reagieren auf komplexe Mini-Dramen, wie Pedrina (2020) es nennt. Bereits nach drei

Sitzungen soll ein psychodynamischer Behandlungsfokus herausgearbeitet werden, an dem sich die Auswahl der weiteren geeigneten Interventionen orientiert. Zugleich dürfen sich Therapeutinnen und Therapeuten von diesen Anforderungen nicht drängen lassen oder übereilt handeln. Diesen Balanceakt schildert eine Therapeutin folgendermaßen: »Ich merke, wie wichtig es ist, immer wieder ein Stück zurückzutreten und zu gucken: Was zeigt das Kind und was sehe ich, wenn ich Raum lasse und nicht zu schnell bin? Ich habe mich immer wieder ertappt, dass ich schnell bin. Entweder mit Gedanken, mit Ideen oder mit Interventionen. Doch dieses ›Immer-wieder-Zurücktreten und Abstand gewinnen‹, das hilft sehr in der Beobachtung der Eltern mit dem Kind. Und das kann man zugleich auch als Intervention für die Eltern nutzen, dadurch erfahren sie ihr Kind nochmal ganz anders. Und ich merke, dass da etwas ganz Kostbares in diesem Abstand entsteht, tatsächlich! Daher ist das ein Kernstück meiner Arbeit, durch das ich mich gut bremsen kann, schnell zu sein. Weil ja Gefühl auch Zeit braucht. Das geht nicht so schnell. Die Arbeit braucht ein Tempo, mit dem man auf der Gefühlsebene mit einsteigen kann.«

Die besondere therapeutische Beziehung in der ESKP-f

Wie sich die therapeutische Beziehung zu Eltern und Kindern in den Hausbesuchen entwickelt und gestaltet, ist zentral, um bei der Affektregulation zu unterstützen: »Dadurch, dass ich da war, dass ich ruhig war, dass wir schon eine Beziehung hatten, dadurch habe ich die Mutter sozusagen co-reguliert in ihrem Stress und ihr Sicherheit gegeben.« Die Haltung der Therapeutin oder des Therapeuten entspricht nicht immer den Erwartungen der Eltern. Mit einem treffenden Sprachbild beschreibt dies eine Therapeutin: »Ich war wie eine emotionale Hebamme, wie eine Dolmetscherin für das Kind und für die Mutter.« In manchen Fällen stellen Eltern erst allmählich fest, dass es in der Therapie um mehr geht als um praktische Ratschläge oder Förderangebote. Eine Therapeutin vermutet, dass dann Gedanken aufkommen können wie z. B.: »Auf einmal sitzt da jemand und guckt auf meine Beziehungen. Wie konnte ich die nur hier reinlassen?« Ist die soziale Problemlage der Familie sehr ausgeprägt, muss besonders darauf geachtet werden, nicht in die Rolle der Sozialarbeit zu rutschen bzw. dort zu verbleiben. Besonders herausfordernd sind Situationen, in denen Handlungen oder Sprache »grob« werden und Therapeutinnen oder Therapeuten spüren, dass sie sehr vorsichtig sein müssen, damit das Arbeitsbündnis nicht zerbricht oder die Therapie abgebrochen wird: »Es gibt so Phasen, da fühle ich mich wie auf dem Seil, und ich will das, was ich an Beziehung gewonnen habe, nicht riskieren.«

Eine Sondersituation kann bestehen, wenn die Therapie in ein Hilfe- oder Kinderschutznetzwerk eingebunden ist. In diesem Fall müssen die realen sowie die phantasierten Grenzen der Vertraulichkeit und Verschwiegenheit besonders sensibel beachtet und bearbeitet werden. Dabei dienen Ritualisierungen und sehr klare Rahmenbedingungen dem Schutz vor möglichen Grenzüberschreitungen und Objektmanipulationen. Das aufsuchende Arbeiten bietet jedoch auch die Möglichkeit, in relativ kurzer Zeit ein stabiles Arbeitsbündnis herzustellen. Die Therapie verkörpert etwas Verlässliches, sie bringt Stabilität in die Familie. Die Einhaltung eines möglichst konstant bestehenden Rahmens ist Indikator für die therapeutische Beziehung. Die symbolische Anwesenheit eines Primärobjekts wird je nach psychischer Struktur der Eltern als schützende Funktion erlebt und ein basales Sicherheitsgefühl vermitteln oder aber abwehrend aufgenommen. In der aufsuchenden ESKP-f ist es wichtig, dass Therapeutinnen und Therapeuten den Rahmen flexibel handhaben, sie müssen verlässlich sein, ohne starr zu sein (Pflichthofer 2011), denn auch die Alltagsrealität mit einem Säugling oder Kleinkind erfordert notwendigerweise eine gewisse Flexibilität. Es kann sein, dass sich Bindungswünsche und Bindungsängste in der besonderen psychischen Konstellation der frühen Elternschaft auf das therapeutische Setting übertragen und bei den Vereinbarungen berücksichtigt werden müssen. Eine ausgewogene und feinfühlig gestaltete therapeutische Beziehung in Kombination mit einem klaren Setting ist Grundlage der ESKP-f. Rückblickend berichtet eine Therapeutin: »Ich war sehr neugierig, was in zwölf Sitzungen geht oder nicht geht. Im engen Zeitrahmen zu arbeiten, das kannte ich nicht. Ich war erstaunt, wie sich das Psychische auf diesen kurzen Zeitraum einstellt und wie viel wirklich passiert. Meine Frage war: Wenn wir sehr schnell in die Tiefe gehen, wie kriege ich das wieder geschlossen? Wie kriegt man das rund, dass man auch wieder gehen kann? Wie kriegt man die letzten Stunden hin? Es hat geklappt! Im Verlauf habe ich zwischendurch immer wieder Angst bekommen, denn das ist ein enormes Tempo in diesen zwölf Stunden. Aber es geht, den ganzen Verlauf hinzubekommen. Wenn alle etwas wollen, etwas herausziehen wollen, stellt sich das Psychische darauf ein. Es ist interessant, im Nachhinein den Verlauf zu sehen. Man kann erkennen, wann im Rahmen des Beziehungsaufbaus welche Intervention sinnvoll war. Es ist ja Spielraum zu entscheiden, es muss ja nicht alles abgehakt werden. Bestimmte Dinge, die eine vertrauensvolle Beziehung brauchen, kann man nicht am Anfang machen, nicht gleich Konfrontieren oder in den Konflikt gehen, das geht erst an einer bestimmten Stelle dieses Verlaufs. Aber anfangs dachte ich, vielleicht geht es gar nicht in dieser kurzen Zeit. Manche Punkte kehren zu unterschiedlichen Zeitpunkten des Therapieverlaufs wieder. Ich war mir auch nicht sicher, wie es ist, den formalen Rahmen zu halten.

Ich habe gemerkt, dass das Setting manchmal auch zu starr für die Familien war, da haben wir dann auch etwas verändert oder verschoben. Mit Familien, die nicht am Rahmen rütteln, konnte ich sehr gut inhaltlich arbeiten, gerade weil der Rahmen feststand. Das waren gute Bedingungen.« Auch dem Zeitmanagement kommt im Hausbesuch eine besondere Bedeutung zu: »Anfangs habe ich immer geguckt, ob ich eine Uhr sehe, dann habe ich mir eine eigene mitgenommen. Später habe ich mir auch den Timer am Handy 5 Minuten vor Ende gestellt, das hat mich freier gemacht. Wenn man weiß, dass die Zeit begrenzt ist, ist es am Anfang schwerer, sich auf die Beziehung einzulassen, oder man bleibt an der Oberfläche. Wenn man die 50 Minuten von Anfang an einhält, dann passiert tatsächlich in dieser Zeit das Wesentliche. Es ist eingerahmt. Man geht nicht darüber hinaus. Wenn ein schwerwiegendes Thema ganz spät in der Stunde aufkommt, kann man es in der nächsten Sitzung ansprechen. Wir konnten in den zwölf Sitzungen Dinge gemeinsam anreißen, ansprechen, sie kamen ins Bewusstsein, aber wirklich in die Tiefe gehen und auch Veränderung begleiten, das gelingt im Kurzzeitsetting nicht. Um schwierige Punkte genauer anzusprechen, brauche ich mehr Vertrauen, das Gefühl, eine Beziehung zu den Eltern und zum Kind hat sich etabliert. In Konflikt zu gehen, das ging nicht, weil ich keine Möglichkeit sah, das in einem größeren Zeitraum zu behandeln. Dann sind wir eher an der Oberfläche geblieben, aber ich hätte mir gewünscht weiterzumachen. Eigentlich war es wie ein Anfang.«

Therapeutische Arbeit im Mehrpersonensetting

Der Hausbesuch bietet im Vergleich zum ambulanten Setting etwas mehr Möglichkeit zur Einbeziehung anderer Familienmitglieder. Es können Vater oder Mutter mit Kind, Eltern allein, beide Elternteile mit Kind, Geschwisterkinder oder andere wichtige Bezugspersonen anwesend sein. In unterschiedlichen Konstellationen kann an der Bedeutung des Symptoms und an dem darunterliegenden Beziehungsthema gearbeitet werden und ggf. auch die Paardynamik berücksichtigt werden. In jedem Fall sollten die meisten ESKP-f-Sitzungen in Anwesenheit des Kindes durchgeführt und nur in begründeten Ausnahmefällen die Eltern ohne Kind gesehen werden, z. B. wenn heftige oder ablehnende Affekte der Eltern zu besprechen sind. Durch die intensive Einbeziehung beider Elternteile, so vorhanden, wird der intrapsychische Prozess der Triangulierung unterstützt, also die innere Fähigkeit eines Menschen, eine Beziehung zu einem Dritten zuzulassen bzw. zu integrieren. Ist nur ein Elternteil am therapeutischen Prozess beteiligt oder die dritte Person der Triade abwesend, wird diese zumindest in Form der Vorstellungen oder Phantasien des Kindes oder der Mutter in den Therapieprozess integriert, also auf der Ebene der Repräsentanzen und der dazugehörenden Affekte. Die Therapeutin oder der Therapeut übernimmt die Funktion des Dritten für einen Elternteil, wodurch sich ein triadischer Beziehungsraum öffnen kann. »Wenn der Vater da war, war er mit im Raum, aber im home office und hatte andere Aufgaben. Ich hätte am liebsten alle zusammen gehabt wie am Anfang. Der Vater war da und auch nicht da, beides, das war genau seine Rolle. Dass er da sein wollte, aber nicht da war, geflüchtet war. Das hat sich was inszeniert. Da habe ich mich als Therapeutin unsicher gefühlt, spreche ich es an, spreche ich es nicht an? Lasse ich es einfach nur so als Bild, oder gehe ich da tiefer rein?«

Tiefgehende therapeutische Gespräche im Hausbesuch

Durch die besondere Art des Gesprächs entsteht im Hausbesuch aus der Begegnung eine therapeutische Beziehung. Im Gespräch mit Eltern und auch mit dem Kind greifen die Therapeutinnen und Therapeuten auch die Interaktionen auf, die sie in den Stunden beobachten, und versuchen die gemeinsamen Beobachtungen mit wichtigen Beziehungsthemen in den Lebensgeschichten der Eltern zu verbinden. Besonders wichtig im Hausbesuchskontext ist es, die eigene Gegenübertragung zu überdenken, da die Wahrnehmung und Beobachtung durch eigene Affekte beeinflusst oder sogar getrübt sein kann. ESKP-f-Therapeutinnen oder -Therapeuten dürfen sich nicht von den alltäglichen Sorgen und vordergründigen Themen der Eltern ablenken lassen und versuchen, möglichst schon in der ersten Stunde ein zentrales Konfliktthema zu identifizieren, um die folgende therapeutische Arbeit thematisch auf einen Fokus einzugrenzen. So berichtet beispielsweise eine Therapeutin aus dem Gesprächsverlauf in der ersten Sitzung: »Die Mutter wollte von der Therapie eigentlich nur Hilfe, wie sie ihren 9 Monate alten Sohn besser beim Ein- und Durchschlafen unterstützen könne. Die ganze erste Stunde über hat er ruhig geschlafen, so konnte ich von der Mutter erfahren: Schon am ersten Tag nach der Geburt sei ihr alles zu viel gewesen. Sie habe sich in der Klinik sehr unter Druck gesetzt gefühlt. Alles sei kontrolliert worden, ständig habe ihr jemand gesagt, was sie alles falsch gemacht habe, das Kind hätte nicht lang genug getrunken, der Druck hätte sie wahnsinnig überfordert. Zu Beginn kam ihr alles unnatürlich vor, teilweise wusste sie gar nicht mehr, was sie mit ihrem Kind machen sollte. In den ersten zwei Monaten hatte ihr Mann Elternzeit, da habe sie sich langsam an alles gewöhnt und sei in die Situation hineingewachsen. Kurz vor dem Tag, an dem ihr Mann wieder arbeiten gehen musste, bekam sie wahnsinnige Angst, ob sie es überhaupt schaffe, über einen langen Zeitraum mit dem Kind alleine zu sein. Nach dem ersten Tag merkte sie, dass es gutging, aber die Angst blieb, obwohl sie sie als unbegründet erkannte. Es gab eine stark ausgeprägte Angst vor dem plötzlichen Kindstod, weil sie in der Schwangerschaft davon gelesen hatte. Dadurch konnte sie ihr Kind nicht alleine schlafen lassen und konnte sich nicht erklären, warum, denn es gab ihrer Angabe nach in ihrem Umfeld keinen Fall, keine Vorgeschichte. Ich fragte nach: ›Ist Ihrem Kind schon einmal etwas zugestoßen?‹ Die Mutter erinnert sich an eine Situation, in der ihr der Kleine von der Couch gerutscht war, glücklicherweise aber unverletzt blieb. Im ersten Moment aber hatte sie das Gefühl, ›das ganze Kind ist kaputt‹. Das klang nach einem dramatischen Moment. Ich interessierte mich an dieser Stelle dafür, wie die Mutter die Geburt erlebt hatte. Die Mutter berichtet, dass die Entbindung eigentlich entspannt war, bis es dann von der einen auf die andere Sekunde dramatisch wurde. Sie sei darauf hingewiesen worden, dass sie aus Versicherungsgründen etwas unterschreiben müsse, da sie sterben könnte. Sie reagierte darauf panisch, was ihr in der Rückschau übertrieben vorkam. Ich blieb bei ihrer tiefen Verstörung und fragte ruhig und interessiert weiter: ›Was wissen Sie über Ihre eigene Geburt?‹ Daraufhin berichtet sie, dass es für ihre eigene Mutter das schlimmste Erlebnis gewesen sei, ihre Kinder auf die Welt zu bringen, weil deren eigene Mutter bei der Geburt verstorben war. Für meine Patientin war Geburt von klein auf ein komplett negatives Thema. Aber erst in unserem Gespräch stellte sich für sie die Verbindung zwischen den alten und aktuellen Gefühlen her. Die tiefen Überlebensängste in der Beziehung zum Kind zu halten wurde zum Kernthema der ESKP-f.«

Beunruhigendes im Hausbesuch

Im Laufe einer Hausbesuchstherapie können beunruhigende Themen aufkommen, die eventuell im vereinbarten Rahmen alleine nicht gehalten werden können. Vor dieser Frage stand eine Therapeutin, »als die Mutter erzählte, dass sie beim Beruhigen des Kindes auch Monster sieht. Wenn sie im Kinderzimmer sitzt und es ihr schwerfällt, wie sie mit dem Kind umgehen soll, tauchen die ›Gespenster im Kinderzimmer‹ auf. Doch, es gab diesen Moment, wo ich Angst hatte. Geht das zu halten? Was gebe ich ihr konkret mit? Da habe ich das auch mit ihr angesprochen und wir sind konkret in dieses Bild hineingegangen und haben es nicht weggeschoben, sondern wirklich angeschaut. Die Mutter konnte genau beschreiben, warum und wo das in ihrer eigenen Kindheit auch aufgetaucht ist. Da habe ich gemerkt: Eigentlich braucht die Mutter auch noch etwas anderes. Das habe ich dann auch angesprochen, sowohl bei der Mutter als auch beim Vater, dass sie beide etwas Bedürftiges haben, wo eine eigene Begleitung sinnvoll ist. Da war ich mir unsicher: Brauchen die das jetzt sofort, wo es auftaucht? Reicht es aus, wenn es bei mir auftaucht? Mache ich mit großem Alarm das Ganze größer? Ist es ausreichend, das anzuschauen und darüber zu sprechen und zu gucken, wie der Verlauf ist? Und da war es für mich schwirig, das Wochenende auszuhalten. Da hätte ich mir gewünscht, dass man da noch etwas dichter sein kann, alle zwei Tage vielleicht, wenn solche Momente auftreten. Ich habe der Mutter angeboten, dass wir telefonieren könnten, wenn was ist. Sie könne mich anrufen. Es hat sich gut entwickelt. Die Mutter meinte tatsächlich, die Bilder und Phantasien seien dann weniger geworden. Sie hat sie sich konkreter angeguckt. Diese Intervention hat im Moment ausgereicht, andererseits waren wir damit auch am Kern, darum ging es ja auch.«

Verbale und nonverbale Intervention im Hausbesuch

In der aufsuchenden ESKP-f finden Interventionen manchmal nonverbal statt. Therapeutinnen und Therapeuten sind oft gewohnt, dass das Therapeutische in Sprache eingebettet ist, Beobachtungen werden aufgegriffen und kommentiert, häufig vermitteln sich Dinge jedoch durch die Haltung alleine: »Zum Beispiel habe ich bei einer Familie nie wirklich angesprochen, dass es zu viele Spielsachen gibt und alles zu voll ist. Das hat sich so zwischendurch vermittelt und irgendwann kam ich in die Wohnung und es waren Schutzräume da, sowohl für das Kind als auch für die Eltern. Und es entstanden Rückzugsmöglichkeiten für alle. Das Kind konnte freier explorieren, die Mutter kurz durchatmen. Die Begegnungen waren für Mutter und Kind plötzlich ganz selbstverständlich, es wurde Raum gelassen. Das war ein Moment, der mich schon sehr fasziniert hatte. Wie viel eigentlich im Unbewussten passiert und sich teilweise auch löst, wenn die Beziehung zueinander vertrauensvoll ist. Da merke ich, wie wichtig es ist, eine vertrauensvolle Beziehung zu den Eltern und zu dem Kind zu schaffen. Das ist etwas, was sich von Anfang an immer durchgezogen hat.« Im Hausbesuch nehmen sich Therapeutinnen und Therapeuten mit Kind und Eltern auf gleicher Ebene – auf dem Boden sitzend – Zeit für gemeinsames Beobachten der Interaktion: »Wenn das Kind am Boden ist, setze ich mich mit den Eltern dazu, um gemeinsam zu gucken und zu sprechen. Da macht die Mutter auch nichts nebenher wie sonst. Ich beschreibe dann, wohin das Kind möchte: ›Oh, was macht er? Wo will er hin, was interessiert ihn?‹ Die Mutter hat dann aufgehört, immer wieder neue Sachen anzubieten, und hat abgewartet. Abwarten. ›Oh ... was macht er? Mal schauen, ob er das erreicht oder nicht. Was meinen Sie?‹ Zusammen in der Situation sein und neugierig sein, was denn als Nächstes kommt. ›Schafft er das, braucht er Hilfe, wie geht's Ihnen jetzt?‹ Und: ›Erreicht er dieses Klötzchen ...? – Spannend. Spannend. Wie bei einem Film, in dem man aber selber mitspielt. Es ist so schwierig, das auszuhalten und zu warten. Ich muss das auch immer wieder neu lernen. Warten und schauen. Wie geht's Ihnen?‹ Die Mutter konnte dann sagen: ›Bei mir kommen sofort die Zweifel auf! Vielleicht schafft er das nicht, vielleicht geht es nicht, vielleicht fällt er um, nein, nein, und ... was mach ich dann, dann verletzt er sich, und, und, und ... ja, und dann zu merken, all das tritt gar nicht so ein, und selbst wenn er umkippt, sehen Sie, er hat sich gut fallen lassen, er ist ganz sicher.‹ Das konnte ich dann bestätigen: ›Ja, er macht das wunderbar und es passiert überhaupt gar nichts Schlimmes, wenn er nicht abgelenkt ist. Wenn er schaut, was Sie machen, dann passiert das Unglück, aber nicht, wenn er selber die Verantwortung dafür übernehmen kann. Das ist auch ein Lernprozess.«‹ In der ESKP-f unterstützen Therapeutinnen und Therapeuten Eltern darin, die eigenen mentalen Vorgänge in Bezug zum Kind ohne Zensur zu beobachten, sie ernst zu nehmen und auszusprechen. Darüber hinaus kann es hilfreich sein, ihre Bedeutung auch mit der eigenen Lebensgeschichte und der aktuellen Lebenssituation in Zusammenhang zu bringen, sie dadurch besser zu verstehen und damit zu einer potenziell befreienden emotionalen Einsicht in Bezug auf die Elternrolle und die Beziehung zum Kind zu kommen. Mit möglichen Deutungen sprechen Therapeutinnen und Therapeuten sowohl die Eltern als auch das Kind an und geben dem Kind damit die emotionale Botschaft, dass es ein wichtiger und aktiver Teil des therapeutischen Prozesses ist. Die Eltern hören die Worte, die sie oder er an das Kind adressiert, und nehmen in der Regel die Bedeutung dieser Worte ganz besonders intensiv auf.

Ausblick und Zusammenfassung

Psychoanalytisch orientierte Eltern-Kind-Behandlungen zeigen auch nach wenigen Sitzungen positive Effekte, wenn gut ausgebildete, geübte Therapeutinnen und Therapeuten ihre Interventionen konsequent auf einen Therapiefokus ausrichten, der in den ersten Stunden als zentrales Konfliktthema identifiziert wird (Georg et al. 2021). So sind auch die Interventionen der ESKP-f im Hausbesuch darauf ausgerichtet, dass Eltern ein besseres Gefühl für ihre Elternschaft entwickeln, die Beziehung zwischen Eltern und Kind gestärkt und eine Verbesserung der seelischen Gesundheit von Eltern und Kind erzielt wird. Eine Vorbereitung auf die Umsetzung der fokusbasierten psychodynamischen Eltern-Säugling-Kleinkind-Psychotherapie (ESKP-f) ist neben der Vermittlung von Grundlagenkompetenzen durch eine curriculare Fortbildung (z. B. SKEPT oder ESKP) das ESKP-f-Behandlungsmanual (Schlensog-Schuster et al. 2023), das anhand von Fallbeispielen und einem konkreten Modell der Fokusbildung bei der Interventionsplanung hilft. Für die ESKP-f-Behandlung im Hausbesuch haben wir auf der Grundlage der Erfahrungen der SKKIPPI-Studientherapeutinnen einige Leitgedanken für die aufsuchende therapeutische Arbeit herausgearbeitet: Therapeutinnen und Therapeuten können in der aufsuchenden Arbeit in die Familienatmosphäre eintauchen und verhältnismäßig rasch bedeutsame Momente in den alltäglichen Interaktionen zwischen Eltern und Kind erkennen. Auch in kurzer Zeit entfalten sich szenisches Material und ein Übertragungs- und Gegenübertragungsgeschehen, das bei der Fokusbildung hilft. Gespräche führen in die Tiefe, Beunruhigendes darf zum Vorschein treten, um in der Beziehung gehalten zu werden. Interventionen bauen auch auf Unausgesprochenem auf. Ein klarer Rahmen wird mit den Eltern flexibel ausgestaltet, das Halten des so vereinbarten Rahmens jedoch ist zentral, um bei der Bearbeitung sensibler Kernthemen Sicherheit zu geben. Im Hausbesuch achten Therapeutinnen und Therapeuten in besonderem Maße darauf, durch eine vertrauensvolle Beziehung Schutz zu gewähren, Gefährdungsmomente auszubalancieren und in ein Arbeiten zu kommen, das dem gemeinsamen Tempo und Rhythmus von Kind, Eltern und Therapeutin oder Therapeut entspricht. Die Resonanz gegenüber der aufsuchenden Arbeit aus unserer Interview-Studie ist überwiegend ermutigend, auch wenn eine Therapeutin meinte: »In meinem eigenen Therapieraum bin ich ein Stück weit souveräner«. Nicht für alle Eltern und Therapeutinnen und Therapeuten kommt sie infrage. Es ist wichtig zu beurteilen, ob in der Therapie aufkommendes Unbehagen, Irritationen, Ängste und Schuldgefühle im häuslichen Umfeld gut aufgehoben sind und ob Eltern und Kind bei Beunruhigung, Stress oder Frustration zu Hause alleine gelassen werden können. Insbesondere in Trennungsmomenten können tief verstörende Erfahrungen hochkommen oder das Stress-System hochgradig aktiviert werden. Was also darf in diesen vier Wänden sein, wie weit dürfen negative Gefühle angesprochen werden, was kann innerlich gehalten werden? Es muss eingeschätzt werden, wie weit die zentralen, teils unbewussten Konflikte in diesem Kontext zu behandeln sind, die sich in der Beziehung zwischen Eltern und Kind in Szene setzen, die Interaktion belasten und die Symptomatik determinieren. Das in der Eltern-Säugling-Kleinkind-Psychotherapie typische Pendeln zwischen Wahrnehmen, Beobachten, Reflektieren und behutsamem, entlastendem, stützendem und stärkendem Intervenieren muss im Kontext des familiären Lebensumfeldes besonders geübt werden. Im Zuhause der Familie eine angemessene Sprache für das zu finden, was sich in der Innenwelt der Mutter und des Vaters, also intrapsychisch, und in ihrer Beziehung zum Kind wahrnehmbar abspielt, erfordert eine besonders vertrauensvolle Beziehung. Innere Selbst- und Objektrepräsentanzen der Eltern zeigen sich möglicherweise zwischen Windeln, Spülmaschine und Kinderbett anders als im üblichen Therapieraum. Die Bereitschaft, in ihrem neu gebauten Nest den Blick auf Zurückliegendes zu richten und gegenwärtige Schwierigkeiten mit dem eigenen Aufwachsen in Verbindung zu setzen, ist vielleicht eine andere als in einem Praxisraum. Unsere ersten Erfahrungen zeigen, dass sich Eltern in der Kulisse des Alltags sehr gut auf konkretes beziehungsfokussiertes, ressourcenorientiertes Arbeiten im Hier und Jetzt einlassen, das sie in ihrer Beziehung zu sich selbst, zu ihrem Kind und in der Elternfunktion stärkt. Manchen fällt es jedoch auch leichter, sich selbst und ihr Kind zu beobachten und spezifische Repräsentationen über das Baby auszusprechen, wenn sie sich an neutralem Ort einfinden. Das Kommen der Therapeutin oder des Therapeuten kann eventuell Schuldkonflikte aufkommen lassen. Wenn Eltern für ihr Kind alles geben wollen, aber spüren, dass sie es nicht schaffen, kann durch den Hausbesuch die eigene Bedürftigkeit zu weit in den Vordergrund treten. Auch kann die Intensität des Settings der ESKP-f kränkend wirken, weil dadurch das Ausmaß der Hilfsbedürftigkeit deutlich wird. Nicht immer ist das häusliche Umfeld geeignet, existenzielle Ängste, Hilflosigkeit und Ohnmacht, Scham und Schuld, destruktive Phantasien, die eine hinreichend gute Beelterung verhindern, hervorzuholen und zu bearbeiten. Aber die Möglichkeit sollte bedacht werden.

Literatur

Drude, D. (2021). Erfahrungsberichte von Psychotherapeuten der SKKIPPI-Studie zur manualisierten psychodynamisch fokussierten Kurzzeittherapie mit Eltern und Kindern (0-3 Jahre) im Hometreatment. Masterarbeit (M.A.) Psychologie. International Psychoanalytic University (IPU), Berlin.

Georg, A.-K., Cierpka, M., Schröder-Pfeifer, P., Kress, S. & Taubner, S. (2021). The Efficacy of Brief Parent-Infant Psychotherapy for Treating Early Regulatory Disorders: A Randomized Controlled Trial. Journal of American Academy of Child and Adolescent Psychiatry, 60 (6), S. 723–733.

Klitzing, K. von (2019). Die psychoanalytische Haltung in der Eltern-Säugling-Kleinkind-Psychotherapie. Vortrag im Rahmen der SKKIPPI-Fachtagung am 15. November 2019 an der International Psychoanalytic University Berlin (IPU). SKKIPPI-Fachtagung, Berlin.

Ludwig-Körner, C., Kuchinke, L., Koch, G., Mattheß, J. & Eckert, M. (2018). Eltern-Säugling-Kleinkind-Psychotherapie auf dem Prüfstand. Psychotherapeuten-Journal, 4, S. 346–352.

Pedrina, F. (2020). Babys und Kleinkinder in Not. Psychopathologie und Behandlung. Frankfurt a. M.: Brandes & Apsel.

Pflichthofer, D. (2011). Zwischen Gesetz und Freiheit. Die Suche nach dem Rahmen und dem Objekt. *Psyche, 65*, S. 30–62.

Schlensog-Schuster, F., Koch, G. & Ludwig-Körner, C. (2023). Fokusbasierte Eltern-Säugling-Kleinkind-Psychotherapie. Ein psychodynamisches Behandlungsmanual. Gießen: Psychosozial-Verlag.

Zwiebel, R. (2013). Was macht einen guten Psychoanalytiker aus? Grundelemente professioneller Psychotherapie. Stuttgart: Klett-Cotta.

INA SCHMIDT
Aufwachsen in Vielfalt

Was ist ein gutes Leben? Von der ethischen Kraft der Fraglichkeit

> *Es handelt sich darum, alles zu leben.*
> *Wenn man die Fragen lebt,*
> *lebt man vielleicht allmählich,*
> *ohne es zu merken,*
> *eines fremden Tages*
> *in die Antworten hinein.*
> R. M. Rilke

Ein gutes Leben ist ein Leben, das wir gern leben, ein erfülltes und vielfältiges Leben voller Sinn und selbstbestimmter Erfahrungen. Es ist das, was schon in der Antike als ein »gelingendes« Leben beschrieben wurde, in dem wir am Ende sogar mit so etwas wie Glückseligkeit belohnt werden könnten. Dieser Gedanke geht zurück auf Aristoteles, der in seiner Nikomachischen Ethik[27] nach den Bedingungen eines solchen Lebens fragte und das Gelingen eines Lebens an unterschiedlichsten Faktoren, Bedingungen, Fähigkeiten und sozialen Gegebenheiten festmachte, die für den griechischen Philosophen nie ohne den Bezug zu einer ethischen Haltung dem Leben gegenüber möglich sein konnten. In der griechischen Polis gelang dies sicher auf andere Weise als in der Gegenwart des 21. Jahrhunderts, aber doch seitdem auf eine Weise, die wir unserem Menschsein zuschreiben und zutrauen wollen. Die Zielsetzung ist dieselbe geblieben, und die Frage nach dem, was in der konkreten Situation die Güte eines Lebens ausmacht, ebenfalls.

Denn wie gelingt es gerade in Zeiten der krisenhaften Transformation und globaler Verunsicherung, die Bedingungen für ein gelingendes Leben zu schaffen, und das nicht nur für uns allein, sondern auch als Voraussetzung und Möglichkeitsraum für Menschen, die ihr Leben noch vor sich haben? Wie fördern wir das, was ein

---
27 Aristoteles: Nikomachische Ethik (zukünftig abgekürzt NE).

gutes Leben für unsere Kinder und Enkel ausmacht, eine Zielsetzung, die wir nicht nur moralisch für gut befinden, sondern sogar gesetzlich festgeschrieben haben? Dabei geht es gleichermaßen um äußere Bedingungen, die jedes menschliches Leben braucht, um ausreichend Ressourcen und Optionen vorzufinden, damit es die eigenen Potenziale und Möglichkeiten entfalten und in den Dienst der Gemeinschaft stellen kann – aber es sind ebenfalls innere Ressourcen nötig, Fähigkeiten und Kompetenzen, um diese gestaltende Kraft auszuprägen. Und ebendies fällt in den Bereich einer Förderung, die Menschen anderen Menschen zur Verfügung stellen können, wenn wir von Bildung und Erziehung sprechen – und zwar von Anfang an. Frühkindliche Förderung beschreibt laut UNESCO die Förderung kognitiver, emotionaler und sozialer Fähigkeiten und Kompetenzen, um ein gelingendes Leben führen zu können[28]. Dies beschreibt ähnlich wie bei Aristoteles einen holistischen Ansatz, der davon ausgeht, dass es ebenso wichtig wie möglich ist, in den ersten Lebensjahren jedes Menschen dafür zu sorgen, dass die Bedingungen für ein »gutes« Leben gelegt werden: Was wollen wir fördern, warum und mit welchem Ziel? Gerade jetzt, in Zeiten großer Veränderung, Dynamik, Krise und Verunsicherung – oder, positiv gewendet, in Zeiten des Wandels, des Aufbruchs, der Möglichkeit zu grundlegenden Veränderungen, die die Vielfalt mit sich bringt, wenn alte Muster brechen und neue geschaffen werden (müssen), wenn wir wahrhaftig mit Transformation als Realität und nicht nur als Vorhaben konfrontiert sind.

Das »Gute« ist darin eine Kategorie, die relational und kontextabhängig dennoch auf kollektiv geltende Werte Bezug nimmt. Diese Bezugnahme beruht heute mehr denn je auf der Fähigkeit, mit Polarität, mit Uneindeutigkeit bzw. Vieldeutigkeit umgehen zu wollen, Differenzierungen vorzunehmen und den Unterschied als Bereicherung anzuerkennen: Wie und wovon grenzen wir uns ab, sind Grenzen exklusiv oder inklusiv zu verstehen und was liegt jenseits dieser Grenzen oder Positionsbestimmungen, auf die wir angewiesen sind, gerade wenn Vieldeutigkeit zu einer täglichen Herausforderung wird? Wir können diese Frage als Individuum stellen oder als Teil einer Gemeinschaft, auch das ist eine Einigung, die wir zunächst klären müssen, bevor wir uns auf die Suche nach Antworten machen können.

Wie wir mit diesen Möglichkeiten von »Krisen«[29] umgehen, hängt von verschiedensten Faktoren ab, die wir persönlich, aber auch gesellschaftlich beleuchten können, aber ist grundlegend davon beeinflusst, was wir für »gut« halten wollen, wel-

---

28 Siehe dazu die Veröffentlichung der UNESCO: https://www.unesco.de/bildung/bildungsbiografie/fruehkindliche-bildung (zuletzt aufgerufen am 15.06.2023).
29 Zum gegenwärtigen Erleben von Krise vgl. auch Nussbaum (2020).

chem Narrativ wir folgen, welches Menschen- und Weltbild wir haben und wie wir genau das – neben eindeutiger Faktenlage oder im Umgang mit unsicherem Wissen – zum Thema machen.

Das Gute als relationales Potenzial

Innerhalb der Philosophie ist die Frage nach dem Guten das Fachgebiet der Ethik, die bis heute Bezüge zur aristotelischen Vorstellung einer ethischen Lebensführung herstellt. Die Ethik ist die Disziplin, die sich mit den gängigen Vorstellungen von Moral – also dem sozial gelebten Bereich der geltenden Sitten, Gebräuche und Lebensformen – widmet, die also betrachtend reflektiert, wie wir »moralisch« leben, was darin verändert oder anders bedacht werden müsste. Mithilfe der Ethik versuchen wir Regeln für das zu finden, was wir als gutes, moralisch richtiges Handeln gelten lassen wollen[30].

Auch hier folgen wir der antiken Überzeugung, menschliche Praxis sei grundsätzlich einer vernünftigen und theoretisch fundierten Reflexion zugänglich, wir können uns und unser Handeln also in Beziehung zu anderen Möglichkeiten setzen, können abwägen und begründen und darin eine Wahl treffen, um so etwas wie »Glück«[31] erfahren zu können. Darin meint Glück aber nicht das Empfinden von Glücksmomenten, die wir aneinanderreihen, sondern erfüllende Sinnhaftigkeit, die uns innerlich wie äußerlich bei dem ankommen lässt, das uns entspricht. Entscheidend dafür ist nicht die Abwesenheit von Hindernissen, Prüfsteinen und Schwierigkeiten, sondern die Fähigkeit, das Leben und die darin vermeintlichen Gewissheiten auf den Prüfstand zu stellen, es »gelingen« zu lassen, indem wir uns unser eigenes Leben zu »eigen« machen und den Mut aufbringen, das uns »Angemessene« als das Gute zu erkennen. Diese Form einer ethischen Praxis, der es nicht um die Erkenntnis von Wahrheit oder das Erreichen persönlicher Wachstumsziele, sondern um das »rechte Maß«[32] geht, lässt sich in der Neuzeit und gerade in der europäischen Tradition um die Maxime der Aufklärung ergänzen, die darin den Menschen als ausreichend vernunftbegabt[33] ansah, um den eigenen Verstand »ohne fremde Hilfe« zu nutzen und darin eine gute Portion Kritikfähigkeit auszuprägen, sodass wir auch die Bedürfnisse

---

30 Zur Vertiefung des Ethikbegriffs siehe: Nida-Rümelin und Spiegel (2017).
31 Aristoteles: NE, Buch 1, 1099 2–23, S. 22 ff.
32 Vgl. hierzu die aristotelische Mesoteslehre von der Mitte als dem rechten Maß, in: NE, Buch 2, 1106b 27–1107a 14, S. 45.
33 Immanuel Kant: Was ist Aufklärung? Philosophische Bibliothek Band 512, Hamburg 1999.

und Bedarfe anderer mitberücksichtigen können und sogar müssen: Das Gute ist damit eben nicht das Eigene, ein Interesse o.Ä. – sondern ein eigener Wert bzw. das, was für uns von wert ist und in unserem Handeln geltend gemacht werden soll.[34]

Gerade in Übergangs- und Krisenzeiten, in denen sich traditionelle Vorstellungen wandeln, Werte auf dem Prüfstand stehen und gewohnte Praktiken nicht immer greifen, ist dies eine besondere Einsicht, die eine Rolle spielt, wenn wir darüber nachdenken wollen, wie wir kommende Generationen mit Wissen, mit Fähigkeiten und Kompetenzen vertraut machen wollen, die möglicherweise uns selbst noch nicht wirklich geläufig sind. Das einstmals Gewohnte und sicher Geglaubte gilt nicht mehr oder wird an den Rändern ergänzt, Identitäten und Lebensformen werden neu »bewertet« und schaffen Freiheiten, die manche begrüßen und andere bekämpfen: Vielfalt bedeutet an diesem Punkt nicht selten Überforderung, Verwirrung oder gar Ratlosigkeit oder Bedrohung.

Es geht darum, sich der Lebendigkeit und damit der Veränderlichkeit der eigenen Lebenswelt gewahr zu werden, um auch oder vielleicht gerade in Zeiten des Wandels darin das »Gute« als ein Potenzial und nicht als ein Ziel auszumachen: als etwas von Bedeutung, das für uns einen Wert hat und auch für unsere Kinder behalten soll.

Die Kraft der Fraglichkeit: Welche Werte sollen uns leiten?

Die wichtigste Kompetenz, die wir in solchen Zeiten[35] der Orientierung und Neuausrichtung auch des »Guten« brauchen, ist die philosophische Fähigkeit der beständigen (Selbst-)Prüfung, die über das fokussierte und bewusste Formulieren von Fragen gelingen kann: Was ist richtig, und warum? Woher weiß ich, was wirklich von wert ist und auch morgen noch sein wird? Ein Wert ist in diesem Verständnis eine normative Kategorie, die wir Dingen oder Verhaltensweisen zuschreiben, etwas, das Bedeutung festschreibt und darin die Qualität des Guten anerkennt. Das heißt, dass innerhalb sozialer und kultureller Gemeinschaften durch Hinterfragen oder Infragestellen immer darum gerungen werden muss, wie gemeinsame Werte geltend gemacht werden, wie diese Tugenden zu Handlungsleitlinien werden können oder eine Gemeinschaft verfestigt werden kann. Die Werte selbst – wie z. B. der Wert der Freiheit – stehen deshalb nicht zwingend selbst infrage, wie sie zum Ausdruck gebracht

---

34 Dazu vertiefend und zur Wertphilosophie Max Schelers: Scheler (2014).
35 Vgl. hierzu auch die Ausführung von Karl Jaspers zum Begriff der Achsenzeiten und der notwendigen Erfahrung der Menschen in Grenzsituationen (Jaspers 2021).

werden – wie also Freiheit gelebt werden kann –, allerdings schon.[36] Wenn wir uns also in einer vielfältigen und auch dadurch oft unübersichtlichen oder ungewohnten Lebenswelt zu orientieren versuchen, gilt es ganz grundsätzlich, das Erleben von Vielfalt mit einem »Wert« zu verbinden und es nicht als Bedrohung anzusehen. Von dort aus geht es um die konkreteren und kontextbezogenen Fragen einer kulturellen Praxis, die mit Vielfalt zu leben lernt und diese auch auszuhalten bereit und imstande ist. Dies ist eine kulturpolitische Aufgabe der Erziehung und Bildung, die mehr bedeutet als ein individuelles Entwicklungsziel. Darin liegt nicht weniger als eine gesellschaftliche Entscheidung, die es zu treffen gilt, eine unmittelbare und gewollte Gestaltung unserer Realität: Das, was wir erleben, wenn wir der Welt in welcher Weise auch immer begegnen, ist eine Form der Pluralität, der Vielfalt, auch der Dissonanz und Widersprüchlichkeit – wie wir dieses Erleben bewerten, ist unterschiedlich, wie wir es in unsere Bildungsidee einbeziehen, ebenfalls. Und ebendas macht jedes Bildungsvorhaben zu einer ethischen Aufgabe – egal in welchem Kontext, egal zu welcher Zeit.

Kommen wir zurück zu unserer Frage, welche Bedingungen in einem Leben gegeben sein müssen, damit es – auch in Zeiten des Übergangs – gelingen kann. Wenn wir in unserem Handeln, in dem, wie wir den Umgang mit Vielfalt und Lebendigkeit schulen und fördern wollen, diesen Gedanken ernst nehmen, dann stehen wir vor einer »ethischen« Aufgabe in der Erziehung und frühkindlichen Förderung. Dabei ist es zunächst zentral, die grundlegende philosophische Frage nach dem zu stellen, was tatsächlich »der Fall« ist. Was finden wir vor, welche Situation gilt es in den Blick zu nehmen und durch die eigenen Entscheidungen zum Guten zu verändern oder als das Gute zu erhalten?

Ein gutes Leben braucht ein anderes Bildungsverständnis

Es geht hier also im Wesentlichen darum, in der Erziehung herauszufinden, was den einzelnen Menschen ausmacht, wie er zu dem werden kann, was er oder sie ist – welche Bedingungen und welche Methoden dafür hilfreich sind. Der Philosoph Peter Bieri hat sich in einem seiner Bücher die zentrale Frage gestellt: »Wie wollen wir leben?« (Bieri 2013). Darin grenzt er das, was wir unter Bildung verstehen sollten, von

---

36 Vgl. dazu die Studie von Oliver Scott Curry an der Universität Oxford von 2019, in der deutlich wurde, dass es sieben Grundwerte menschlichen Handels gibt, die zeit- und kulturunabhängig immer wieder geltend gemacht werden. Vgl. dazu: https://www.anthro.ox.ac.uk/people/dr-oliver-scott-curry (zuletzt aufgerufen am 28.06.2023).

dem ab, was wir oft genug damit meinen: PISA- und IGLU-Studien, Kompetenzraster und Leistungsvergleiche, War of talents, Passungen und Auswahlverfahren, in denen Leistungen und Kompetenzen geprüft, bewertet und ausgewählt werden. Dies sind Aspekte eines Bildungsbetriebs, der die Ausbildung von Menschen im Blick hat, aber nicht zwingend deren Bildung. Bieri will diese beiden Begriffe getrennt verstanden wissen:

> Bildung ist etwas, das Menschen mit sich und für sich machen: Man bildet sich. Ausbilden können uns andere, bilden kann sich jeder nur selbst. Eine Ausbildung durchlaufen wir mit dem Ziel, etwas zu können. Wenn wir uns dagegen bilden, arbeiten wie daran, etwas zu werden. Wir streben danach, auf eine bestimmte Art und Weise in der Welt zu sein. (Bieri 2007)

In dieser Idee von Bildung geht es darum, »werden zu können, der man ist«[37], auch wenn sich dieses Sein eben immer und immer wieder verändert. Es geht darum, Bedingungen zu schaffen, in denen wir die Welt verstehen lernen wollen – der Beginn liegt in der menschlichen Neugierde, die wir gerade bei Kindern vorfinden und nicht erst mühsam wecken müssen. Diese Bedingungen erlauben es, Fragen zu stellen und zuzulassen, ein »Interesse« an diesen Fragen und dem »Zwischen-den-Dingen«-Sein zu entwickeln und es nicht als einen Mangel an Wissen abzuurteilen. Bildung ist nach Peter Bieri das, was aus dem schlichten Wunsch entsteht, herausfinden zu wollen, was es mit der Welt auf sich hat. Auch dabei ist zum einen wichtig zu wissen, was »der Fall ist«, aber im nächsten Schritt auch verstehen zu lernen, »warum es der Fall« ist. Es gilt also, genau hinzuschauen, »was ist«, und dies auch sprachlich zu artikulieren, um dann zu hinterfragen, warum es so ist, wie es ist und ob es nicht auch anders sein könnte. Wenn wir Bildung so verstehen, brechen wir mit der Vorstellung von »Absolutheit« und der Möglichkeit eines objektiven und abgeschlossenen Wissens. Bildung ist dann kein »Zustand«, nicht das Ergebnis einer gelungenen Form der Wissensvermittlung, sondern ein beständiger Prozess, der nicht aufhört, solange wir neugierig bleiben. Damit ist ein »gebildeter« Mensch viel weniger »wissend« oder »gelehrt«, sondern eher ein »verstehender« Mensch, »der ein möglichst breites und tiefes Verständnis der verschiedenen Möglichkeiten hat, ein menschliches Leben zu leben« (Bieri 2007).

Die Welt, die wir dabei zu verstehen suchen, ist aber nicht allein ein anthropomorph zu verstehendes Gebilde, sondern ein »mehr als menschliches«, geheimnis-

---

[37] Ein nur scheinbares paradoxes Vorhaben, das Friedrich Nietzsche seinem Werk »Ecce homo« voranstellt: Wie man wird, was man ist (Nietzsche 1999, S. 255).

volles und komplexes, organisches System, das unsere Aufmerksamkeit braucht, und nicht in menschlichen Kategorien und Begrifflichkeiten aufgehen kann. Dennoch sind es eben diese sprachlich verfassten Qualitäten, die wir brauchen, um uns einem Verstehen zu nähern: Wenn wir das Denken, das Begründen und Reflektieren verlernen, werden wir keine Bedeutungen ausmachen, nicht das Wesentliche vom Unwesentlichen trennen und keine guten Gründe formulieren können, die auch eine Welt einbeziehst, die möglicherweise weit über unsere hinausreicht und doch als Welt der Natur unser Überleben sichert[38].

Das funktioniert nicht, wenn wir aus unseren Kindern Wesen machen, die nur noch aus einer Ansammlung aus Kompetenzen bestehen, aber nicht mehr wissen, wer sie eigentlich sind und wozu sie sich selbst in Beziehung setzen sollen. Das, was unsere Kinder zu guten Schülern macht (und zwar bereits dann, wenn sie noch nicht zur Schule gehen), macht sie nicht zwingend zu guten Menschen. Und das eine dürfen wir nicht gegen das andere ausspielen, sondern müssen diesen Konflikt in die Idee einer anderen Bildungsidee einfließen lassen, die uns Erwachsene vor mindestens ebensolche Lernaufgaben stellt wie unsere Kinder. Eine Erziehungslehre, die diesen Gedanken schon vor langer Zeit aufgenommen und zu entwickeln versucht hat, findet sich in dem 1762 von dem französischen Philosophen Jean-Jacques Rousseau verfassten Bildungsroman »Emile« (Rousseau 2019). Rousseau macht darin drei eigenständige Lehrkräfte aus: die Natur, den Menschen und die Dinge. Und er unterteilt das, was von diesen Lehrkräften ausgehen kann, in sieben Prinzipien, über die es sich lohnt, auch heute nachzudenken.

Jean-Jacques Rousseaus Erziehungsprinzipien: Lernen durch Erfahren

Der Erziehungsroman »Emile« von Jean-Jacques Rousseau ist ein weiteres Plädoyer dafür, dass Bildung nicht nur – bzw. eben gerade nicht – als die Vermittlung von Wissen allein verstanden werden sollte, sondern als eine Möglichkeit zur Entfaltung der eigenen Persönlichkeit von Kindesbeinen an – und das gilt für die öffentliche Erziehung genauso wie für das, was wir als Eltern an unsere Kinder herantragen. Ähnlich der Erkenntnis des Philosophen Friedrich Nietzsche, dass der moderne Mensch des 19. Jahrhundert sehr schwer an seinen »rumpelnden Wissenssteinen«[39] trägt, war es

---
38 Vgl. dazu die Ausführungen zur »mehr als menschlichen Welt« und zu einem erweiterten Intelligenzbegriff: Bridle (2023).
39 Friedrich Nietzsche: »Der moderne Mensch schleppt zuletzt eine ungeheuere Menge von unverdau-

schon rund ein Jahrhundert früher für Rousseau zentral, zunächst unbelastete Freiräume für das Kind zu schaffen. Ein Gedanke, den wir heute vielleicht sogar auf ganz besondere Weise verteidigen müssen.

Erst in diesen Räumen kann sich ein Kind als ein eigenes Individuum entdecken lernen, um im Anschluss daran sorgsam mit dem Wissen versorgt zu werden, das es in einer zivilisierten Gesellschaft bestehen lässt. Diese »Reihenfolge« scheint gegenwärtig vielfach verdreht. Wir überladen Kinder mit Eindrücken, Wissen und Inhalten in der Hoffnung, dass »viel auch viel hilft« und jedes Kind auf die gleiche oder zumindest ähnliche Weise zu lernen in der Lage ist – die Zeit und die Aufmerksamkeit, um das einzelne Kind wirklich kennenzulernen und darauf ausgerichtet Wissen anzubieten, ist kostbar und steht immer seltener zur Verfügung.

Wie lässt sich darin Bezug zu Rousseaus Prinzipien nehmen? Rousseau beschreibt als Ziel seiner Erziehungsmethoden die Selbstständigkeit bzw. die Freiheit des Lernenden – nicht mehr, aber auch nicht weniger. Dabei geht es nicht um eine grenzenlose Freiheit, sondern um eine bewusst gewählte. Die Erziehenden haben die Kernaufgabe, den Rahmen bzw. die Situation zu gestalten, in der das Kind sich frei bewegen kann.

Die beste Methode, um das Kind lernen zu lassen, ist nach Rousseau die selbst gemachte Erfahrung – also das Lernen an den Dingen selbst und nicht am Willen der Lehrer:in oder der Eltern. Dass dies nicht zu jeder Zeit umsetzbar ist, versteht sich, aber allein der Blickwinkel und die so neu ausgerichtete Intention verändert den Lernprozess, weil er nicht mehr allein von der Vorstellung geleitet wird, der Erwachsene sei derjenige, der durch *seine* gemachten Erfahrungen in der Lage sei, dem Kind das »Richtige« beizubringen.

Das elementare erste Prinzip beschreibt den »Eigenwert der Kindheit«. Rousseau will die Kindheit nicht als einen ersten Schritt zum Erwachsenwerden verstanden wissen, sondern als eine Phase mit eigenen Bedürfnissen, Verhaltensweisen und Eigenarten des Kindes, die es wert sind, »studiert zu werden«, wie es im zweiten Prinzip bereits heißt. Allein aus der »Beobachtung von Kindern« lerne man, wie man erziehen müsse, und der Vorwurf, den Rousseau an die Erziehungslehre richtet, ist, dass sie die Kindheit selbst gar nicht kenne. Das Studium dieser Phase allein dürfe die Grundlage dafür sein, um aus dem Kind später ein gutes Mitglied der Gesellschaft zu machen. Wie aber kann dieses Studium im Umgang mit dem Kind selbst aussehen? Dazu formuliert Rousseau das dritte Prinzip, das heute mit

---

lichen Wissenssteinen mit sich herum, die dann bei Gelegenheit auch ordentlich im Leibe rumpeln, wie es im Märchen heißt.« In: Zweite Unzeitgemäße Betrachtung. Vom Nutzen und Nachteil der Historie für das Leben, Abschnitt 4, in: Nietzsche (1999, S. 272).

dem Schlagwort der »negativen Erziehung« zusammengefasst wird: Das Ziel liegt darin zu verhindern, dass etwas geschieht. Das mutet zunächst befremdend an, bedeutet aber nichts anderes, als das Kind von den Zwängen und Zwecken einer von Erwachsenen beherrschten Welt fernzuhalten. Rousseau spricht die Erziehenden direkt an: »Erzieher, ich lehre dich eine schwere Kunst: Kinder ohne Vorschriften zu leiten und durch Nichteinwirken alles zu erreichen.« (Rousseau 2019, S. 114) Die Idee, man könne durch Erziehung einen bestimmten – den gewünschten – Menschen hervorbringen, ihn gewissermaßen »herstellen«, wird damit vehement verneint. So sagt Rousseau weiter:

> Unsere pedantische Lehrsucht bemüht sich fortwährend, die Kinder das zu lehren, was sie allein viel besser lernen, und übersieht, was allein wir sie lehren können. Gibt es eine größere Torheit, als die Mühe, die man aufwendet, ihnen das Gehen beizubringen? (Rousseau 2019, S. 60)

Auch im vierten Erziehungsprinzip geht es darum, die Kinder durch die eigenen Erfahrungen lernen zu lassen. Hier wird die Natur als die eigentliche Lehrmeisterin bezeichnet, die die Kinder das Leben lehrt und viel weniger der Mensch, der sich in irgendeiner autoritären Form dazu aufschwingt. Dennoch betont Rousseau, dass die Natur, die Welt der Dinge und der erwachsene Mensch ein Dreiergespann bilden, das die Erziehung des Kindes übernimmt und dabei in keinen Widerspruch zueinander geraten sollte. Diese Form der Freiheit sieht in den verschiedenen Altersstufen des Kindes unterschiedlich aus – eine sogenannte Stufung legt vier Phasen der Entwicklung jedes Kindes zugrunde[40] und fordert eine »altersgemäße Erziehung«, die sich von Stufe zu Stufe verändern muss. Die beiden letzten Prinzipien gehen dann den Schritt von der persönlichen Entwicklung des einzelnen Schülers zur »Integration« in die Gemeinschaft.

Das sechste Prinzip bereitet den Zögling auf die Gesellschaft und seine Pflichten als Bürger:in vor, da jeder Mensch in irgendeine Form von Gemeinschaft hineingeboren wird und nach Rousseau auch nur in einem Miteinander seine wahre Aufgabe finden kann. Dies beginnt mit der Verbindung in der Liebe zu einem Partner und geht bis zur Unterordnung des eigenen Willens in die gemeinschaftliche Vorherrschaft des »volonté generale«. Dies leitet über zum siebten und letzten Prinzip der »natürlichen Religion«, die ebenso wie die politische Ausrichtung des Einzelnen selbst gewählt

---

40 Kindheit (0–3), Knabenalter (bis 12), Vorpubertät (12–15), Pubertät oder Jünglingsalter (bis 20) (Emile, S. 53).

sein soll und die Prinzipien eines gemeinschaftlichen Denkens – die Vernunft und die Gebote der Toleranz – aber nicht verletzen darf.

Allen diesen Prinzipien ist gemein, dass sie Zwang durch Notwendigkeit ersetzen wollen, Belehrung durch Erfahrung, und damit sie gelingen können, ist die Wahrhaftigkeit der Erziehung eine Bedingung für den Erfolg – alles andere als einfach, aber durch das Eingeständnis der eigenen Begrenztheit dennoch machbarer als oftmals vermutet. Gerade in der Fehlbarkeit der Erziehenden liegt ein Riesenpotenzial für die Wahrhaftigkeit, mit der sie die Schüler wahrnehmen. Dabei müssen wir die Kinder nicht »ständig abholen, wo sie sind«, sondern dürfen bzw. müssen sie – mit den Worten des Kasseler Soziologen Heinz Bude – »dosiert überfordern«, ihnen zeigen, was es Neues gibt, was sie noch nicht können, was wir ihnen aber im besten Fall als etwas vorleben können, was wir selbst für gut halten. Bude spricht hier von einer bestimmten Form der Deutungshoheit, die die lehrende Person ernst nehmen muss:

> Die pädagogische Leistung der Lehrperson besteht in der stellvertretenden Deutung. Nicht weil er – oder sie – viel mehr weiß, sondern weil sie das Leben besser kennen. Lehrer:innen müssen sehen, was da im Moment bei ihren Schülern passiert. Der Schüler versteht sich selbst nicht, die Eltern kann er nicht fragen und bei Gleichaltrigen fürchtet er vielleicht Scham und Ausgrenzung. Aber finden wir diese Leute, die die Kunst beherrschen, auf der zweiten Spur zu vermitteln? (Bude 2015)[41]

Dieser Balanceakt beginnt schon lang vor dem Schulalltag unserer Kinder, aber egal, welche Entwicklungsstufe wir in den Blick nehmen: Es gilt, immer wieder zu prüfen und zu überprüfen, sich zu fragen und im Gespräch zu bleiben – mit uns selbst, unserem Partner, den Lehrern und unseren Kindern – das ist herausfordernd, führt nicht immer zu den Ergebnissen, die wir uns vorgestellt haben, aber es kann zu einem Moment führen, den Peter Bieri als Aufwachen beschreibt und ohne den wir nicht zu denen werden können, die wir sind. Bieri (2013) ist sicher: »sich bilden – das ist wie aufwachen. (...) Das Besondere an Kulturwesen ist, dass sie sich stets erneut zum Problem werden können, wer sie sind und was ihnen wichtig ist. Und Bildung, richtig verstanden, ist der komplizierte Prozess, in dem es um die Beantwortung dieser Fragen geht.«

---

41 Heinz Bude im Interview mit dem Magazin »Chrismon« (Januar 2015) (zuletzt aufgerufen am 28.06.2023).

In dieser fragenden Herangehensweise liegt also nicht weniger als der Wunsch und gleichzeitig die Möglichkeit verborgen, das eigene Leben gelingen zu lassen, das Gute darin weiterzugeben und dafür die Voraussetzungen zu schaffen: Zusammenhänge zu verstehen, das eigene Handeln in einen Kontext zu setzen und darin wirksam zu bleiben, auch wenn dies immer nur in kleinen Schritten gelingen kann – aber sich eben darauf einzulassen, ist bereits ein gewaltiger Schritt.

Das gute Leben braucht die Entschlossenheit, Veränderung in den Blick zu nehmen, ethische Reflexion über die Möglichkeiten des Guten, die Fähigkeit, darin offene Fragen zu stellen, und das Vertrauen in die Entwicklungsfähigkeit von Menschen, aber auch und gerade in dringlichen Zeiten den Mut zur Geduld, eine Lebensart, die man – so der Dichter Rainer Maria Rilke – nicht mehr missen möchte, wenn man einmal in sie hineingefunden hat[42]. Nichts anderes beschreibt er in seinem Gedicht, das hier im Sinne einer entschlossenen Förderung des guten Lebens, das auf Geduld und lebendige Entfaltung angewiesen ist, das letzte Wort haben soll.

Man muss Geduld haben

Mit dem Ungelösten im Herzen,
und versuchen, die Fragen selber lieb zu haben,
wie verschlossene Stuben,
und wie Bücher, die in einer sehr fremden Sprache
geschrieben sind.

Es handelt sich darum, alles zu leben.
Wenn man die Fragen lebt, lebt man vielleicht allmählich,
ohne es zu merken,
eines fremden Tages
in die Antworten hinein.[43]

---

42 Hierzu lassen sich auch die aktuellen Konzepte des Philosophen Bayo Akomolafe zum »Postactivism« als Vertiefung anführen (vgl. Akomolafe 2022).
43 R. M. Rilke: Textstelle aus einem Brief an Franz Xaver Kappus, in: Rilke (1903/2007).

Literatur

Akomolafe, B. (2022). Vorwort. In: Local Futures (ed.), Life after Progress: Technology, Community and the New Economy. East Hardwick, USA/Devon, UK.

Aristoteles (o. J.). Nikomachische Ethik. Stuttgart: Reclam 2017.

Bieri, P. (2007). Wie wäre es, gebildet zu sein? Kolumne für ZEIT-Magazin Leben, 32.

Bieri, P. (2013). Wie wollen wir leben? Graz: Akademie Verlag.

Bridle, J. (2023). Über die unfassbare Vielfalt des Seins. München: Beck.

Bude, H. (2015). Lehrer sind Superhelden. Interview. Chrismon (Januar).

Jaspers, K. (2021). Über Gefahren und Chancen der Freiheit. Stuttgart: Reclam.

Nida-Rümelin, J. & Spiegel, I. (Hrsg.) (2017). Handbuch Philosophie und Ethik: Bd. 1: Didaktik und Methodik, Bd. 2: Disziplinen und Themen. München: UTB.

Nietzsche, F. (1999). Zweite Unzeitgemäße Betrachtung. Vom Nutzen und Nachteil der Historie für das Leben. In: Kritische Studienausgabe, Bd. 1. Hrsg. von Giorgio Colli & Mazzino Montinari. München: dtv.

Nussbaum, M. (2020). Königreich der Angst. Gedanken zur aktuellen politischen Krise. München: btb-Verlag.

Rilke, R. M. (1903). Briefe an einen jungen Dichter. München: Insel 2007.

Rousseau, J.-J. (2019). Emile oder über die Erziehung. Stuttgart: Reclam.

Scheler, M. (2014). Der Formalismus in der Ethik und die materiale Ethik: Neuer Versuch eines ethischen Personalismus. Hamburg: Meiner.

Die Autor:innen

Maria Becker, Dr. sc. mus., Dipl.-Musiktherapeutin, Psychologische und Kinder- u. Jugendlichenpsychotherapeutin; Promotion: Musiktherapie mit schwermehrfachbehinderten Menschen; seit 1986 Psychotherapeutische Praxis für Menschen mit und ohne Behinderungen; Vorträge und Veröffentlichungen zum Thema Psychotherapie mit behinderten Menschen sowie zum Metaphern-, Musik- und Symbolbegriff. Dr. Maria Becker, Fischers Allee 73, 22763 Hamburg, marielisbeck@t-online.de, Tel.: 0160/95437574

Julia Berkic, Dr., ist wissenschaftliche Referentin am Staatsinstitut für Frühpädagogik und Medienkompetenz (IFP) in München. Seit ihrem Psychologie-Studium in Regensburg arbeitet sie im Bereich der Bindungsforschung und -lehre. Ihre Forschungsschwerpunkte sind derzeit Bindung und Feinfühligkeit innerhalb und außerhalb der Familie und das Mentalisieren von pädagogischen Fachkräften.

Tanja Besier, Dr., Dipl.-Psychologin, Leitung Institut Kindheit und Entwicklung, approbierte Kinder- und Jugendlichenpsychotherapeutin, Ausbilderin EPB® und EBT4-10®. Schwerpunkte in Fortbildung und Forschung: Psychische Folgen chronischer Erkrankungen im Kindesalter, kindliche Entwicklung, Eltern-Kind-Beziehungen, Frühe Hilfen und Kinderschutz, Entwicklung, Erprobung und Implementierung empirisch abgesicherter Vorgehensweisen für die Praxis.

Karl Heinz Brisch, Dr. med. habil., ist Facharzt für Kinder- und Jugendpsychiatrie, Psychiatrie und Psychosomatische Medizin und Psychotherapie sowie Neurologie. Er ist Psychoanalytiker für Kinder, Jugendliche, Erwachsene und Gruppen und war Vorstand des weltweit ersten Lehrstuhls für Early Life Care, dessen gleichnamiges Forschungsinstitut er an der PMU in Salzburg leitete.

Elisabeth Denzl, M. Ed., ist wissenschaftliche Mitarbeiterin an der Alanus Hochschule und promoviert dort zum Thema »Medienbildung in frühpädagogischen Bildungseinrichtungen«. Als Heilpädagogin begleitet sie außerdem Kinder mit besonderen Herausforderungen in Einrichtungen der stationären Kinder- und Jugendhilfe sowie in ambulanten heilpädagogischen Maßnahmen. elisabeth.denzl@alanus.edu

Maria Teresa Diez Grieser, Dr. phil. Fachpsychologin für Psychotherapie FSP, Psychoanalytische Kinder- und Jugendlichenpsychotherapeutin und Supervisorin EFPP. Nach langjähriger Tätigkeit im klinischen Bereich und in der Praxisforschung ist sie als Dozentin an verschiedenen Hochschulen und Instituten, als Supervisorin in verschiedenen Institutionen und als Psychotherapeutin tätig.
Dr. phil. Maria Teresa Diez Grieser, Gartenhofstrasse 1, CH-8004 Zürich, mtdiez@bluewin.ch, www.diez-grieser.ch

Diana Drude, M.A., Psychologin, Mitarbeit im SKKIPPI-Projekt (IPU), Kinder- und Jugendlichenpsychotherapeutin in Ausbildung.

Nina Gawehn, Prof. Dr., Dipl.-Psychologin, Professorin für Psychologie der HS Gesundheit Bochum, Leiterin der ENPA/im SPZ Dortmund, Klinik für Kinder- und Jugendmedizin, Klinikum Do gGmbh, langjährige wissenschaftliche und praktische Arbeit mit Frühgeborenen ab dem Vorschulalter, Weiterbildungen in Systemischer Beratung und Therapie, EPB®, EBT$^{4\text{-}10®}$, Ausbilderin EPB®.

Katharina Hager ist Diplom-Pädagogin und Absolventin im Master of Science Early Life Care. Sie arbeitet als Familienbeauftragte in der Stadt Laufen im Berchtesgadener Land, war zuvor elf Jahre in der Kinder- und Jugendhilfe in Bayern und in Salzburg tätig. Adresse: Stadt Laufen, Rathausplatz 1, 83410 Laufen. katharina.hager@stadtlaufen.de

Nadine Hong, Dipl.-Psychologin, Hebamme, wissenschaftliche Mitarbeiterin an der HS Gesundheit Bochum und in der ENPA/im SPZ Dortmund, Klinik für Kinder- und Jugendmedizin, Klinikum Do gGmbh, langjährige wissenschaftliche und praktische Arbeit mit Frühgeborenen ab dem Säuglingsalter und in einer Mutter-Kind-Einrichtung, Weiterbildung in EPB®, Marte Meo®.

Carmen Hoppe ist Juristin im öffentlichen Dienst und Expertin für die Lebensphase von Schwangerschaft, Geburt und früher Kindheit (M. Sc. in Early Life Care). Ihr Forschungsinteresse liegt auf Verhaltenseinstellungen von Hebammen in Bezug auf den Umgang mit der Klimakrise.

DIE AUTOR:INNEN

Tobias Hoppe, Dr., ist promovierter Bildungswissenschaftler. Er lehrt und forscht u. a. im Bereich Bildung für nachhaltige Entwicklung.

Johannes Huber, Prof. Dr., ist Diplom-Psychologe und Professor für Psychologie an der Sozialwissenschaftlichen Fakultät der Technischen Hochschule Rosenheim. Der Fokus seiner Lehr- und Forschungsaktivitäten liegt in grundlagen- und anwendungsorientierten Fragestellungen zu Vaterschaft/Elternschaft, (früh)kindlicher Entwicklung sowie geschlechtersensiblen Dimensionen kindlicher Entwicklung. johannes.huber@th-rosenheim.de

Esther Ingerle, Mag. Klinische Psychologin, Gesundheitspsychologin (Kinder-, Jugend- und Familienpsychologie), Psychotherapeutin, Schwerpunkt: Verlust, Sterben, Trauer, angestellt und in freier Praxis, seit 2019 tätig im St. Josef KH Wien, dort u. a. mitwirkend beim Aufbau der Perinatalen Palliativbetreuung. Esther.ingerle@sjk-wien.at

Gabriele Koch, Dr. rer. med. Psychologin, Mitautorin *Behandlungsmanual Fokusbasierte Eltern-Säugling-Kleinkind-Psychotherapie (ESKP-f),* Mitarbeit an der SKKIPPI-Studie, International Psychoanalytic University (IPU) Berlin.

Anne Katrin Künster, Dr., Dipl.-Psychologin, Leitung Institut Kindheit und Entwicklung, Systemische (Familien-)Therapeutin, Ausbilderin EPB® und EBT4-10®. Schwerpunkte in Fortbildung und Forschung: Kindliche Entwicklung, Eltern-Kind-Beziehungen, Frühe Hilfen und Kinderschutz, Entwicklung, Erprobung und Implementierung empirisch abgesicherter Vorgehensweisen für die Praxis.

Charlotte Laule ist Heilpädagogin, personenzentrierte Spieltherapeutin, Entwicklungspsychologische Beraterin (EPB) in einer Frühförderstelle und eigener Praxis sowie Dozentin. Derzeit absolviert sie ein berufsbegleitendes Masterstudium in Pädagogischer Praxisforschung an der Alanus Hochschule. charlottelaule@gmx.de

Karin J. Lebersorger, Klinische und Gesundheitspsychologin, Psychotherapeutin, Psychoanalytikerin. Mitarbeiterin der Down-Syndrom Ambulanz Wien, Supervisorin der Basalen Förderklassen der Wiener Sozialdienste, freie Praxis, Lektorin an der Wiener Psychoanalytischen Akademie und der FH Campus Wien. Publikationen zu Reproduktionsmedizin, Down-Syndrom, Psychotherapie. karin.lebersorger@chello.at

DIE AUTOR:INNEN

Daniela Mayer, Dr., ist Diplom-Psychologin und wissenschaftliche Referentin am Staatsinstitut für Frühpädagogik und Medienkompetenz (IFP) in München. Ihre Arbeitsschwerpunkte sind Feinfühligkeit und Mentalisieren von Eltern und pädagogischen Fachkräften, Bindung und Bildung in der frühen Kindheit und Qualität in der Kindertagesbetreuung. Daniela.Mayer@ifp.bayern.de

Beate Priewasser, Dr., Leiterin des Forschungsinstituts für Early Life Care an der Paracelsus Medizinischen Privatuniversität in Salzburg, Klinische und Gesundheitspsychologin, Psychotherapeutin; beschäftigt sich mit Themen der sozio-kognitiven und sozio-emotionalen Entwicklung von Kindern im Alter zwischen 0 und 4 Jahren.

Ina Schmidt, Dr., Autorin und freie Philosophin, Gründerin der denkraeume, einer Initiative zur Vermittlung philosophischer Praxis. Veröffentlichung philosophischer Sachbücher, zuletzt »Die Kraft der Verantwortung. Über eine Haltung mit Zukunft« in der Edition Körber (2021) sowie »Wo bitte geht's zum guten Leben?« im Carlsen Verlag (2022). Engagement für Projekte politischer Bildung, u. a. in dem Projekt »Gedankenflieger« am Hamburger Literaturhaus. Ina Schmidt ist verheiratet, Mutter von drei Kindern und lebt mit ihrer Familie in Reinbek bei Hamburg.

www.klett-cotta.de/fachbuch

Robert Brooks, Sam Goldstein
Das Resilienzbuch
Kinder fürs Leben stärken
Aus dem Englischen von Ulrike Stopfel
384 Seiten, broschiert, 9. Auflage
ISBN 978-3-608-98741-6

DAS Grundlagenwerk – jetzt in der 9. Auflage!

Was können Eltern tun, um ihre Kinder für die Belastungen des Lebens zu stärken? Wie kommt es, dass ein Kind eine Niederlage gut wegsteckt, ein anderes dagegen daran zerbricht? Wieso gelingt es manchen Kindern, aus Krisen gestärkt hervorzugehen? Welche Eigenschaften bringen diese Kinder mit, und welche Weichen für seelische Widerstandskraft werden schon in der Kindheit gestellt? Diesen und weiteren Fragen widmen sich die erfahrenen Kindertherapeuten Robert Brooks und Sam Goldstein. Sie erklären, was Eltern und Erzieher:innen dafür tun können, dass die Kinder »stark« werden und die entscheidenden Ressourcen erwerben, die es ihnen ermöglichen, ihre Lebensbelastungen erfolgreich zu bewältigen.

www.klett-cotta.de/fachbuch

Karl Heinz Brisch (Hg.),
Wolfgang Sperl (Hg.),
Katharina Kruppa (Hg.)
Early Life Care
Frühe Hilfen von der Schwangerschaft bis zum 1. Lebensjahr. Das Grundlagenbuch
217 Seiten, kartoniert
ISBN 978-3-608-98186-5

Bestmögliche frühe Begleitung, Beratung und Unterstützung

Hier finden alle Berufsgruppen, die Paare mit Kinderwunsch und Mütter und Väter während der Schwangerschaft und Geburt sowie im ersten Lebensjahr des Kindes betreuen, begleiten und beraten, fundierte Anregungen, Hilfen und tieferes Wissen. Neben konkreten Hinweisen und Hilfestellungen für Wissenschaft und berufliche Praxis werden Möglichkeiten für eine verbesserte Zusammenarbeit der jeweiligen beruflichen Professionen und ein besseres Verständnis im Umgang mit jungen Eltern aufgezeigt, die sich in schwierigen Lebenslagen befinden und mit Schwangerschaft, Geburt oder Kindererziehung ge- und überfordert sind.

www.klett-cotta.de/fachbuch

Karl Heinz Brisch (Hg.)
Kindliche Entwicklung zwischen Ur-Angst und Ur-Vertrauen
272 Seiten, broschiert
ISBN 978-3-608-98434-7

Eltern und Kinder mit Ängsten begleiten

Dieses Buch trägt zu einem vertieften Verständnis der Entstehung und der Bedeutung von Vertrauen und Ängsten in jungen Familien vor und nach der Geburt bei und zeigt Präventions- und Interventionsmöglichkeiten auf. Die einzelnen Beiträge des Buches werfen einen intensiven Blick auf angstvolle Situationen und zeigen Wege auf, wie Ur-Vertrauen hergestellt, das Entstehen von Ängsten verhindert oder bestehende Ängste bewältigt werden können. Es wird geschildert, wie trotz stark angstbesetzter Ausgangsbedingungen eine positive Entwicklung eines Kindes ermöglicht wird und langfristige Angstprobleme durch frühzeitige Prävention verhindert werden.